KB238822

단일 사회 한국

그 빛과 그림자

단일 사회 한국

그 빛과 그림자

김영명 지음

이담 Books

　이 책은 2005년도에 나온 『신한국론: 단일 사회 한국, 그 빛과 그림자』를 증보한 것이다. 처음에는 최근의 동향을 추가하고 구성도 좀 바꾸려고 생각하였으나, 일이 커지는 만큼 완성도가 높아질 것 같지는 않아 기본 구조를 그대로 두고 조금 수정하는 데 그쳤다. 그 대신 단일 사회론을 한국 정치에 적용한 글과 최근 쟁점이 되고 있는 다문화론에 대한 비판을 보론으로 추가하였다.

　제목을 처음 글쓴이가 의도했던 대로 '단일 사회 한국: 그 빛과 그림자'로 하여 책의 내용과 제목이 일치하도록 하였다. 본문에 나오는 여러 일화나 통계수치들을 최신 것들로 보충하였으면 좋았겠으나, 그 역시 들이는 노력에 비하여 완성도가 그만큼 높아지지는 않을 것 같고, 그렇게 하든 안 하든 책의 내용이 달라질 것은 없어 그대로 두었다. 한국 사회의 성격이 그동안 달라진 것은 없다고 보아도 좋다. 단지 이 책과 관련된 주제 가운데 다문화 담론이라는 새로운 담론이 한국 사회에서 힘을 얻은 점이 새로운 현상이라면 현상이다. 위에서 밝힌 대로 이에 대해서는 본론에서 글쓴이의 견해를 밝혔다.

　이 책은 한국을 단일 사회라는 잣대로 파악하여 그 장단점을 알아보고, 앞으로 한국이 다문화 사회로 변할지 아닐지, 또 그 변화가 어

떤 문제점을 가질지에 대해 알아보았다. 이 개념과 책의 주장이 독
자 여러분에게 얼마나 호소력을 가질지 궁금하다. 많은 비판과 격려
를 바란다.

2011. 8.

김영명

머리말

한국은 특이한 나라다. 나만이 아니라 많은 사람들이 그렇게 느끼고 있다. 엄청나게 빠른 경제성장, 눈부신 기독교 팽창, 삼풍백화점 사고, 성수대교 붕괴와 대구 지하철 참사로 이어지는 대형 사고들, 월드컵 4강 신화에서 보인 엄청난 대중적 에너지, 교통사고와 흡연율에서 세계 최상위를 달리고, 사교육비 또한 세계 최고! 게다가 이혼율 증가와 출산율 저하도 별안간 세계 최고 수준으로! 이렇게 조그만 나라에서 세계 최고는 왜 그렇게 많은지 어리둥절할 지경이다. 게다가 사람들은 조금도 가만히 있지 못하고 우르르 이리 몰리고 우르르 저리 몰린다. 남이 하면 다 똑같이 해야 직성이 풀리고, 근대화다 하면 죽어라 일하고, 세계화다 하면 죽어라 미국만 따라 하려고 하고, 영어가 중요하다 하니 어린애 혀까지 자르고, 술이라면 꼭지가 돌도록 자빠져 마시고, 어디 나가 싸우면 남보다 더 잔인하고, 어디 나가 일하면 남보다 더 지독하다. 남보다 눈에 띄고 설치고…. 싫건 좋건 옳건 그르건 한국 족속들은 정말 특이한 족속들이다.

물론 이런 모든 모습이 발전 과정에 있는 사회에서 흔히 나타나는 특징이라고 볼 수도 있다. 발전도상국에서는 모든 것이 무르익지 않고 옛것에서 새것으로 바뀌는 과정이 혼란과 무질서, 그리고 에너지로 뒤덮이기 때문에 격동적인 모습이 보이게 되어 있다. 그러나 아무리 보아도 한국 사회에는 꼭 그렇게 볼 수만은 없는 무엇인가 특별한 것이 있는 것 같다. 그렇지 않으면 한국의 이 독특한 열기와 에너지와 무모함과 어처구니없음을 충분히 이해할 수도 없고 설명할 수도 없다. 그러면 과연 그 특별한 것이 무엇일까?

그런데 그 전에 생각해 볼 점이 있다. 그것은 특별하고 유별난 것이 비단 남한만일까 하는 점이다. 우리 겨레의 많은 부분이 살고 있는 북한을 보면 남한보다 더 이상한 나라라고 생각하지 않을 수 없다. 아무리 공산주의 국가라고 해도 북한처럼 그렇게 철저하게 병영국가인 나라도 지구상에 없고 부자 세습으로 수십 년을 지배하는 나라도 보기 어렵다. 미국과 남한의 엄청난 압박과 종주국인 러시아, 중국의 '변절'에도 불구하고 꿋꿋이 제 갈 길을 가며 힘으로 상대도 안 되는 유일 패권국 미국에게 큰소리치면서 대항하는 희한한 나라다. 남한과 북한이 지향하는 바나 체제 성격이 서로 판이하게 다르지만, 한 가지 공통점은 참으로 세상에서 보기 어려운 유별난 모습을 보인다는 점이다.

그러면 지금이 아닌 조선시대는 어땠는가? 그 또한 특이한 점에서는 둘째가라면 서러울 지경이었다. 조선은 중국이나 일본과도 다른 매우 독특하고 지독한 유교 사회였다. 성리학이 아닌 다른 가치관이나 이념을 조금도 허용하지 않은, 지금의 한국이나 북한처럼 그렇게 유별난 사회였다. 그러면 이렇게 역사적으로 이어져 오는 우리의 독특한 모습들은 어디서 왔을까? 이 상식적이고 초보적인 의문이 이 책을 쓰게 된 동기가 되었다.

이러한 한국인의 특징들에 대해서는 지금까지 많은 설명과 저술이 있었다. 하지만 그 많은 노력들이 내게는 뭔가 미진해 보인다. 지금까지 우리는 대체로 한국의 전통, 유교 문화나 아니면 단편적인 행동들을 보고 한국인의 특징을 서술하려 했는데, 이런 방식으로는 현대 한국 사회와 사람들의 특징을 정확하게 포착해내지 못할 것 같다. 그래서 나는 한동안 무엇으로, 그리고 어떤 방식으로 한국의 특징을 설명할 수 있을까 고심하다가, 한민족과 한국 사회가 가진 것으로 보이는 고유한 특성에 주목하게 되었다. 한국인이 고유한 성격을 가졌다면, 그 고유성을 유발한 뭔가 고유한 원인이 있지 않겠는가 하는 논리적인 추론의 결과였다. 그래서 착안한 것이 한국의 고유한 민족적 특성과 지리-인구적 특징이었고, 그것이 '단일성'과 '밀집성'이라는 개념으로 나타났다. 간단히 설명하자면, '좁은 땅에 똑같은 사람들이 어깨를 부딪치며 오밀조밀 모여 사는 조건'이 한국·한국인의 여러 특징들을 만들어낸 것이다. 사실 이러한 착안은 그리 새로운 것이 아니라고 할 수도 있다. 예전부터 지정학이나 풍토, 기후의 조건들이 사람들의 행동이나 사고방식에 큰 영향을 끼친다는 생각은 많은 사람들이 해 왔고, 이것이 이른바 국민성 또는 민족성론으로 나타나기도 했다. 요즘 와서는 이런 논리들이 비과학적이라고 비판받고 힘을 잃어서 학계에서는 이런 논의가 거의 사라졌다. 그러나 한국에 대해서는 한 번도 이런 비과학적인 국민성론이라도 체계적으로 시도된 적이 없다.

필자가 여기서 제시하려고 하는 것은 오래된 국민성론의 재판이 아니다. 국민성론의 가장 큰 문제점은 국민성이나 그에 영향을 미치는 조건들을 고정된 것으로 본다는 점에 있다. 그리고 국민성과 다른 국민(국가)적 특징들 사이의 인과 관계를 증명하기가 매우 어렵다는 점도 문제다. 따라서 국민성론은 엄밀한 논의라고 할 수 없지만, 다른 한편 지정학이나 인구-지리적 조건들이 한 나라 구성원의 성격에 중요한 영향을 미친다는 사실은 부인할 수 없다고 본다. 특히 한국같이 매우 특이한 조건에 사는 사람들에게 그것은 매우 중요한 조건이다. 넓은 땅에서 여러 족속들과 어울려 사는 사람들과 좁은 땅에서 똑같이 생긴 사람들끼리 어깨를 부딪치며 사는 사람들이 매우 다른 행동을 보이리라는 것은 상식에 속하지 않겠는가? 이런 상식을 부인하고 어느 고상한 철학적 명제에서 한국인의 특성을 찾는다면 현실과 동떨어진 공허한 일이 될 것이다.

이 책에서 강조하는 한국 사회의 가장 큰 특징은 그것이 '단일 사회'라는 점이다. 여기에 '밀집 사회'의 조건이 추가된다. 이를 붙여서 '단일-밀집 사회'라고 하는 것이 더 정확하겠지만, 더 짧고 명쾌한 용어가 나을 것 같아 이를 일단 그냥 '단일 사회'라고 부르기로 하고, 경우에 따라 두 말을 붙여 쓰기도 하려고 한다. 그렇게 하는 또 다른 이유는 한국인의 단일성이 밀집성보다 더 역사적으로 일관된 특징이며 동시에 한국인의 속성을 결정짓는 더 근본적인 조건으로 보기 때문이다.

앞으로 전개될 내 얘기를 독자 여러분이 얼마나 흥미롭게 여길지 또 얼마나 수긍할지 모르겠다. 실상 여기서 지적하거나 주장하는 한국의 특징과 그 원인들은 더 깊은 연구와 비교 분석을 통해 검증되어야 할 가설 수준에 있는 것이 많다고 할 수 있다. 그러나 독자들은 이 책이 일종의 '개척적'인 시도임을 염두에 두어주면 좋겠다. 다른 곳에서 다른 분들에게도 권유하였지만,[1] 요사이 필자는 안정되고 세련된 기존의 서양 학계에 또 하나의 조그만 연구 논문을 덧붙이기보다는 더 새롭고 창조적이고 가능하면 '한국적'인 연구를 하려고 노력하고 있다. 그렇게 하면 기존 학계의 눈에는 거칠고 조잡하게 비칠 수 있다. 산길을 뚫는 것이 고속도로를 고치는 것보다 거칠 수밖에 없기 때문이다. 하지만 이런 일을 계속하다보면 어느새 그 산길도 깨끗하고 편리한 길이 될 수 있다.

이 책에서 제시하는 여러 가지 논점들은 앞으로 더 많은 연구를 통해 정교하게 다듬어져야 할 것이다. 이 작업에 독자 여러분도 참여하여 주시면 매우 고맙겠다. 이를 통해 여기서 제시하는 한국론이 한국과 한국인의 특성을 밝히고 우리 사회가 발전해 나가는 데 도움을 줄 수 있기를 바란다.

이 책에서 제시하는 한국·한국인의 특징은 주로 현대, 그것도 지금 이 시점에서의 특징을 말하며, 경우에 따라 조선 시대에서부터 내려오는 역사적인 특징도 언급할 것임을 말해둔다.

---

1) 김영명, 『나는 고발한다』(서울: 한겨레출판사, 2000), 제2부 참조.

목차

제8장 단일 사회의 변화 • 217

제1장

한 국 론

한국·북한·조선의 유별난 모습들은 어디서 온 것일까? 과연 지금 껏 귀가 아프도록 들었던 한국 사람들의 여러 가치관이나 세계관 또는 정서일까?[1] 유교, 가족주의, 체면 문화, 명분론, 위계질서, 충효 사상, 정과 한의 정서 등등 문화 또는 더 정확히 말하여 전통 문화의 특징들 말이다. 이 요소들이 과연 한국의, 더더구나 '현대' 한국의 여러 특징들을 설명할 수 있을까? 부분적으로는 가능할지 모르나 결코 충분하거나 주된 설명이 될 수 없다는 것이 이 책의 기본 생각이다. 한국의 특이함을 설명하기 위해서는 이 요소들보다 더 특이한 한국의 조건을 찾아내야 한다.

물론 그 전에 먼저 그 특이함의 정체부터 뚜렷이 밝혀야 한다. 그런데 먼저 지적해야 할 사실은 흔히 거론되는 한국인의 특징들이 사실 그렇게 한국인의 '고유한' 특징이 아니라는 점이다. 이를테면 우리가 정이 많은 민족이라고 스스로 말하고 또 그렇게 얘기하는 외국 사람들도 많지만 이것이 진정한 한국의 특징이라고 보기는 어렵다. 우선 한국인이 정이 많다고 말하는 외국 사람들은 정이 없는 사회,

---

1) 이제부터 한국 사회에 초점을 맞추고, '한국'이라는 말을 남한만이 아니라 때로는 북한과 옛 조선을 포괄하는 것으로 쓰고자 한다. 순전히 편의상 그렇게 함을 독자들께서 양해해 주시기 바란다.

대개 한국보다 발달한 선진국 개인주의 사회 사람들이고, 거꾸로 한국보다 덜 발달하고 더 공동체적인 사회에서 온 사람들은 필연코 한국 사람들을 정이 (자기들보다) 없다고 말할 것이기 때문이다. 예를 들어, 연변의 조선족들은 대한민국 동포들을 정 없는 사람들이라고 본다. 또 우리가 정이 없다고 말하는 일본 사람들이 자신을 서구와 비교하면서는 언제나 '정이 많은 사람들'이라고 말하는 것을 보아도 이 모두가 상대적이라는 점을 알 수 있다.

한국 사람들이 합리적이기보다는 정서적이라고 하는 평가도 마찬가지다. 우선 서양의 선진 합리 사회를 빼고는 대부분의 사회가 합리적이기보다는 정서적인 면이 더 강하다. 일본인들도 자신을 서구와 비교하여 언제나 정서적인 민족이라고 한다. 그러나 우리가 보기에는 일본인들은 우리보다는 더 합리적이다. 중국 사람들도 자신을 서양 사람들과 비교하여 합리적이기보다 정서적이라고 말한다. 아마 다른 비서구 사람들도 마찬가지일 것이다. 그러니 이 점도 한국에 특별히 뚜렷한 특징이라고 할 수 없다.

가족주의, 권위주의, 연고주의 등도 마찬가지다. 이런 특징들은 한국뿐 아니라 전근대적인 모든 사회에서 나타나는 문화적 특징들이다. 그 사상적 또는 종교적 배경이나 구체적인 발현 모습들은 다르지만 현대 서양을 제외하고는 어디서나 나타나는 인간관계의 특징이다. 그러니 이런 모습들을 한국이나 조선의 고유한 특징이라고 볼 수는 없다.

그러면 다른 나라에서 찾아보기 어려운, 또는 다른 나라보다 더 두드러지는 한국인·한국 사회의 특징은 무엇일까? 많은 사람들이 지적하듯이, 그것은 조급함, 집단 쏠림, 어처구니없는 만용과 기적처럼 갑자기 무엇을 이루어내는 역동성, 한쪽으로만 치우치는 편중성, 거기다 세계에서 유래를 찾아볼 수 없는 수도권 집중, 이런 것들이 다. 이런 점들은 한국과 비슷한 발전 단계에 있는 나라들에서 다소 간 나타나기도 하지만 그것이 한국처럼 이렇게 진하고 처절하게 나 타나는 곳은 없다.[2] 이런 점들이 한국의, 유일하지는 않을지 모르나, '진하다'는 의미에서 고유한 특징이다. 이 책에서 다루고자 하는 한 국·한국인의 특징들도 바로 이런 것들이다.

Ⅰ. 지금까지의 한국론[3]

이에 대한 본격 논의에 들어가기 전에 지금까지 나온 한국 문화와 한국 사회에 관한 연구들이 한국의 특징을 어떻게 서술하고 설명해 왔는지 살펴볼 필요가 있다. 지금까지 한국·한국인의 성격에 관한 저술들은 매우 다양하게 많이 나왔다. 이런 연구들은 일반적인 차원 에서의 한국 사회 분석과 한국인의 특수한 성격에 관한 연구로 나눌 수 있다. 그런데 일반적인 한국 사회 분석은 우리의 연구 목적에 크 게 관련이 없기 때문에 한국인의 특수한 성격에 관한 분석이 평가의

---

2) 그 대신 한국에는 많은 개발도상국이나 서양 사회에서 보이는 폭탄 테러, 내전, 집단 폭력·투쟁 같은 정치적 투쟁이 없고, 강도 살인, 마약 등과 같은 강력 범죄들이 비교 적 적다. 서울은 한밤중에 여자들이 돌아다닐 수 있는 많지 않은 거대 도시 중 하나 다. 이 점 또한 이 책의 중심 주제인 한국의 단일성에 힘입은 바 크다는 것이 필자의 판단이다. 이 문제는 따로 연구해 볼 가치가 있다.

3) 일본의 경우 '일본인론'이라는 용어가 지배적이다. 한국의 경우도 이를 따라 '한국인 론'이라고 할 수도 있겠으나, 사람들의 사고방식이나 인간관계에 초점을 맞추는 것이 아니라 행동 양식과 사회 구조를 포괄하므로 '한국론'이 더 적절한 용어라 생각된다. '한국 문화론'이라는 용어도 '한국인론'과 같은 의미로서, 마찬가지로 미흡하다.

대상이 된다. 하지만 앞의 것도 한국 사회에 대한 우리 나름대로의 이해에 시사하는 바가 있으므로 일단 간단히 살피도록 한다.

1. 한국 사회론

지금까지 한국 사회의 특징에 대해서는 당연하게도 많은 연구가 있었다. 학계에서 진행된 그 수많은 연구들에 대해 여기서 자세히 서술할 필요는 없다. 다만 그 특징만 간단히 언급하자면 다음과 같이 말할 수 있다. 지금까지의 연구들은 주로 서양 이론들을 바탕으로 하여 한국의 근대화, 산업화, 민주화 등의 과정을 분석하고 이에 따른 한국의 사회 구조나 한국 사람인의 가치관 변모를 추적하는 것이었다. 이런 연구들은 많은 성과를 거두기도 하였고 동시에 한계를 보이기도 하였다. 대체로 서양 이론들을 따라가는 한계를 보였지만, 다른 한편으로는 한국 사회에 적합한 분석틀을 찾아보려고 노력한 것도 사실이고, 또 한국의 경우를 조사 연구하여 기존 서구 학문에 이바지하기도 하였다.

그런데 위에서 말했듯이 이런 연구들은 우리의 논의 대상이 아니다. 우리의 목적에 맞게 한국 사회의 고유한 특징에 초점을 맞추는 연구들을 검토해야 하는데, 문제는 지금까지 다른 사회와 구별되는 한국 사회의 고유한 특징을 뚜렷하게 포착하여 이론화하려는 시도는 없었다는 점이다. 다시 말해, 예를 들어 일본에서 매우 활발했던 '일본(인)론'에 견줄 만한 '한국(인)론'이 학술적인 수준에서 활발히 시도되었다고 볼 수는 없다. 사회학자인 김경동 교수는 한국의 사회 변동을 서술하면서 그 일반적 특징으로 질적 급격성, 양적 폭발성,

그리고 과도성(지나침)을 들었다. 이는 우리의 관심과 비슷한 점이 있다. 첫째 것은 우리가 앞으로 논의할 한국인의 조급성·역동성과 관련 있고, 둘째 것은 역동성, 그리고 셋째 것은 극단성과 일치한다. 그는 이 세 측면을 상세히 서술하였지만 한국에 왜 이런 현상이 나타났는지는 탐구하지 않았다.[4] 이밖에 한국 사회 구조나 변동의 특수성에 초점을 맞추어 진행한 연구는 참으로 찾기 어렵다. 한국 사회의 특수성에 대한 연구는 사회학자들의 것이라도 주로 아래에서 볼 한국인의 '사회적 성격'에 초점을 맞추었다.[5]

2. 나라의 특징을 결정하는 요인들과 한국론

그러면 한 나라나 민족의 특징을 결정하는 요인들에는 어떤 것들이 있을까? 필자가 생각하기에는 다음과 같은 것들을 들 수 있다. ① 민족성(민족적 기질), ② 전통 문화, ③ 발전 단계, ④ 특수한 역사, ⑤ 지정학과 나라의 크기, ⑥ 그리고 지리-인구적 조건.

우선 민족성론(국민성론)은 어떤 불변의 민족적 '기질'을 상정한다. 급한 성격과 느긋한 성격, 부드러운 기질과 뻣뻣한 기질, 합리적 성격과 정서적 성격, 침략적 기질과 평화적 기질 등등을 상정하는데, 문제는 이런 성격 또는 기질들이 '주어진' 것으로 생각하고 변화를

---

4) 김경동, 『한국 사회 발전론』(서울: 집문당, 2002), 제8장.

5) 그 외에 '아시아적 가치'와 관련된 연구들이 있다. 특히 한국 사회의 연고주의를 강조하는 연구들이 있는데, 이는 일차적으로 '유교 문화권'에 대한 연구로서 좁은 의미에서 한국 사회의 특수성에 대한 연구라고 볼 수는 없지만, 참고할 수 있다. 이 또한 아래에서 볼 한국 '문화'론에 가깝다고 할 수 있다. 이승환 외, 『아시아적 가치』(서울: 전통과 현대, 1999); 김영명, "동아시아의 문화와 정치", 『동아시아 비평』(한림대 아시아문화연구소) 제2호(1999) 참조.

무시하며, 성격 설정의 근거가 모호하다는 사실이다. 기후, 풍토, 지정학 등을 특정 민족성의 원인으로 내세우기도 하나 과학적으로 엄밀하다고 할 수는 없다. 하지만 그렇다고 해서 각각의 민족에게 어느 정도 타고난 민족성 또는 민족적 기질이 존재한다는 사실 자체를 부인할 수도 없다. 예를 들어, 한민족이 예로부터 가무음곡을 좋아하여 그 기질이 지금의 폭발적인 노래방 문화로까지 이어지고 있다는 사실은 민족성이 아닌 다른 요인으로 설명하기 어렵다. 일부에서는 무속의 굿풀이 전통으로 설명하지만 그 전통 자체가 타고난 민족적 기질에 기인하지 않는다고 말하기는 어려운 것이다. 라틴 민족이 다혈질이라거나 게르만족이 냉정하고 유머가 없다는 것 또한 일반적인 사실이 아니라고 하기 어려우며, 이 또한 풍토에서 오든 우연한 유전자의 내려옴 때문이든, 타고난 민족성이라고 할 수밖에 없다. 이런 요인들이 '과학'의 터에까지 오기가 매우 어렵기 때문에 요즘 학계에서 이 요인을 다루지 않을 뿐이다.

두 번째인 전통 문화는 국가적 특성, 특히 비서구 사회의 국가적 특성을 말할 때 가장 많이 거론되고 연구된다. 유교 문화, 기독교 문화, 회교 문화 등등의 특성들을 말하며, 이들이 보이는 합리주의, 직관주의, 자연과의 친화 대 자연 정복 등등의 특성들을 거론한다. 이 요인은 특히 서양과 동양을 비교할 때 많이 동원되는데, 아래에서 볼 것처럼 지금까지의 한국론에서도 이 요인이 가장 큰 자리를 차지했다.

셋째, 한 나라의 발전 단계(정치, 경제, 사회, 문화를 총체적으로 말함)가 그 나라와 구성원의 성격에 미치는 영향도 무시할 수 없다. 예를 들어, 산업화의 단계에서 벌어지는 여러 가지 사회적 특징과 모순, 사건들에는 개별 나라에 관계없이 존재하는 공통점이 있다.

도시화, 인간 소외, 정경유착, 정치적 불안, 부정부패, 환경 파괴, 각
종 탈법 행위들, 무질서 등등이다. 정도와 내용의 차이가 있으나 이
런 과정과 단계를 모든 사회가 겪고, 지금 한국 사회의 특징이라고
여기는 많은 모습들도 사실은 이런 보편적인 현상의 일부라고 할 수
있다. 그러나 발전 단계와 국가적 특성의 연관성에 관한 체계적인
연구는 찾아보기 힘들다.

넷째, 한 나라나 민족이 겪은 특수한 역사가 그들의 독특한 성격
을 구성하기도 한다. 보기를 들자면, 미국의 이민 역사, 한국의 분단
과 동족상잔 및 압축 성장의 역사, 일본의 패전과 원폭 피해의 경험
등이 지금 각각의 사회 구조와 사람들의 행태에 미치는 영향은 무시
할 수 없다. 이런 점들이 각각의 사회 구조와 주민들의 가치관에 영
향을 미친다. 이런 점들은 각 나라별로 연구가 되었지만, 그것이 그
들의 '특수한 성격'으로 주목받은 것이 각 나라에 대한 연구에서 주
류를 이루었다고 볼 수는 없다.

다섯째, 지정학과 나라의 크기가 국민의 성격 형성에 주는 영향도
무시할 수 없다. 대륙과 섬나라의 차이, 반도의 성격 등에 대한 연구
들이 옛날에 성행했던 적이 있다.[6] 이런 조건들 또한 엄밀한 과학성
을 얻기는 어렵지만, 국민성이나 사고방식에 영향을 주지 않는다고
할 수 없다. 중국의 '만만디'는 대륙의 광활함에서 나왔고, 비하하여
말하는 '섬나라' 근성도 존재하지 않는다고 말할 수 없다. 또 우리의
경우 강대국에 둘러싸인 약소국의 처지가 특히 대외적인 행동과 사
고 양식에 커다란 영향을 주었다고 볼 수 있다.

---

6) 한국의 경우 조지훈의 연구가 이에 해당한다. 조지훈, 『한국 문화사 서설』(서울: 탐
　구당, 1981).

마지막으로 지리-인구적 조건은 이 책에서 내세우는 설명 방식이다. 다민족, 다언어로 이루어진 다양한 사회와 단일 민족의 단조로운 사회 사이에 존재하는 차이, 그리고 광대하고 여유로운 사회와 협소한 밀집 사회 간의 차이를 강조하는 접근법인데, 이런 점에 초점을 맞춘 국가 간 비교 연구나 민족적 특질의 연구는 지금까지 나오지 않았다. 하지만 체계적인 저술의 형태로 나오지는 않았지만, 이 점들 또한 우리의 일상 대화에서 자주 언급하는 요인들이다.

이렇게 보면 상식 차원에서는 중요한 요인들을 학자들이 제대로 다루지 않는 경우가 많다는 점을 알게 되는데, 그것은 역시 '과학적인 엄밀성'을 이루기 어렵기 때문이 아닌가 한다. 그러나 상식을 과학이 껴안지 못한다면 상식에 문제가 있는 것일까 아니면 과학에 문제가 있는 것일까? 영미식 사회'과학'의 한계가 다시금 생각난다. 이 책의 의도는 이를 학술의 터에 옮겨서 본격적으로 논의해 보자는 것이다.

위 접근 방식들 가운데 한국론에서 지금까지 본격 거론된 것들은 주로 민족성과 전통 문화 요인이었다. 가무음곡을 즐기는 민족이라든가 신바람이 있다든가 하는 민족적 기질에 대한 서술들과 유교적 특징들에 대한 언급이 주를 이루었는데, 그 가운데서도 특히 후자가 주류였다. 네 번째인 특수한 역사의 경우, 일제 식민화, 분단, 압축 성장 등은 한국 사회 설명에서 많이 거론되지만, '한국론'이라는 관점에서 체계적인 설명이 시도된 것은 없다고 볼 수 있다. 다섯 번째인 지정학과 나라의 크기의 경우, 한국의 대외의존성, 소국 근성, 배타성, 애국심 등의 특징들을 특히 한국사 연구에서 단편적으로 거론하였다.[7] 또 '반도적 성격'을 강조한 일본의 식민 사관과 이에 대한 반박의 논쟁들이 나타나기도 했다. 이 책에서는 앞으로 이 요인들을

'상황 요인'으로 분류하여 우리가 제시하는 조건-속성들과의 관계를 생각해 보도록 하겠다. 물론 이에 대한 본격적인 서술은 우리의 관심 밖이다.

그런데 한국의 특징을 서술하고 설명한다고 했지만, 과연 그것들이 무엇일까? 이를 정립하기 위해서는 많은 사람들이 상식 차원에서 거론하는 것으로 출발하는 것이 좋다. 한국인이든 외국인이든 한국인의 특징으로 꼽는 것들은 주로 다음과 같은 것들이다.

(1) 가족주의, 집단주의, 권위주의, 정에 끌림, 비합리성, 체면 중시, 허례허식, 연고주의, 충-효 정신, 선비 정신, 남성 우위

(2) 자연과의 조화, 멋의 추구, 은근과 끈기, 신명, 풍류

(3) 엉터리, 무질서, 준법정신의 결여, 적당주의, 눈치 보기, 무계획성, 비체계성, 조급성, 불친절, 큰 목소리와 싸움, 즉흥성

(4) 물질주의, 지나친 개인주의, 공동체 붕괴, 전통 윤리 붕괴

이들 가운데 (4)는 이른바 천민자본주의적인 현상으로서, 한국에만 있지 않고 현대 자본주의 문명에서 보편적으로 보이는 특징이다. 압축 성장을 겪는 한국 같은 나라에서 특히 많이 나타나기는 하나, 일본, 중국, 미국에도 다 있는 현상이므로, 일단 논의에서 제외한다.

(1)과 (2)는 주로 전통적인 한국인상을 말하는데, 그 중에서도 (1)은 주로 유교적인 전통을, (2)는 유교와 관계없이 존재하는 우리의 전통 또는 민족적 기질을 말한다. 또 (3)은 주로 현대 한국인의 특성

---

7) 우리의 뿌리 깊은 사대 정신과 대외적 배타성에는 강대 종주국과 힘센 침략 세력의 사이에 끼어 지냈던 약소국의 지정학적 상황이 결정적으로 중요했다. 그러나 이에 대한 체계적인 연구도 있다고 할 수는 없다. 이 문제는 매우 중요한 우리의 특징이라고 보지만, '대외적' 특성에 해당하기 때문에 주로 대내적인 문제를 다루는 이 책에서는 본격적으로 다루지 않고, 제3장에서 획일성의 일환으로 간단히 다루도록 한다.

을 말한다.

그런데 지금까지는 위와 같은 한국인의 특징들을 대부분 전통 문화나 고유한 민족성(기질)으로 설명하려고 했다. (1)과 (2)는 원래 전통적인 것이니 일단 그렇다 치더라도, 현대의 특징이라고 할 수 있는 (3)의 성격들까지 우리의 고유한 문화적 특징이나 기질로 간주하는 경향이 강했다. 특히 일본이나 서양의 선진국들과 비교하여 우리의 잘못된 문화를 비판하는 말과 글들이 수없이 나왔기 때문에 일일이 열거하기도 어렵다.

그런데 (1)의 전통적 특징들이든 (3)의 현대적 특징들이든 이들을 한국의 '고유한' 특징으로 보는 데에는 무리가 있다. 왜냐하면 (1)의 특징들은 전근대, 전통 사회 또는 비서구 사회에서 공통적으로 보이는 현상이며, (3)의 특징들 또한 한국에 고유한 것이 아니라 비슷한 발전 단계의 사회에서 비슷한 정도로 나타나는 현상이기 때문이다. 이를 함께 보면 결국 우리가 '문화적' 현상이라고 생각하는 많은 것들이 실은 '발전 단계'에 관한 것들일 수도 있다는 말이 된다.

물론 이들 가운데에는 다른 나라보다 한국에서 더 잘 나타나거나 시대를 초월하여 한국에서 항상 나타나는 현상도 있을 것이다. 그러나 진정으로 한국이 특이하게 보이는 것은 위에서 거론하는 것들과는 다른 현상들이다. 현대에 국한해 보자면 행동의 조급성이나 사회 구조의 집중성 같은 특징들이다. 이런 특징들은 지금까지와 같이 민족적 기질이나 전통 문화로 설명할 수 없다. 우리와 비슷하게 산업화를 겪는 다른 사회에서도 이런 특징들이 나타나기는 하지만 우리처럼 이렇게 뚜렷한 곳은 찾기 어렵다. 따라서 이를 발전 단계로만 설명하기도 어렵다. 그래서 우리는 한국의 특징을 설명하기 위해 민족성, 전통 문화, 발전 단계와는 다른 요인을 찾을 수밖에 없다.

앞으로 전개될 우리의 논의는 위에서 살펴본 설명 방식들 중 지리-인구적 요인(⑥)을 주로 채택하고, 특수한 역사(④) 및 지정학과 나라의 크기(⑤)를 '상황 요인'으로서 부수적으로 언급할 것이다. 민족적 기질(①), 전통 문화(②), 발전 단계(③)도 논의의 초점에서는 벗어나지만 필요할 경우 언급할 것이다.

3. 한국 문화론(한국인의 '사회적 성격')

지금까지 한국론이라고 불릴 만한 것은 한국인의 '사회적 성격'에 대한 논의 또는 더 넓게 한국 문화론의 형태로 나타났다. 앞서 언급한 것처럼 이는 주로 두 가지 요소에 초점을 맞추었다. 하나는 신바람, 신명 등이고 따른 하나는 유교적 전통인데, 앞의 것들은 대중서들에서, 뒤의 것은 학술 연구들에서 주로 보인다.[8]

한국인이나 한국 전통 문화의 특징을 서술한 대중 교양서나 수필, 평론들은 매우 많이 나왔다. 이들은 신바람, 신명을 비롯한 다양한 한국인의 전통적 특징들을 재미있게 부각시킨다. '한국인의 정신'류의 평론들인데, 이어령의 '신바람론', 이규태의 잡글들, 김용운의 원형 사관 등이 대중들의 인기를 끈 바 있다.[9] 이런 시도들은 그 나름

---

8) 한국철학자인 최봉영 교수는 한국 문화론을 성격론(사회심리, 사회학적 연구, 가치관에 대한 설문 조사), 원형론(신채호, 최남선 등의 연구), 정한론, 이기론으로 나누어 정리한 바 있다. 이들 중 성격론은 전통적인 유교적 성격을, 원형론은 최남선의 불함문화론 등 민족의 원형을, 정한론은 정과 한의 정서를 바탕으로 한 문학적인 접근을, 그리고 이기론은 이기론에 바탕을 둔 철학적인 접근을 의미한다. 최봉영, 『한국 문화의 성격』(서울: 사계절, 1997), 제1장. 이들 중 뒤의 세 접근은 사회과학적인 논의의 대상이 되기 힘들다. 따라서 논의의 대상은 주로 첫째 것에 국한되게 된다.

대로 한국 사회와 문화의 특성에 대해 신선한 통찰력을 제공하고 많은 독자들을 유혹했다. 하지만 대개 현란한 지식 자랑과 재치나 감각의 차원을 벗어나지 못했고, 더 깊은 수준에서 한국의 특징을 체계적·이론적으로 포착하지 못했다. 대체로 한 가지 독특한 개념이나 비유로 사회나 문화 전반을 설명하려고 하여 '귀에 걸면 귀걸이 코에 걸면 코걸이'를 탈피하지 못했고, 과학적인 논증과는 거리가 멀었다. 그러다 보니 여러 가지 다양한 특징 묘사들이 서로 체계적으로 연결되지 못하고 단편적인 인상 기술에 그치고 말았다. 따라서 이런 저술들은 우리에게 새로운 통찰력과 흥미로운 관점을 제시하기는 하지만 과학적인 탐구의 대상이 되기는 힘들다. 오히려 여기서 보이는 역사적인 통찰과 감각적인 포착을 학술 연구의 재료로 삼을 수는 있을 것이다.

이런 대중적인 한국론들이 보이는 더 근본적인 문제는 거기서 제시하는 한국의 특징 묘사들이 과연 우리에게 지적인 재미 이외에 무슨 도움을 줄 수 있느냐 하는 점이다. 김용운의 원형 사관을 받아들인다면 한국인의 행동은 '원형'에 따라 결정되는 것인데, 거기에 대해 우리가 무엇을 할 수 있을 것인가? 이어령의 설을 받아들이면 한국은 보자기의 문화고 일본은 도마의 문화라는데, 그 보자기를 어떻게 한국의 발전에 이용한다는 말인가? 이런 점에서 대중적인 한국 문화론은 별로 기여할 바가 없다. 오히려 현란하지 못하나 체계적인 대중서로는 무명의 김진희가 쓴 『한국, 흩어져야 산다』를 추천하고 싶다.[10]

---

9) 김용운, 『무너지는 한국, 추락하는 한국인』(서울: 고려원, 1995), 『한국인과 일본인』 1-4권(서울: 한길사, 1995); 이규태, 『한국인의 의식 구조』 상·하(신원문화사, 1983), 『한국학 에세이』(서울: 신원문화사, 1995); 이어령, 『이것이 한국이다』(서울: 문학사상사, 1986), 『신한국인』(서울: 문학사상사, 1992).

한국인의 신명에 관한 연구는 주로 무속의 특징에 초점을 맞추는 경향이 있다. 특히 최준식 교수의 저술이 대표적이다.[11] 그는 전통 사회뿐 아니라 현대 한국인의 여러 가지 행태들, 곧 기독교의 번성, 월드컵 열기, 질펀한 술판 등등이 살풀이 등 무속의 여러 특징들을 재현하는 것이라고 해석한다. 이런 해석은 매우 그럴듯하지만 문제는 역시 무속의 영향에 대한 인과적인 설명이 약한 점이다. 상당 부분 일리가 있어 보이지만, 그 인과 관계를 증명하려는 시도는 약해 보인다는 말이다. 무속의 전통이 강한 사회와 그렇지 않은 사회를 비교해 보면 어느 정도 결론에 도달할 수 있을 것이다. 또 한 풀 더 벗겨 들어가면 왜 어떤 사회는 무속이 성하고 다른 사회는 약한지 그 원인을 탐구해 보아야 할지도 모른다. 과연 무속이 강한 전통이 신바람의 원인인지 아니면 그 결과인지도 명확해져야 한다.

민족성이나 무속을 통한 한국인의 특징 설명보다 훨씬 더 풍부한 것이 유교 전통을 통한 설명이다. 사실 한국의 특수성에 관한 연구는 주로 한국 '사람'들의 '인간관계'나 '사회적 성격'에 대한 고찰로 나타났다. 주로 심리학자와 사회학자들이 참여했는데, 사실상 모든 연구들이 유교 전통을 중심으로 하고 위에서 본 무속이나 신바람 유의 특징을 일부 덧붙이고 있다. 그래서 사실상 이 둘은 서로 떨어질 수 없게 되어 있다. 따라서 이제부터의 비평은 이 두 줄기를 포괄하는 비평으로 보아도 좋다.

어떤 것이든 이들은 다음과 같은 공통된 문제점을 안고 있다. 즉 이들은 이론적으로 빈약하며, 그들이 내세우는 특징들이 한국인의

---

10) 백산서당, 2000.

11) 특히 최준식, 『한국의 문화, 종교로 읽는다 1, 2』(서울: 사계절, 1998).

'고유한' 특징들인지 의심스러우며, 한국을 서양 또는 선진국과만 비교하며, 시대에 따른 변화를 충분히 고려하지 않는다는 점들이다. 차례대로 살펴보자.

첫째, 위의 대중적 한국론과 비슷하게, '한국인의 의식 구조'류의 학술 연구들은 이론적으로 빈약하다. 이들은 별다른 체계 없이 눈에 띄는 한국의 문화적 특성을 나열하는 것에서 크게 벗어나지 못한다. 즉 한국인의 문화적 특징을 집단주의, 연고주의, 친소의식, 정이 많음, 권위주의, 체면 중시, 신명 등에서 찾으며, 이들에 대한 서술이 중심을 이루고 있다.[12] 한국인의 심리-문화적 특성을 밝히기 위한

---

12) 이들이 내세우는 한국인의 특성은 매우 많다. 민문홍은 '기존 문헌들에 나온 한국인의 사고방식을 기술하는 개념들'을 25개로 정리했다. 슬픔 또는 한, 당파성, 비상식성, 적응주의, 비자율적, 불신, 감정적, 직관적, 공동체 지향적, 은밀하며 혼탁함, 감투 지향적, 현상유지적, 조급성, 비성실성, 비실증성, 비전문적, 비사유적, 무속적, 순응적, 여유 없음, 부정적이며 불만적, 가족지향적, 집단지향적, 친소의식, 상하서열을 강조하는 것. 민문홍, "한국인의 사고방식", 일상문화연구회 엮음, 『한국인의 일상 문화: 자기 성찰적 사회학』(서울: 한울, 1996), 105쪽.
박영순 교수는 '한국인의 정신문화를 이해할 수 있는 핵심적인 용어'(전통적인 것과 현대적인 것을 포괄)를 다음과 같이 나열했다. -홍익인간, 선비, 효도, 권선징악, 적서 차별, 양반, 절개, 의리, 자연, 사랑, 조급성, 시기와 질투, 동정, 무속, 애국애족, 충성, 덕, 성실, 정, 한, 흥, 선, 신명, 체면, 지조, 성실, 사주팔자, 운명, 숙명, 가족, 연고(혈연, 학연, 지연), 열정, 멋, 냄비 근성, 역동성, 진취성, 예절. 그러면서 그는 "한국인의 정신적 정체성은 유교적, 집단적, 연고적, 감성적, 역동적, 진취적이라고 할 수 있을지 모르겠다."고 하면서, 또 "한국인의 성격을 다음과 같이 요약하고자" 했다. 장점: 가족주의, 집단주의, 명예 존중, 동정심, 의리 중시성, 진취성, 목표 지향성, 정열적인 기상, 인간애, 성실성, 일을 좋아함. 단점: 집단 이기심, 논리와 이성의 부족, 허례허식성, 시기와 질투, 극단성, 비타협성, 조급성, 팀워크가 어렵고 분위기에 쉽게 휩싸임. 박영순, 『한국어 교육을 위한 한국 문화론』(서울: 한국 문화사, 2002), 50-51쪽.
고영복 교수도 비슷하게 한국 민족성의 장점을 23가지, 단점을 21가지 들었다. 윤태림 교수는 한국인의 사고방식을 지나친 감수성, 과거에의 집착, 권위주의, 체면, 공리주의로 들었다(박영순 위 책의 같은 쪽 참조).
여기서 문제는 이런 특징들이 정말 한국인, 특히 현대 한국인의 성격인지 의심나는 부분이 많을 뿐 아니라, 이런 특징 묘사들이 근거가 모호하며 비체계적이고 비논리적이며 상호 모순된다는 사실이다.
좀 더 학술적인 연구들도 내용은 비슷하다. 조긍호 교수는 '한국인 이해의 개념틀'

학술적인 작업은 심리학자들이 많이 해 왔다. 최상진 교수는 한국인 심리의 특징을 정, 우리성, 체면, 눈치, 화병, 의례성, 의리 등에서 찾으며, 조긍호 교수는 집단주의에서 찾는다.[13] 이들은 한국인의 의식 구조를 밝히기 위해 설문 조사 등 과학적인 방법을 동원하여 한 단계 진보한 연구 성과를 이루었다. 그러나 여전히 인상적인 관찰이 대세를 이루며 그 내용도 단조롭다. 이러한 서술들은 한국인의 전통적 행위 양태를 이해하는 데 많은 도움을 주지만 그러한 문화적 특성이 왜 나타나는지는 설명 못하고 그 설명을 시도하지도 않는다. 문화의 현상적 특징을 단순히 나열할 뿐 그것을 '설명'할 이론적 체계를 갖추지 못하여 원인과 결과의 인과관계를 밝히지 못한다는 말이다. 최상진 교수의 경우 동양의 고전에서 한국인 심리의 단서를 찾기 위한 노력을 기울인다. 서양과 다른 한국인 또는 동양인의 심리 구조를 파악하기 위한 그의 노력은 소중하지만 과연 동양이나 한국의 고전이 현대 한국인의 심리 구조를 '얼마만큼' 설명할 수 있을지에 대해서 전혀 답할 수 없는 것이 문제다.

최근 활발히 활동하는 종교학자 최준식의 연구도 앞선 연구들에 비해 비교적 체계적이기는 하나, 주로 대중을 상대로 하고 있으며

로 사회관계 유지-조화 지향, 자기 억제-자기 은폐 지향, 단점 수요-자기 개선 지향의 세 가지를 들고, 이들의 세부적인 특징을 29개 제시했다. 이들은 기존 심리학자들의 연구를 종합한 것인데, 그 내용은 위의 것들과 비슷하다.
한규석, 『사회 심리학의 이해』 개정판(서울: 학지사, 2002)에서 한국인의 심리적 특징에 관한 심리학계의 연구 성과를 잘 요약하고 있다. 내용은 역시 정, 체면, 눈치, 의례성, 가족주의, 인정주의, 연고주의, '우리성' 등이다. 임태섭 편저, 『정, 체면, 연줄, 그리고 한국인의 인간관계』(서울: 한나래, 1995) 및 일상문화연구회 엮음, 『한국인의 일상 문화: 자기 성찰의 사회학』(서울: 한울, 1996)도 참조.

13) 최상진, 『한국인 심리학』(서울: 중앙대학교 출판부, 2000); 조긍호, 『한국인 이해의 기념틀』(서울: 나남, 2003).

이론적 뼈대를 갖추거나 충분히 학술적이라고 하기는 어렵다.[14] 한국철학자인 최봉영의 저작들은 한국 문화의 특징을 가장 체계적이고 밀도 있게 서술하지만 내용이 주로 조선 시대에 국한되어 현대 한국의 문화적 특징을 충분히 알기에는 큰 도움이 되지 않는다.[15]

그러면 한국·한국인의 특징이 '왜' 나타났는지를 탐구하는 것이 왜 중요한가? 그것은 특징의 기원을 알아야 그에 대한 대책을 세울 수 있기 때문이다. 질병이라면 그 원인을 알아야 치료할 수 있고, 축복이라면 또 그 원인을 알아야 더 많은 축복을 이룰 수 있기 때문이다. 이런 점에서 지금까지의 연구는 아쉬운 점이 있다.

둘째, 지금까지의 연구들이 한국 문화나 한국 사회의 특징으로 제시한 집단주의, 가족주의, 권위주의, 가부장주의 등등이 한국에 '고유한' 특징인지 다시 생각해 보아야 한다. 내가 보기에 그것들은 한국에만 있는 특징도 아니고 유교권에만 있는 특징도 아니다. 오히려 분화가 덜 된 전통 사회에서는, 세세한 내용의 차이는 있지만, 어디서나 보이는 사회문화적 현상들이다. 물론 전근대 사회라고 하여 모두가 똑같은 특징을 보이는 것은 아니다. 예를 들어 집단 중심적인 유교권과는 달리 인도나 이란 같은 곳은 매우 개인주의적인 특징을 보인다고 한다.[16] 하지만 전체적으로 볼 때, 전통 사회가 공유하는 특징들이 세부적인 문화권에 관계없이 존재하는 것이 사실이고, 한국의 특징이라고 일컬어지는 특징들 가운데 많은 부분이 다른 전통

---

14) 최준식, 『한국인에게 문화는 있는가』(서울: 사계절, 1997). 그는 여기서 가족주의, 권위주의, 신명을 한국인의 문화적 특징으로 본다.

15) 최봉영, 『한국 문화의 성격』.

16) 장병옥, "페르시아 사상과 이란인의 의식 구조", 한국외국어대학교 외국학종합연구센터 편, "세계인의 의식 구조 Ⅱ"(서울: 한국외국어대학교 출판부, 1997) 참조.

사회에서도 보인다는 점을 부인할 수 없다. 이렇게 볼 때 한국 문화의 특징을 진정으로 이해하려면 비교문화적 관점에 서야 한다. 이때 비교는 한국과의 차이가 뚜렷한 서양과의 비교가 아니라 비슷한 문화권이나 비슷한 발전 단계에 있는 사회와의 비교가 되어야 한다. 그래야 진정한 특징이 드러난다. 사람들이 가장 빠지기 쉬운 함정이 한국의 '전통'과 서양의 '현대'를 비교하는 것인데, 이는 의미가 없다. 서양과 한국을 비교하려면 전통과 전통, 또는 현대와 현대를 비교해야 한다. 그런데 그것보다 더 의미가 있는 것은 같은 동양 문화권에 있는 일본이나 중국을 한국과 비교하는 것이다. 그래야 각 사회의 특징이 더 세밀하게 드러난다.

초기에 한국인의 '사회적 성격'을 체계적으로 서술한 대표적인 보기가 사회학자 최재석 교수의 연구인데, 그는 이를 가족주의, 감투 지향 의식, 서열 의식, 친소 구분 의식, 공동체 지향 의식의 다섯 가지로 보았다.[17] 이 중에서도 그는 가족주의를 가장 대표적인 한국인의 성격으로 규정하였다. 위에서 언급한 최준식의 연구도 가족주의를 한국 문화의 가장 기본적인 요소로 파악한다. 가족주의가 그만큼 중요하고 눈에 띄는 한국인의 문화적 특징임에는 틀림없다. 그러나 그것이 과연 한국에서 어느 정도로 압도적인 현상인지, 또 한국에만 있는 전통인지, 현재에도 가장 강력한 인간·사회관계의 원칙인지가 구체적인 사례 연구를 통하여 밝혀져야 한다. 그렇지 않으면 동어반복이나 상식의 나열에 불과하게 된다. 단적으로 말하여, 가족 중심의 사회 구조나 인간관계는 아랍이나 가톨릭 문화권, 지리적으

---

17) 최재석, 『한국인의 사회적 성격』 제3판(서울: 현음사, 1994).

로는 남유럽, 중남미, 동남아, 아프리카, 동아시아 등 비서구 지역의 공통된 특성이 아닌가? 더 정확하게 말하자면, 전근대 사회의 공통된 특징이 아닌가?[18] 그렇지 않다고 주장하려면 한국의 가족주의가 이들 지역보다 더 강하다든가, 그 내용이나 발현 형태가 독특하다는 점을 밝혀야 한다. 그렇지 않고 한국의 가족주의만 강조하고 그것으로 한국인의 행태와 사회관계를 설명하려고 한다면, 현상의 관찰로는 일리가 있을지 모르나 진정으로 다른 문화와 구별되는 한국 문화의 특징을 밝히지는 못할 것이다.

위에서 열거한 한국적 특징들을 진정 한국의 특징으로 간주하려면 그 개념들을 더 세분화하여 어떤 형태와 어떤 내용의 집단주의·가족주의·권위주의인지를 밝혀야 한다. 다시 말해, 여러 형태의 집단주의들이 보이는 구체적 내용들을 비교해야 하고, 권위주의, 가부장주의 안에서의 비교 연구를 이루어야 한다는 말이다. 이런 점에서 지금의 한국 문화론은 크게 모자란다. 물론 한국 유교·전통 사회의 특징을 일본이나 중국의 유교·전통 사회와 비교한 분석들은 많지만, 현대 한국의 사회 구조나 한국인의 행동 유형을 비슷한 문화권 나라들과 체계적으로 구별 짓는 연구는 별로 없다고 할 수 있다.

그런데 이 일이 잘 안 되는 것은 한국문화론뿐 아니라 일본인론(일본문화론)에서도 마찬가지다. 한국인과 마찬가지로 일본인들은 자신과 서양 사람들이 얼마나 다른가에 관심을 집중한다. 그만큼 서양에 대한 강박관념에 사로잡혀 있기 때문이다. 또 서양 사람들도

---

18) 미국의 저명한 사회학자 탤컷 파슨스는 20세기 중반기에 이른바 유형 변수들로서 전근대 사회와 근대 사회를 구분 짓는 기준으로 삼았는데, 그가 제시한 전근대 사회의 특징들은 모두 전통 한국 사회의 특징으로 제시된 것들이다. 이런 특징들이 한국에만 있는 것이 아니라는 사실은 파슨스의 이분법 자체가 보여준다.

그들 나름대로 자신과 다른 일본의 특징을 부각하기 위해 노력한다. 일본인론은 일본을 서구 사회와 비교하여 집단주의, 아마에(응석)의 논리, 종적 사회 등으로 특징짓는다. 얼핏 보아 그럴 듯하지만 그들이 내세우는 이런 일본의 특징들은 사실 많은 부분 한국과 유사하며, 그래서 일본론이라기보다는 '동양론'일 경우가 많다. 일본론이 정말 제대로 된 일본론이 되려면 일본을 서구와 비교하기보다는 오히려 한국이나 중국과 같은 비슷한 문화권과 비교해야 한다. 이어령의 말처럼 젓가락과 젓가락을 비교해야 각 나라의 젓가락 문화가 제대로 드러나지 젓가락과 포크를 대비해서는 그 문화가 잘 드러나지 않기 때문이다. 이런 점은 한국론보다는 훨씬 앞서고 풍부한 일본인론이 보이는 결정적인 한계다.

셋째, 위 문제들은 결국 한국의 특징을 집어내기 위해 한국을 서양(또는 일본을 포함한 선진국 일반)과 비교하기 때문에 생기는 현상이다. 서양을 비교의 준거로 놓고 서양 대 한국의 이분법을 시도하는 것이다. 그래서 개인주의, 합리주의, 법치주의, 민주주의, 자유주의 등등의 서양 가치, 그것도 '현대'의 서양 가치를 한 축에 놓고, 이와 대비된다고 생각되는 가치관이나 의식구조를 한국의 특징으로 삼는 것이다.

이런 점에서 최상진 교수는 학자들이 한국의 집단주의를 논할 때 서양의 개인주의를 구체적인 실체로 놓고 그에 대비되는 엉성한 형태의 구체화되지 못한 집단주의를 상정할 뿐이라고 지적한다. 논의의 출발점을 서양의 특징에 놓고, 그런 서양의 특징이 한국이나 동양에서는 안 나타난다는 점을 강조하기 위해 정교한 서구 개념에 대비되는 엉성한 개념을 동양에 대해 만든다는 것이다.[19] 이런 식으로 되면 모든 비서양의 특징들이 비슷한 모양과 내용을 갖게 된다.

『정, 체면, 연줄 그리고 한국인의 인간관계』라는 책이 있다.[20] 언론학자들의 글 모음인데, 제목 그대로 정, 체면, 연줄을 한국인 인간관계의 가장 중요한 요소로 보고 있다. 그들의 말대로 한국인의 인간관계에서 정, 체면, 연줄이 매우 강하게 나타남은 틀림없는 사실이다. 그런데 이런 인간관계가 과연 한국에만 있는 것일까, 또는 다른 데 있다고 하더라도 한국에서 가장 뚜렷하게 나타나는 것일까? 사실 이런 문제에 대한 나라 간 비교 연구가 전혀 없기 때문에 확실히 말할 수 있는 사람은 아무도 없다. 그러나 이런 문화적 특징이 중국을 비롯한 유교권 문화에서 공통적으로 나타나며, 아시아, 중남미, 중동, 아프리카 모든 비서구 지역에서도 나타남은 상식으로 알 수 있다. 과연 우리나라 사람들이, 그것도 2004년 지금 다른 비서구 지역 사람들보다 더 정이 많고, 더 체면을 차리며, 더 연줄에 얽매일까? 우리는 아랍인들이나 중국의 조선족보다 정이 없어 보이는데 왜 우리를 자꾸 정이 많은 사람들이라고 할까? 한편에서는 가족 해체가 한국 사회의 큰 문제라고 걱정하는데, 왜 우리는 여전히 가족주의적이라고 할까? 연변에서 온 어떤 교수는 내가 정말 한국 사람들이 정이 많으냐고 물었더니 "정이 없지요!"라고 크게 대답했다. 그러면서 사회가 발전함에 따라 사람들 사이의 정은 줄어들게 되어 있다는 정답을 말하였고, 지금은 연변도 그런 점에서 많이 변하고 있다고 덧붙였다.

또 전통적 특징은 아니지만, 한국인이 엉터리이고 무질서하며 준

---

19) 최상진, 『한국인 심리학』(서울: 중앙대학교 출판부, 2000), 30쪽.
20) 임태섭 편저, 1995년 한나레 발간.

법정신이 없다는 말들도 마찬가지다. 그런 문제들은 우리보다 중국이나 러시아나 몽골이 더 심하다. 그리고 1960년대의 한국이 2000년대의 한국보다 더 심했다. 세월이 지남에 따라, 또는 발전 단계가 진행됨에 따라 '반비례'한다고 단언할 수는 없겠지만, 이러한 사회 문제들은 줄어들리라는 점을 부인할 수 없다. 목소리 크게 싸우는 것도 마찬가지다. 중국에 관한 책들을 보면, 중국 사람들이 한국 사람들보다 더 목소리 크게 싸우는 것 같다. 그만큼 더 공동체적이고 덜 도시화되고 덜 세련되었기 때문이다. 과거의 한국인들이 지금의 한국인들보다 더 목소리 크게 싸운 것도 사실이다. 이렇게 보면, 현대 한국의 특징들로 지목되는 많은 것들이 발전 단계가 지남에 따라, 다시 말해 후진국에서 중진국을 거쳐 선진국으로 진행함에 따라 차츰 바뀜을 알 수 있다. 그러니 이런 점들이 한국에 많이 나타난다고 하여 이것들을 한국의 고유한 특징이라고 할 수는 없다.

그런데 왜 사람들은 이런 것들을 한국의 특징이라고 말하는가? 가장 중요한 이유는 한국을 서양이나 일본 등 선진국과 비교하기 때문이다.[21] 우리는 분명히 일본인보다 정이 많으며, 독일보다 무질서하고, 미국보다 준법정신이 부족하다. 언제나 비교의 기준이 선진국이다 보니 우리는 언제나 정이 많고 무질서하고 준법정신이 없는 것이다. 일본인들이 쓴 한국론 대중서들이 예외 없이 이런 특징들을 거론하는 것은 시사하는 바가 크다. 비슷해 보이는데 자기와 많이 다르기 때문에 특히 눈에 박히는 것이다. 한국보다 발전이 늦은 나라

---

21) 또 하나의 까닭은 전통 문화의 특징들로 우리의 특징을 얘기하는 것이 손쉽기 때문이다. 다른 나라들의 경우와 엄밀하거나 체계적으로 비교하기에는 엄청난 시간과 노력이 든다. 따라서 그런 엄두를 내지 못하고 막연히 서양이나 일본의 현대 사회와 비교하다 보니 상투적인 얘기를 하게 되는 것이다.

와 한국을 비교한 글은 참으로 찾기 어렵다.

서양의 인간관계를 '보편적'인 것으로 놓고 한국의 인간관계를 그 것과 다른 특수한 것으로 취급하는 이런 사고는 매우 서양 중심적이다. 학문과 일반인의 사고를 지배하는 서양중심주의를 여기서도 본다.[22] 그런데 사실은 오히려 서구의 '서양성'이 특수한 것이고 훨씬 더 넓고 인구도 많은 비서구 지역의 '비서양성'이 보편적인 것이 아닐까? 그런데 비서양 문화는 연구가 덜 되고 학술적 체계화가 안 된 데다 모두가 서양 학문을 따라 하다 보니, 어느덧 서양 문화를 보편적인 것으로 생각하는 버릇이 우리 가슴속에 배어버렸는지도 모른다.

여기 관련되는 또 하나의 문제는 정, 체면, 연줄, 가족주의 같은 것들이 과연 한국인의 인간관계를 지배하는 '가장 중요한' 요소들일까 하는 의문이다. 그보다는 오히려 실질적인 이해관계나 아니면 동정심, 정의감 같은 특정 문화와 관계없는 '보편적'인 요소들이 모든 인간의 사고와 행동에 더 큰 영향을 주는 것은 아닐까? 문외한인지라 어느 쪽이 더 중요한지에 대한 연구가 있는지 없는지 모르겠다. 인간 행동의 동기와 발현 양식, 그리고 그 둘의 관계에 대한 이론적인 문제들이니, 여기서 더 이상 깊이 들어갈 수는 없다. 또 특수한 점을 강조한다고 해서 보편적인 면들을 무시하지 않는다는 전제를 깐다면 그 자체가 문제는 아닐 수도 있다. 어쨌든 만약 이러한 의문이 타당하다면 정말 한국인의 인간관계를 위와 같은 전통적 문화 요소로 설명하는 것이 얼마나 타당할까? 물론 서양과의 차이를 부각시

----

22) 서양 중심주의에 대해서는 강정인, 『서구 중심주의를 넘어서』(서울: 아카넷, 2004), 학문의 주체성에 대해서는 김영명, 『담론에서 실천으로: 한국적 정치학의 모색』(파주: 한국학술정보, 2010) 참조.

키는 효과가 있겠지만, 그런 요소들로 한국인의 인간관계를 설명하는 것에는 한계가 있을 수밖에 없다. 여기서 다시 '한국인의 인간관계'류의 서술들이 서양과의 비교만 염두에 두고 있다는 점을 확인하게 된다.

넷째, 위에서 이미 암시되었지만 한국 문화론뿐 아니라 문화론 전체에 일반적인 한 문제는 문화를 '전통'과 동일시하여 고착된 것으로 파악하는 경향이 크다는 점이다. 이런 관점은 전통이 끝없이 변하거나 폐기되고 문화가 변한다는 사실을 충분히 고려하지 않는다.23) 전통문화론자들은 과거의 특징에 얽매여서 이 특징들이 얼마나 '현재'의 삶에 영향을 주고 있는지 분명히 밝히지 못한다. 전통이 현재에 가지는 의미를 제대로 알기 위해서는 그것이 얼마나 지속되며 또 얼마나 변하는지, 그리고 지속하는 것과 변하는 것의 상호관계가 어떤지를 밝혀야 하는데, 이런 작업을 하지 않거나 못하는 것이 '문화론'의 본질적 한계다. 최재석의 위 연구도 이런 점을 인정하고 있다. 그의 연구는 1950년대 후반에 이루어져 1965년에 처음 출간되었는데, 같은 내용을 1994년 3판에서 되풀이하는 것은 '현재' 한국인의 '사회적 성격'을 이해하는 데는 아무래도 무리가 있을 수밖에 없다. 저자 역시 이런 점을 인정하고 있다. 최봉영의 연구들은 한국문화론을 체계적으로 서술한 인상적인 업적들이다. 그러나 이역시 전통 문화에 국한되어 현재 한국과 한국인의 특성을 밝히는 데는 한계가 있다. 그가 서술하는 조선시대와 개항기의 가치관이나 인간관계의 특징들이 얼마만큼 현대 한국인들의 사고방식과 행동 양

---

23) 알렉스 인클레스, "환태평양 지역 대중적 가치의 지속과 변화", 『동아시아 비평』 (한림대학교 아시아문화연구소), 제2호(1999) 참조.

태에 지배적인가는 따로 다루어야 할 문제이나 한국 문화론에서는 이런 시도가 전혀 없다고 해도 지나치지 않다.[24]

굳이 학술적인 연구를 하지 않더라도 한국인의 가치관이나 행동 양식이 매우 빨리 변하고 있다는 사실은 아주 쉽게 감지할 수 있다. 한국인의 가장 중요한 특징으로 자주 거론되는 가족주의에 대한 한 외국인의 관찰을 예로 들어보자.

"가족애 잃어가는 '슬픈 한국'"[25]

> 며칠 전 친한 한국의 후배에게서 한 통의 메일을 받았다. 그녀는 결혼한 지 몇 년 만에 이혼하고 혼자서 아이를 키우고 있었다. 한국은 OECD 국가 중 이혼율이 2위에 달하는 등 근래 들어 이혼으로 인한 사회 문제가 심각하다고 한다. 강한 가족애와 가정의 가치를 강조한 유교 문화의 전통적 사회질서가 변화하고 있다는 것이다. 이혼의 증가는 그 변화를 보여주는 하나의 상징이기도 하다.
> 처음 한국에 와서 놀란 점 중 하나는 터키 대학에서 배운 한국과 실제 한국 사회가 너무 다르다는 것이었다. 한국인 선생님들이 보여준 책 속 사진들에는 한복을 예쁘게 차려입은 사람들이 윷놀이와 널뛰기를 하고 있었지만, 실제 서울 거리에서 한복을 입은 사람들은 거의 보이지 않았다. … 나는 아직도 대학에서 배웠던 것 중에 김치, 불고기, 태권도와 함께 '동방예의지국'이란 말이 기억에 남는다. 선생님은 칠판에 한자를 써 가며 '동방예의지국'의 의미를 설명하려 애쓰셨다.
> 아마도 그는 그것이 한국을 가장 잘 설명해 줄 수 있는 문화적

---

24) 그는 조선시대의 문화를 '의리와 정한의 구조'로 보고 개화기 직후의 문화를 '혼신과 정한의 구조'로 본다. 그러면 현재의 한국 문화는? 이런 구조가 지금의 한국인들에게 얼마나 짙게 남아 있을까?

25) 술탄 훼라 아크프나르(터키인 서울대 국어국문학과 박사 과정), 《한국일보》 2003. 12. 15.

특징이라고 생각했던 것 같다. 하지만 이제 한국은 반도체와 자동차를 수출하는 세계적 무역국가 가운데 하나이며 월드컵과 북한 핵 문제로 더 유명한 나라이다. 그런 점에서 점차 사라져 가는 전통 문화보다는 힘 있게 성장하는 한국의 경제력을 보여주는 것이 국가 이미지를 위해 더 좋을 수 있다.

내가 그녀의 메일을 읽고 안타까웠던 것은 단지 좋아하는 한국의 후배가 겪는 이혼의 고통 때문만은 아니었다. 그것은 내가 읽었던 소중한 것들이 너무 쉽게 그 가치를 잃어가고 있기 때문이 아닐까. 한복을 입고 윷놀이를 하지 않아도 좋지만 따뜻한 가족애를 잃어가는 것은 슬픈 일이다.

한국인의 이혼율은 이제 세계 최고 수준이다. 불과 5년 전만 해도 상상할 수 없는 일이었다. 한국인의 가족주의가 여전히 다른 나라에 비해 강하다고 하더라도, 가족 자체가 급격히 해체되어 가는 현대 문명의 중심에서 한국은 어느새 그 선두에 서게 되었다. 이런 점을 얘기하지 않고 한국의 '끈끈한 가족애'만 얘기하고 있어서야 되겠는가?

한국인의 문화나 가치관의 변화에 관한 연구는 주로 설문 조사의 형태로 많이 시도되었다. 그런 조사는 너무 많기 때문에 일일이 열거할 수도 없다. 그 많은 연구들에서 일관되게 나타나는 결론은 과거의 전통적인 가치관이 많이 남아있지만 점점 줄어들고 서양적 또는 현대적인 가치관으로 변하고 있다는 사실이다.[26] 위에서 말한 가족관에서도 이런 점은 명확히 드러난다. 여성부가 한국여성개발원에 의뢰해 처음 실시한 '전국 가족 조사'에 따르면 미혼 응답자의 절반이 아직 결혼 계획이 없다고 대답하였으며, 노인 중 자신의 집에서

---

26) 김영명, "한국인의 가치 변화와 민주주의의 전망", 『아시아문화』 제15호 (2001); 양종회, "현대 한국의 가치 체계의 기원과 변동", 김일철 외, 『한국 사회의 구조적 이해』(서울: 아르케, 1999) 참조.

거주하는 노인이 41.2%로 가장 많아 장남 집 32.3%를 크게 앞질렀
다.[27] 한국의 가족 구성과 가족 관계가 매우 빨리 변하고 있음을 실
증한다.

실제로 한국인들의 인간관계가 집단주의에서 개인주의적으로 변
해간다는 사실을 증언하는 학자들도 많이 있다. 어떤 이는 한국 사
람들의 특징이었던 "'집단을 위한 개인'이 이제 '개인을 위한 집단'
으로 변화하고" 있으며, "집단과 개인 사이를 눈치 보며 왕래하는
한국인의 모습"이 한국인의 특징이라고 주장했다.[28] 또 다른 이는
한국인들 사이에 "'우리' 의식의 소멸과 이를 대체해 등장한 '나'라
는 개인의식(보다 정확히는 사인의식)의 확산이 자리를 잡고 있다."
고 서술한다.[29] 문제는 이런 가치관 변화의 확인이 '한국인의 성격'
규정에 제대로 반영되지 않고 따로 겉돌고 있다는 점이다.

이런 점들로 볼 때, 현대 한국의 문화를 유교나 전통 문화로 다
설명할 수 없는 것은 명확하다. 그렇지만 그런 전통이 여전히 남아
있는 것도 사실이다. 문제는 전통 문화나 가치관이 얼마만큼의 비중
을 차지하며 서양적·현대적인 문화나 가치관이 또 얼마만큼의 비
중을 차지하는가인데, 아무도 확실한 대답을 할 수는 없다. 모두 자
신의 경험이나 가치관에 입각하여 전통을 더 강조하기도 하고 전통
의 폐기를 더 강조하기도 한다. 또 같은 현상을 두고 아주 다른 해석
을 내릴 수도 있다.

---

27) ≪한국일보≫ 2004. 1. 16.

28) 최원기, "스트레스성 여가와 미학적 여가", 일상문화연구회 편,『일상 속의 한국 문
화: 자기 성찰의 사회학 2』(서울: 나남, 1998), 216, 218쪽.

29) 이윤호,『광고로 본 한국, 한국인』(서울: 말과 얼, 2002), 188쪽.

요즘 한국의 직장인들은 토스트와 커피로 아침 식사를 하고, 아니면 '집사람'이 아침밥을 안 주니 그냥 굶고, 만원 지하철에 시달리면서 회사에 출근하여 동료에게 '좋은 아침!'하면서 인사한 뒤 상사에게 꾸벅 절하고 자기 자리에 앉는다. 퇴근 시간이 되어가자 상사가 회식을 하자고 하지만 그냥 혼자 퇴근하고 싶다. 그래도 눈칫밥을 먹는 처지는 어쩔 수 없어 회식 자리에 끌려가다시피 하지만 술은 마시기 싫다. 그래도 나이 많은 상사가 억지로 권하는 술을 안 마실 수도 없어서 상사 앞에서 45도쯤 몸을 돌려 홀짝거린다. 이 장면에서 우리는 전통 문화를 더 많이 보는가 서양 문화를 더 많이 보는가? 사실 전통과 서양이라는 이분법 자체가 잘못된 것일 수 있다. 어느 쪽이든 이제 모두 한국인의 문화가 되었다. 어쨌든 편의상 그 이분법을 쓴다고 할 때, 어느 쪽이 더 우세할까? 전통 문화를 강조하는 사람은 "거 봐, 아무리 젊은 사람이라도 한국적인 유교 전통은 못 버리는 것이야. 싫어도 회식 자리에 참석하고 상사 앞에서 몸을 돌려 술 마시잖아!"할 것이고, 전통의 변화를 강조하는 사람은 "이제 더 이상 유교 문화가 지배적이 아니야, 서양적인 것이 더 많아!" 할 것이다. 양쪽 다 일리가 있다. 정답은 있을 수 없다. 그러나 한 가지 확실한 사실은 유교 또는 전통 문화의 영향력은 결코 없어지지는 않겠지만 날이 갈수록 점점 더 줄어들 것이고, 지금 우리가 서양적이라고 하는 전통 또는 행동 양식-가치관들이 새로운 우리의 전통이 되리라는 사실이다.

이렇게 볼 때 전통 문화에 기초하여 한국과 한국 사람을 이해하려고 하는 것은 한국 사람을 서양 사람과 비교할 때는 유용할지 모르나, 더 이상 현대 한국의 특징을 설명하는 데 지배적인 자리를 차지할 수 없다. 연구의 과제가 되어야 할 것은 남아 있는 전통과 들어오는 새 문화가 어떻게 상호작용하여 새로운 문화를 만들어나가는지를 알아내는 것이며, 또 그 새로운 문화의 구조를 추적하는 일이다. 이러한 작업은 물론 이 책에서 의도하는 바는 아니고, 특히 문화론자들이 짊어져야 할 책임이라고 할 수 있다.

Ⅱ. 두 가지 조건과 다섯 가지 속성

이 책에서는 지금까지 많은 사람들이 해 왔듯이 한국인의 특징을 전통에서 찾기보다 주로 '현대' 한국 사회와 한국 사람들의 가치관이나 행동 양식에서 찾으려고 한다. 다시 말해 지금 여기서 살아 숨 쉬는 한국 사람들의 사고방식과 행동 양태, 그리고 그들이 만들어내는 사회 구조의 특징을 알아보려고 하는 것이다. 이러한 특징들을 여기서는 한국이 처한 두 가지의 '조건'과 한국·한국인의 다섯 가지 '속성'으로 나누어 보고자 한다.

두 가지 조건은 단일성과 밀집성이고, 다섯 가지 속성은 획일성, 집중성, 극단성, 조급성, 역동성이다. 그런데 어떤 논리적 과정을 통해 이런 특성들을 포착하였는지 조금 설명할 필요가 있다. 우선 두 가지 조건은 누가 보아도 명백한 한국의 특성이기 때문에 이 둘을 집어내는 데 별다른 노력이 필요하지 않다. 이것들은 유교 문화나 다른 어떤 요인보다도 더 특유한 한국의 특성이다(또 다른 후보가 있다면 아마 분단 상황일 것이다).

이에 비해 위에서 제시한 다섯 가지 속성들이 한국을 대표하는 속성인지에 대해서는 의문의 여지가 있을 수 있다. 이에 대해서는 이렇게 답할 수 있다. 우선 이 속성들은 내국인이든 외국인들이든 일상 대화에서나 평론, 시사논평들에서 일관되게 말하는 한국, 한국인의 특성들이다. 둘째, 더 중요하게, 이 다섯 가지 속성들은 단일성과 밀집성이라는 한국의 구조적 조건에서 논리적으로 파생하는 한국의 속성들이다. 이와 다른 한국의 속성들, 예를 들자면 가족주의라든가 집단주의들은 이 책의 주요 주제가 아니다. 이 주제와 우리의 주제 가운데 어느 것이 한국 사회를 이해하는 데 더 중요한지, 또 둘이 어떻게 상호작용하는지는 따로 탐구해보아야 한다. 이렇게 이론적으로 관련되는 문제들을 여기서 자세히 볼 수는 없고, 필요하다고 생각되는 만큼만 논의할 것이다.

우선 뒤의 것인 한국·한국인의 다섯 가지 속성부터 보자. 이들을 분야별로 나누면, 한국인의 의식 구조와 행동 양태, 그리고 한국 사회의 구조라는 서로 관련된 분야들로 구분할 수 있다. 우선 한국 사람들의 '행동 양태'를 보면, **조급성, 역동성, 극단성**의 특징들이 두드러진다. 행동 양태는 사람들의 눈에 매우 잘 띄기 때문에 이런 한국인의 모습들이 한국인의 특징으로 가장 먼저 거론되는 경향이 있다. 그런데 행동 양태와는 조금 달리, '사회 구조'에서도 한국은 매우 특이한 모습을 보이는데, 그것은 바로 고도의 **집중성**이다. 이것은 권력과 부의 수도권 집중, 일류 대학 집중에서 대표적으로 타나난다. 흔히 말하는 중앙 집중과 학벌주의다. 또 의식 구조와 사회 구조에 같이 해당되는 것으로 **획일성**을 한국의 특징으로 제시할 수 있다. 이 점에서는 특히 이념적·문화적 획일성과 취향·태도에서의 다원성 부족이 꼽히지만, 집단 쏠림 현상도 이 범주에 포함된다고 할 수 있다.

그런데 이런 한국의 속성들은 역사적으로 조금 달리 나타났다. 다시 말해, 획일성, 집중성, 극단성이 이전부터 있었던 우리의 특징이라면, 조급성과 역동성은 20세기 후반기에 나타난 현상이라고 할 수 있다.[30] 이러한 차이는 각각의 속성들을 유발한 조건들이 과거부터 있었거나 아니면 최근에 나타난 차이에서 나온다.

위와 같은 한국의 속성들은 **단일성**과 **밀집성**이라는 두 가지 특이한 조건에서 나온다. 이 둘은 한국과 한국인이 처한 탈피하기 어려운 지리·인구적 조건이다. 이들은 한국 문화의 가장 큰 특징(또는 문화적 '조건'이라고 말해도 좋다)이라고 흔히 얘기되는 유교적 특징보다 더 확실하고 결정적인 한국·한국인의 조건이다. 그것은 다음과 같은 까닭들 때문이다. 조금 되풀이하지 않을 수 없음을 독자 여러분들이 양해해 주시기 바란다.

첫째, 앞에서 보았듯이, 유교적 특징은 한국에 고유하지 않고 중국, 일본에도 있다. 그리고 유교적 특징이라고 생각하는 많은 요소들, 곧 위계질서의 강조, 가족 유대의 중시, 공동체주의, 권위주의 등등은 전근대적 사회에 공통되게 나타난다. 물론 이런 특징들이 유교권에서, 더구나 한국에서 독특하게 나타날 수 있고, 또 실제로 그렇다. 그런 면에 초점을 맞춘다면 그것이 한국의 특수성이 될 수 있다. 그러나 그것 또한 단일성과 밀집성의 결합이라는 한국의 특수성에 비하면 그 특수한 정도가 낮다는 것이 필자의 판단이다.

---

30) 좀 더 자세히 보자면, 그 가운데에서 집중성은 예전에도 있었지만 최근에 극심해졌고, 획일성은 최근 들어 조금 완화되고 있다고 할 수 있다.

둘째, 유교를 비롯하여 전통 문화나 전통적 가치관 또는 전통적 인간관계만으로 한국 사회나 한국인의 특성을 설명하기에는 우리가 너무 많이 변했다. 이에 대해서는 앞에서 얘기했기 때문에 더 논의하지 않겠다.

셋째, 유교적 가치나 인간관계의 한국적 특수성은 그 자체가 한국의 단일성-밀집성에 힘입은 바 크다. 예를 들어, 나중에 설명하겠지만, 한국의 유교가 중국이나 일본에서와는 달리 다른 모든 분파를 배척하고 성리학만을 숭상하고 그것을 지독하게 맹신하며 형식화한 데는 한국(조선)이 단일 사회였던 이유가 매우 크다. 그러니 진정으로 한국에 독특한 것은 한국적 유교라기보다는 그 한국적 유교의 성격을 결정한 한국의 지리·인구적 특징이라고 할 수 있는 것이다.

넷째, 이에 비해 지리·인구의 요소, 다시 말해 단일성과 밀집성은, 특히 그 중에서도 단일성은 이 책의 끝자락에서 다룰 것처럼 꽤 바뀔 수 있는 여지가 있기는 하나, 기본적으로 과거에서 현재로 그리고 또 미래로 계속 이어지는 한국의 특징이다. 이 조건은 과거 조선의 특징을 규정하였을 뿐 아니라, 현대 한국의 급속한 성장의 조건이 되었으며 미래 한국인의 행동 양태를 결정짓는 중요한 요소로 작용할 것이다. 따라서 유교의 요소보다 이것이 더 보편적이고 항구적인 한국의 조건이다.

그러면 이러한 조건들이 구체적으로 어떻게 한국 사회와 한국 사람의 의식, 행동과 사회 구조를 결정지어 왔는가? 이 조건들 때문에 나타난 한국인과 한국 사회의 획일성, 집중성, 극단성, 조급성, 역동성이 구체적으로 어떤 분야에서 어떻게 나타나고 있는가? 이런 여러 조건들과 속성들이 바뀔 가능성은 얼마나 있으며, 바뀐다면 어떤 방

향으로 바뀌어야 할 것인가? 우리에게 주어진 조건들이 숙명이 아니
라면 우리는 우리의 단점을 극복하고 장점을 꽃피우기 위해 어떤 노
력들을 해야 할까? 이런 의문들에 답해 보고자 하는 것이 이 책을
쓰는 기본 목적이다.

Ⅲ. 보편성과 특수성

한 사회의 특징을 서술하다보면 반드시 다음과 같은 의문에 마주
치게 된다. 곧, 그것이 과연 얼마나 '고유'한 것인가, 다른 사회에는
그런 것이 없는가 하는 의문이다. 또 그런 고유성이나 특수성을 밝
히는 것이 한국뿐 아니라 사회 일반에 관한 우리의 이해 증진에 무
슨 도움을 줄 수 있는가 하는 의문이다. 이를 문답 형식으로 간단히
알아보자.

(1) 위에서 말한 한국의 두 가지 조건, 곧 단일성, 밀집성은 한국
에만 있는 고유한 조건들인가? 거의 그렇다고 할 수 있다. 단일성과
밀집성을 같이 갖춘 나라는 찾기 어렵다.

(2) 그러면 다섯 가지 속성들은 어떤가? 획일성 등 다섯 가지 속성
들은 다른 나라에서도 볼 수 있다. 그만큼 위의 두 조건들에 견주어
덜 고유하고 덜 특수하다. 그러나 이런 다섯 가지 속성들이 모두 진
하게 나타나는 곳은 한국밖에 생각나지 않는다. 내가 모르는 다른
곳도 있을지는 모르겠다.

그런데 여기서 근본적인 의문 하나가 생긴다. 우리에게만 있는 고

유한 속성들이란 것이 정말 있을까 하는 의문이다. 고유성이라는 것
도 따지고 보면 정도의 차이일지 모른다. 그러니 우리에게 정말로
고유한 성격이나 속성들을 찾는 것은 헛된 일일지 모른다. 단지 우
리에게 더 심하게 나타나고 더 눈에 띄는 속성들을 말할 수 있을 뿐
이다. 하지만 이런 정도로 '다른' 특징이라면 우리의 '고유성'이라고
해도 되지 않을까? 우리의 분석틀을 가지고 보자면, 우리가 처한 '조
건'들은 매우 고유해 보이는데, '속성'들은 덜 고유해 보인다. 또 속
성들 가운데에서도 더 고유한 것(예: 집중성)이 있고 덜 고유한 것
(예: 조급성)이 있을 수 있다.

(3) 다른 나라에서도 비슷한 속성들이 나타날 수 있는데, 그것이
꼭 한국과 같은 이유에서만은 아닐 것이다. 예를 들어 집중성이 꼭
단일성 때문에 나타나는 것일까? 아닐 수 있다. 같은 현상이 나타나
는 원인이 나라에 따라 다를 수도 있다는 말이다. 이런 다른 나라의
다른 원인들까지 밝히면 이 연구가 더 풍부해지겠으나, 그것은 지금
의 필자에게는 지나친 욕심일 것이다. 여기서 시도하는 것은 그런
비교 연구나 일반화가 아니라, 한국의 고유한 조건들이 낳은 사회적
결과(속성)를 밝히는 일이기 때문이다.

한국의 경우에서도 다섯 가지 속성들이 반드시 단일성, 밀집성이
라는 조건들 때문에 생긴 것은 아니라고 할 수 있다. 그러나 이 두
조건은 다섯 가지 속성에, 경우에 따라 조금 다르기는 하나, 비교적
일관되게 작용하는 조건들이다. 또 다른 조건 또는 원인들에 비해
가장 '구조적'인 조건들이라고 할 수 있다. 따라서 이 두 조건들은
한국의 속성들에 유일한 원인, 때로는 가장 중요한 원인이 아닐 수
도 있지만, 전체로 볼 때 이들이 가장 '원초적'인 원인이라는 것이

이 책의 주장이다. 다른 원인 또는 다른 조건들, 특히 '상황 요인'들에 대해서는 다음 장에서 언급하고, 본문의 해당 부분에서 다시 서술할 것이다.

(4) 한국 사회의 특수성을 강조하는 것이 어떤 의미가 있는가? 한국이 특수하다고 해서 한국 사회가 다른 사회와 아주 다르다는 것은 아니다. 여러 사회에 공통된, 다시 말해 보편적인 부분들이 더 많을 수도 있다. 어느 곳이든 인간과 사회의 보편적인 부분들이 있고, 이 부분들은 기존의 서양 이론들로 설명할 수 있다. 이 책에서 한국의 '고유성'에 초점을 맞추는 것은 한국 사회를 더 잘 이해하기 위해서이지, 고유성이 한국 사회에 보편성보다 더 중요하기 때문은 아니다.

(5) 다시 말해, 고유성과 중요도는 다르다. 더 고유한 것이 덜 고유한 것보다 반드시 한국 사회에 더 중요하리라는 법도 없으며, 거꾸로 외국에도 많이 있는 특징이라고 해서 한국 사회에 반드시 덜 중요하리라는 법도 없다. 한국에만 있지 않고 다른 나라에도 있는 특징들이 현실 세계에서 더 중요한 작용을 할 수도 있다. 예를 들자면, 산업화, 민주화, 인간관계 등에서 보편적인 부분들이 한국에 특수한 부분보다 더 많을 수도 있다. 다만 이 보편적인 부분들은 이 책의 주제에서 벗어날 뿐이다.

다른 각도에서 보자면, 이 책에서 주목하는 한국의 특성이 지금까지의 연구에서와는 초점이달까 국면이 조금 다름을 강조할 필요가 있다. 한 나라의 특징 연구는 관심의 초점에 따라, ① 구성원의 기질, ② 의식 구조, ③ 인간관계, ④ 행동 양식, 그리고 ⑤ 사회 구조로 크게 나누어볼 수 있다. 물론 이 국면들이 다 서로 연관되는 것은 사실이다. 지금까지의 한국뿐 아니라 국가 특성에 관한 연구들은 주로 의식 구조와 인간관계의 특성에 초점을 맞추었다. 다시 말해 일종의 '국가 문화론'이었던 셈이다.[31] 한국인의 타고난 기질이나 유교적 전통 문화, 또 그것이 현대에 나타난 특징을 주로 다룬 지금까지의 한국론도 마찬가지였다. 그러나 이 책은 이러한 '국가 문화론'의 한계를 지적하고, 특히 한국의 경우 이에 못지않게 구성원의 행동 양식과 사회 구조의 특징이 중요함을 강조하는 것이다. 물론 이 두 국면도 한국의 '국가 문화'의 영향을 받지만 여기서는 그렇지 않은 부분, 다시 말해 지리·인구적 조건들이 한국인의 행동 양식과 한국의 사회 구조에 미치는 영향에 주목하는 것이다.

그런데 사람에 따라서는 이 책에서 다루지 않는 문제들이 한국의 특징을 이해하는 데 너무 중요하여 이 연구 자체가 별 의미가 없다고 볼 수도 있지 않을까? 그럴 수도 있겠지만 필자는 그렇게 생각하지 않는다. 필자는 여기서 제시하는 두 개의 조건과 다섯 가지 속성들이 한국과 한국인을 이해하는 데 '매우' 중요하고 본다. 우리 분석 틀로 설명할 수 없는 한국·한국인의 모습들이 많이 있는 것은 사실이지만, 다른 한편 우리가 주목하는 조건과 속성들이 특히 '현대' 한국인과 한국 사회의 본질적인 특성 가운데 적어도 반 이상을 차지한다는 것이 필자의 생각이다. 특히 '고유한 특징'에 대한 설명으로는 지금까지 지배적이었던 유교적 설명보다 더 중요하다고 본다. 그 까닭은 이미 설명하였다.

---

31) 이에 대한 가장 포괄적인 비교 연구는 기어트 호프스테드 지음, 차재호·나은영 옮김, 『세계의 문화와 조직』(서울: 학지사, 1995).

제2장

특별한 한국,
유별난 한국인

앞에서도 말했듯이 단일성과 밀집성의 특징들이 한국에만 있다고 하기는 어렵다. 하지만 이 두 요소가 동시에 존재하는 지역은, 적어도 세계에서 주목할 만한 크기의 나라들 중에서는 없다. 우선 한국과 같이 단일한 사회는 이 세상에 거의 없다. 인구 1,000만 이상의 나라들 중 한국처럼 인종, 문화, 언어의 측면에서 단일한 국가는 없다. 한국은 세상에서 단일 민족으로 국가가 구성된 희귀한 경우이다. 일본 사람들이 다른 나라 사람들에게 맨 먼저 내세우는 일본의 고유성이 단일성 또는 동질성이지만 한국에 비하면 일본도 복합 사회다.

또 밀집성의 경우를 보면, 한국의 인구밀도는 매우 높으며, 특히 산악지방이나 기타 사람이 살 수 없는 지역을 뺀 지역의 인구밀도는 세계 최고 수준이다. 더구나 수도권 인구 집중률은 단연 세계 최고다. 이런 한국의 단일성과 밀집성에 관해 조금 더 살펴보자.

Ⅰ. 단일성과 밀집성: 한국·한국인의 조건

1. 한국의 단일성과 밀집성

과거부터 현재까지 이어지는 한국의 단일성은 여러 가지 점에서 특이하다. 우리는 비단 민족적, 문화적으로 단일할 뿐 아니라, 이념적 단일성도 적어도 최근까지 두드러졌다. 그 여러 측면들을 살펴보면 다음과 같다.

단일 민족: 다른 민족이 1%도 섞이지 않고 단일 민족으로 국가가 구성된 것은 한민족으로 구성된 대한민국과 조선인민민주공화국 외에 거의 없다. 동질성의 신화를 내세우는 일본도 한국인, 중국인 등 외국인과 아이누, 오키나와 종족이 섞여 이민족이 2-3%는 존재한다. 세계에서 99.9% 이상 단일 민족은 남한과 북한뿐이다. 다음으로 레소토 99.7%, 모로코 99.1% 그리스 98%, 이집트 98% 등이다.[1] 한국인 가운데에도 피가 섞인 사람들이 간혹 있지만, 인구 구성으로 볼 때 무시할 수 있을 정도다. 물론 한민족도 다른 민족과 마찬가지로 북방계, 남방계 등 몇 개의 인종이 섞여서 형성되어 왔을 것이다. 그러나 오래 전에 인종이 섞였다고 하여 지금의 한민족이 단일 민족이 아니라고 할 수는 없다. 한국 민족이 단일 민족이 아니라고 하는 주장은, 생물학적 인종과 사회문화적 민족을 혼동하였거나, 아니면 단일민족 이데올로기의 배타적이고 폐쇄적인 측면을 비판하려는 의도에서 나온 과도한 주장이다. 우리가 단일 민족 이데올로기를 고수할

---

1) 이완범, "21세기 세계화 시대 한국의 열린 민족주의와 동북아시아 평화", 『국제평화』 3:2(2006), 63쪽.

필요는 없지만, 생물학적 혼성을 이유로(그 혼성이 얼마나 큰지도 확실하지 않지만) 한민족이 단일민족이 아니라고 주장하는 것은 올바르지 않다. 설사 역사적으로 여러 종족이 섞였다고 하더라도 한민족에게 똑같이 섞인 것이므로 민족적 단일성이라는 점에서는 달라질 것이 없다. 민족은 오랜 기간에 걸쳐 공통의 역사를 지니고 같은 문화를 공유한 사회·문화적 공동체다. 한민족이 단일 민족으로 구성된 것은 늦어도 신라의 삼국 통일 이후부터라는 것이 역사학계의 정설로 되어 있다.

문화적 단일성: 민족적 단일성뿐만 아니라 한국 사회는 문화적 단일성도 두드러진다. 적어도 천 년 이상 하나의 민족으로 하나의 역사를 공유하여 왔으며, 민족사의 영토도 그다지 크게 달라지지 않았기 때문에, 한국은 문화와 언어, 관습, 전통에서 단일한 문화권을 형성했다.

단일한 자연: 한국은 땅덩이가 좁을 뿐 아니라 자연 조건이 다양하지 않고 단일하다. 어디를 가나 뒷동산과 앞 냇물로 이루어져 있는 같은 모습이다. 아름다운 풍경이기는 하나 산수의 다양성이 없다. 백두산 부근을 제외하고는 높은 산이라고 해야 높이가 2,000미터가 채 되지 않으며, 거대한 강이나 평원이나 사막도 없다. 땅의 모습이 단일할 뿐 아니라 기후 또한 단일하다. 한반도가 남북으로 길게 뻗어 있어 가장 남쪽과 북쪽의 기온 차가 상당히 나기는 하나 제주도를 제외하면 그렇게 다른 기후 조건이라고 할 수 없다. 네 계절의 구분이 뚜렷하여 연교차가 큰 편이지만, 이런 기온 조건이 한반도 전역에서 동일하다. 따라서 다른 기후나 풍토에 따른 사람들의 심성 차이는 없다고 할 수 있다. 이런 점에서도 한국과 한국 사람들은 단

일하다.

지정학적 위치: 위의 조건들 외에 강대국에 둘러싸인 지정학적인 위치와 이민족에게 수없이 침략 당한 경험 역시 한민족의 단일성 형성에 큰 영향을 주었다. 민족적·문화적 단일성에 덧붙여 지정학적 위치가 같은 민족으로서의 '우리 의식'을 강하게 만든 것이다.[2]

그뿐 아니라 민족의 분단과 동서 냉전이 남북한 각 지역에서 이념의 단일성을 굳게 만들었다. 남한의 경우, 자본주의 우파 이데올로기가 지배하여 해방 직후를 제외하고는 진보나 좌파 이념들은 1980년대 후반까지 나타나지도 않았다. 진보 세력의 제도권 진출이 이루어진 지금의 상황을 봐도 좌파 이념의 정치·사회적 힘은 여전히 미약하다. 다른 나라에 비해 한국의 이념 지형은 보수, 우파로 편중되어 있다.

한편 밀집성의 요소도 한국 사회를 설명하기 위해 단일성 못지않게 중요하다. 그런데 밀집성은 단일성과는 달리 한국에서 최근에 나타난 현상이다. 특히 급격한 도시화가 진행되면서 심화된 한국 사회의 밀집성은 한국인의 성격 형성에 큰 영향을 주게 되었다.

밀집 사회의 특징은 일반적으로 대도시의 특징과 비슷하다고 생각하면 되는데, 이를 생각나는 대로 간추리면 다음과 같다.

(1) 많은 사람들이 좁은 데서 살다보니 사람들 사이에 부대끼는 긴장이 높다.

(2) 그래서 사고와 행동이 극단적으로 되기 쉽다.

---

2) 그러나 이는 비주류 엘리트나 대중의 경우에 주로 나타난 특징이었고, 주류 지배층은 오히려 강대국에 순응하여 민족주의보다는 사대주의에 의존했다. 민족 정서는 민족주의로 발전하지 못했다. 이에 대해서는 김영명, 『우리 눈으로 본 세계화와 민족주의』(서울: 오름, 2002) 참조.

(3) 또 사람들의 행동이 폭발적으로 분출하는 경향이 있다. 좋게 보면 사회의 역동성이 높아지기 쉽기도 하다.

(4) 사람들 사이의 경쟁성이 높아지기 쉽다.

(5) 또 사람들이 빨리빨리 움직이고 조급해지기 쉽다. 그래서 밀집된 사회에서는 사람들이 여유가 없고 느긋하지 않으며 조급하거나 빠르고 경쟁적이고 극단으로 흐르기 쉽다고 할 수 있다.

2. 단일-복합(다원, 균열), 밀집-여유 사회의 차이

단일 사회의 성격을 좀 더 잘 이해하기 위해서는 이와 반대되는 사회를 생각해볼 필요가 있다. 단일 사회에 반대되는 개념으로는 '균열 사회', '다원 사회', '복합 사회' 등을 들 수 있다. 이들은 비슷하면서도 강조점이 다른 개념들이다. 물론 단일 사회나 이에 대비되는 사회들의 특성은 전부 아니면 전무라기보다는 정도 문제라고 볼 수 있다. 한국의 경우는 단일 사회 쪽의 맨 끝에 속한다는 뜻에서 단일 사회의 원형이라고 해도 좋을 것이다.

균열 사회는 그야말로 '금이 간' 사회다. 인종, 종교, 언어, 이념 등으로 사회의 중요한 부분들이 갈려서 충돌하고 경쟁하고 견제하는 사회다. 이런 사회에서는 때때로 심각한 정치적 투쟁이나 무력 분쟁이 나타난다. 아프리카와 동남아시아의 다종족 국가들이 대표적인 보기들이다. 해체된 뒤의 옛 유고 연방도 좋은 보기를 보여주었다. 이런 균열 사회의 통합성을 유지하기 위해서는 정치 세력들 간의 타협과 합의가 매우 중요하다. 그래서 다수결 민주주의에 대비되는 '연합' 민주주의 제도가 생겨나게 되었다. 다수결 민주주의는 국민들 사이에 동질성이 높은 단일 사회에 적합하지만 국민들 사이의 동질성이 낮은 경우에는 어느 특정 다수 집단이 계속 지배하고 다른 소수 집단이 계속 복종하게 될 우려가 있는 다수결 민주주의보다는 집단들 사이의 이해관계를 타협하고자 하는 연합 민주주의를 시도하는 경우가 많다. 내전으로 얼룩졌던 콜롬비아나 기독교-이슬람 등 종교-인종 분규가 심한 레바논 같은 경우가 대표적이라고 할 수 있다.

다원 사회는 다원주의적인 이익 표출이 인정되는 사회다. 균열 사회의 심각한 균열을 제도적으로 극복한 사례라고 할 수 있다. 미국, 인도, 유럽의 다종교 · 다언어 국가들 등 그 보기는 많다.

복합 사회는 다원사회와 유사한 개념이나, 사회 발전의 정도가 높아 사회 구조가 단순하기보다는 복합적이어서 다양한 이익들이 존재하고, 정치 · 사회적 쟁점이 다양하고 복잡하며 이들의 표출이나 경쟁이 제도적으로 보장받는 사회를 말한다.

이 세 사회의 특징들은 서로 겹치는 부분이 많다. 발전의 정도가 낮은 균열 사회의 경우 다원사회나 복합사회라고 말하기 어려우나, 후자의 경우 균열의 정도가 심하면 균열 사회라고 간주할 수 있다. 한국의 경우 균열 사회라고 볼 수 없으며, 다원 사회-복합 사회로의 변화가 있으나 아직은 여전히 단일 사회라고 간주할 수 있다.

밀집 사회에 대비되는 개념으로는 적합한 말을 찾기가 쉽지 않다. 여기서는 일단 '여유 사회'라는 용어를 쓰기로 한다. 여유 사회는 밀집 사회와는 반대로 땅덩이에 비해 인구가 적고 물자도 충분하여 그야말로 여유 있는 사회를 일컫는다. 물론 인구밀도도 낮고 동시에 물자도 빈약한 사회도 있겠지만, 이런 사회는 아직 개발되지 않았거나 가난한 후진 지역이므로, 한국 사회를 이해하는 데에는 비교 대상으로 크게 도움이 되지 않는다. 대표적인 여유 사회로는 오스트레일리아나 뉴질랜드 같은 '신대륙'의 선진국들을 들 수 있다. 이곳에서는 땅과 시간 모두 여유가 있어 사람들의 생활이 느긋하고 서로 부대낄 일도 적다. 그런 만큼 생활도 느리고 시간의 흐름도 느리다. 중국의 '만만디' 문화도 넓은 땅덩어리에서 느리게 변하는 세월 때문에 생긴 것으로 보인다. 티베트 같은 곳은 자연 조건 때문이기도 하겠지만 무엇보다도 종교적인 이유로 사람들이 정신과 시간 모두 여유를 가지는 곳이다. 현대 사회의 빠른 흐름 속에서도 '느림'의 여유를 찾고자 하는 노력들이 많이 존재한다. 대도시의 현대 문명에만 몸을 맡겨서는 결코 행복해질 수 없다는 깨달음 때문이다. 한국에서도 이런 움직임이 있지만, 이런 움직임이 있다는 사실 자체가 달리 보면 그만큼 현대 서양, 그리고 특히 현대 한국인의 삶이 각박하고 여유 없고 밀집해 있다는 증거일 것이다.

Ⅱ. 단일·밀집 사회에 대한 기존의 연구

단일 사회, 밀집 사회의 특성과 이에 대비되는 복합 사회, 여유 사회의 특성에 대해서는 기존의 사회학이나 인류학에서 다루지 않는다. 대표적인 사회학, 인류학 교과서들을 찾아보아도 그런 논의는 볼 수 없다. 학문을 주도하는 서양 사람들이 관심이 없기 때문인데, 그것은 서양 사회가 단일 사회나 밀집 사회가 아니기 때문이다. 단일 사회에 대비되는 균열 사회에서의 사회·정치적 갈등에 대한 서양의 연구들은 많지만, 단일 사회의 특징에 대해서는 연구자들의 관심이 없다. 실제로 단일 사회의 사례가 매우 드물기 때문이기도 하다. 그만큼 한국의 경우가 특이한 것이다. 그런데 단일·밀집 사회인 우리나라에서도 이에 대한 연구를 하지 않는 것은, 우리 학문이 주로 서양 학문을 따라 하다 보니 서양에서 관심 없는 주제는 우리도 다루지 않기 때문이다.

1. 밀집사회에 대한 연구

밀집 사회에 대한 분석은 인류학이나 사회학보다는 오히려 동물 행동학에서 도움을 얻을지도 모른다. 『털 없는 원숭이』라는 책으로 일약 유명해진 데스먼드 모리스는 동물들에 대한 실험을 통해 다음과 같이 관찰했다.[3]

> 내가 앞에서 이야기한 생물학적 도덕률은 인구가 과밀한 상태에서는 적용되지 않는다. 인구가 너무 많아지면 원칙이 뒤바뀐다. 다른 동물을 시험 삼아 과밀한 상태에 놓아두고 연구한 결과, 개체군의 밀도가 높아지면 동물들은 병에 걸리고, 새끼를 죽이고, 난폭하게 싸우고, 자기 몸을 불구로 만드는 자해 행위를 한다. 어떤 행동이 끝까지 제대로 이루어지지 않는다. 모든 것이 산산조각으로 부서진다. 결국 많은 동물이 죽어서 밀도가 낮아지면 다시 번식을 시작할 수 있게 되지만, 그 전에 반드시 비극적인 대격변을 거쳐야 한다. 그런 상황에서 과밀의 첫 번째 조짐이 분명히 나타났을 때 번식을 방해하는 장치가 도입되었다면, 혼란을 피할 수 있었을 것이다.

---

3) 데스먼드 모리스 지음, 김석희 옮김, 『털 없는 원숭이』(서울: 정신세계사, 1991).

과밀 상태에 처한 동물들의 이런 행동들은 사람들에게도 마찬가지로 나타난다. 물론 대도시의 과밀상태가 이런 정도로 직접적인 폭력 행동을 유발한다고는 할 수 없을지 모르나, 수많은 현대 도시들에서 살인, 강도, 강간, 마약사고, 교통사고들이 끊이지 않는 모습은 인간이 결국 동물의 일부라는 사실을 웅변으로 보여준다. 이런 점은 그 정도가 낮기는 하더라도 비단 도시 차원뿐 아니라 국가 차원에서도 나타난다. 한국의 강력 사건이 다른 나라와 견주어 많다고 할 수 없지만 (이는 많은 부분 단일성 덕분이라는 것이 저자의 생각이다), 밀집성에서 오는 스트레스와 번잡과 무질서가 심한 것 또한 부인할 수 없다.

2. 단일 사회에 대한 연구

단일 사회에 대한 학계의 관심은 매우 빈약하다. 인류학이나 사회학에서 민족적 동질성 또는 이질성 얘기를 많이 하지만 이런 점이 사회적으로 어떤 의미가 있는지에 대해서는 본격적인 관심이 없는 것 같다. 필자는 지금까지의 연구에서 동질 사회-이질 사회에 관한 비교 분석을 찾지 못했다. 앞서 언급한 일본인론에서 일본 사회의 동질성을 강조하지만 그것의 이론적 측면, 다시 말해 동질성이 가지는 사회적 의미에 대한 체계적인 분석은 보이지 않고, 민족적-문화적 동질성 때문에 생기는 일본 사람들의 대외적 배타성과 폐쇄성을 언급하는 정도에 그친다.

일본인론의 대표적인 학자인 나카네 지에는 일본 사회를 종적 사회(다테 사회)라고 특징지으면서 이러한 특징이 일본의 단일성에서 온다고 하였다. 그러나 그녀는 단일성이 왜 종적 인간관계를 만드는

지에 대해서는 설명하지 않고 종적 인간관계 자체에 대해서만 관심을 기울였다.[4]

　단일 사회에 대한 본격적인 관심은 매우 드물기는 하나 역시 한국에 대한 연구에서 나타났다. 오랫동안 주한 미 대사관의 문정관을 지낸 바 있는 그레고리 헨더슨은 1960년대에 이미 한국에 대한 '소용돌이 정치'론을 전개하여 우리의 관점과 비슷한 관심을 보였다.[5] 임현진은 헨더슨의 분석에서 힌트를 얻어 한국 사회를 '중심 지향적 사회'로 보고 '단극성', '작은 사회' 등의 표현을 사용하였지만, 우리와 비슷한 뒷표현들에 대해서 본격적으로 논의하지는 않았다.[6] 그러므로 여기서는 헨더슨의 논의를 볼 필요가 있다.

　그의 논점은 다음과 같다. 한국은 지역, 인종, 문화에서 고도의 동질성, 통일성과 중앙 집중화의 특징을 보인다. 이러한 특징이 2차 집단의 발달을 가로막고 사회를 원자화하고 중앙 권력을 향한 상승지향의 '대중사회'적·파벌 투쟁을 야기한다. 이러한 성격은 중앙 집권을 초래했고, 이는 역사를 통해 강화되었다. 한국의 이러한 단일성은 세계에서 예외적으로 강하다. 여기에는 강대국에 둘러싸여 끊임없는 외부의 위협에 시달렸고(이것이 중앙집중화를 강화했다), 그 결과 중국, 일본 외의 대외 접촉을 하지 않은 역사적 사실도 한몫했다. 또 조선 시대의 유교관료적 중앙집권제도 이에 기여했다.[7] 한편

---

4) 나카네 지에 지음, 양현혜 옮김, 『일본 사회의 인간관계』(서울: 소화, 1996). 원래 일본판은 1967년에 간행되었음. 후속편으로 나온 나카네 지에 지음, 김난영 옮김, 『일본 사회의 역학』(서울: 소화, 1997)도 참조.

5) Gregory Henderson, *Korea: The Politics of the Vortex*(Cambridge, Mass: Harvard University Press, 1968).

6) 임현진, "국가와 지배 구조: 중심 지향적 사회의 세", 김일철 외, 『한국 사회의 구조론적 이해』(서울: 아르케, 1999).

헨더슨에 따르면, 한국 사회는 동질적이기 때문에, 다시 말해 원초적인 균열이 없기 때문에 사회 균열이 인위적이고 주로 중앙에서의 권력 경쟁으로 나타난다. 이는 이념이나 정책과는 상관없는 사적인 유대와 이에 기초한 파벌주의로 표현된다. 따라서 정치적 경쟁은 중앙 권력을 향한 투쟁으로 좁혀지고, 이것이 중앙을 향해 모든 힘을 빨아들이는 소용돌이와 같은 형태를 띠게 된다. 여기에 한국 사회가 작은 사회라는 점도 작용한다.[8]

이러한 견해는 우리의 견해와 비슷하다. 그런데 그는 동질성이 어떻게 중앙집중성으로 이어지며, 그것이 또 왜 이차 집단의 발달을 가로막고 중앙 권력을 향한 원자화된 '소용돌이' 투쟁을 야기하는지에 대해서는 충분히 설명하지 않는다. 그보다는 오히려 역사적인 분석을 통해 원자화한 정치 투쟁과 그로 인한 혼란을 서술하고 분석하는 데 초점을 맞춘다. 나카네의 일본 연구와 헨더슨의 한국 연구를 비교하면 재미있는 점을 알게 된다. 그것은 둘 다 단일성의 특징에서 출발하여 두 나라의 사회적 특성을 설명하고 있지만 그들이 강조하는 양국의 사회적 특성에는 공통점이 없다는 사실이다. 곧, 나카네는 단일성 때문에 일본의 인간관계가 "장에 의한 집단 형성, 평등주의, 동류와의 경쟁, 감정을 우선하는 세계의 형성"으로 나타난다고 본 반면, 헨더슨은 단일성 때문에 한국 정치가 중앙 권력을 얻기 위해 벌어지는 원자화된 대중 사회의 소용돌이 투쟁과 혼란에 휩싸인다고 본 것이다. 둘의 논의에 공통점이 있다면 평등주의나 동류와의 경쟁에 대

---

7) 이 논점은 Henderson, 위의 책에 잘 요약되어 있다.

8) Henderson, 5쪽. 이는 우리가 말하는 밀집성과 관계되는데, 그는 이 점에 본격적으로 착안하지는 않았다.

한 관심 정도일 테지만, 이것도 분명히 나타나지는 않고 그저 암시되는 정도다. 둘 다 일본과 한국 정치·사회의 특징을 서술하는 데 초점을 맞추어서, 단일성이 어떤 이유 때문에 종적 인간관계나 소용돌이 정치로 나타나는지에 대해서는 충분히 설명하지 못하고 있다. 헨더슨의 경우에는 어느 정도 되고 있으나, 특히 나카네의 경우에는 거의 안 되고 맺음말에서 그냥 던져질 뿐이다. 그녀는 책의 마지막 문장을 "이상의 고찰에서도 분명해진 것과 같이 본서는 일본인의 특질이 아니라, 어디까지나 '단일 사회 이론'이라고 불러야 한다는 것이 필자의 입장이다."9)라고 했는데, 만약 그렇다면 그 부분을 본문에서 다루었어야지 이런 식으로 마지막에 던져서는 안 될 것이다. 실제로 그녀가 제창한 일본 사회의 특징들은 한국에도 상당 부분 적용할 수 있다. 그런 점에서 그녀의 이론이 일본 사회에 국한되지 않는 좀 더 보편적인 단일 사회 이론으로 설 수 있을지 모르나, 그러려면 단일성의 인과성에 대해 좀 더 본격적으로 논증할 수 있어야 할 것이다.

Ⅲ. 한국·한국인의 속성들: 획일성, 집중성, 극단성, 조급성, 역동성

한국의 단일 사회적 속성들은 **획일성, 집중성, 극단성, 조급성, 역동성**의 다섯 가지로 나타난다. 이 다섯 속성들은 단일 사회의 결

---

9) 나카네, 132쪽. 일본을 과연 단일 사회라고 할 수 있는지에 대해서는 의문의 여지가 있다. 그러나 그녀가 비교 대상으로 삼는 중국이나 인도에 비해서는 더 단일한 사회인 것이 사실이다.

과이거나 밀집사회의 결과이거나, 아니면 둘의 합성으로 나타난다. 그 중 단일성의 결과로 나타나는 것은 획일성, 집중성이며, 밀집성의 결과로 나타나는 것은 극단성, 역동성이다. 그 반면 조급성은 단일 사회, 밀집사회 모두의 결과라고 할 수 있다. 물론 이렇게 뚜렷이 구분지어 말할 수 없을 만큼 겹치는 부분도 있다고 할 수 있다. 예를 들어, 현대 한국인의 극단성은 주로 밀집사회의 결과로 보이지만, 밀집되지 않았던 과거 성리학의 경우에서 보는 바와 같이 단일 사회적 성격이 극단화에 영향을 미쳤음도 알 수 있다.

다른 한편 이 속성들이 한국·한국인의 어느 국면에서 나타나는지에 초점을 두어 나눈다면, 극단성, 역동성, 조급성은 한국 사람들의 행동 양태의 특징이고, 집중성은 사회 구조의 특징이며, 획일성은 의식 구조와 사회 구조의 두 국면에 해당하는 특징이라고 할 수 있다. 이 점들을 간단히 요약한 다음 세부 논의에 들어가는 것이 도움이 될 듯하다.

우선 한국인들은 단일 민족으로서 오랫동안 동질성과 단일성을 유지해 왔기 때문에 가치관, 사고방식, 행동 양식이 다양하지 않고 **획일적**이다. 사회구조도 획일적이다. 이런 모습은 국가 전체의 구조뿐 아니라 나라 안의 여러 하부 구조에서도 비슷한 양상으로 나타난다.

또 한국에서는 사회·문화 구조가 단일하고 따라서 다원적인 경쟁이나 갈등 또는 견제의 요소가 적기 때문에 경쟁과 갈등은 힘센 한쪽으로 집중되는 경향이 있다. 즉 단일성의 결과로 사회의 권력과 지위가 한쪽으로 치우치는 **집중성**이 두드러진다. 한국 국민은 단일 민족이기 때문에 민족적, 인종적 갈등이 없다. 그 대신 단일 민족 내부의 지역 갈등이 존재하지만 이는 균열 사회의 민족적-인종적-지역 갈등보다 훨씬 정도가 덜하다. 그래서 중앙 집중이 더 잘 된다.[10) 이런 점은 조선 시대부터 지금까지 내려오는 한국 사회의 일관된 특징이다.

한편 사회의 단일성은 여러 다양한 이해집단들의 투쟁을 피할 수 있게 해 주기 때문에 복잡한 의사 결정 과정을 거치지 않고 빠른 결정과 빠른 행동을 하도록 만든다. 이런 점이 신속한 의사 결정과 강력한 정치 지도력을 가능하게 만들고, 그것이 심해지면 권위주의적 권력 집중을 불러오기도 한다. 동시에 이런 점이 한국인의 행동을 빠르고 더 나아가 **조급하게** 만든다. 하지만 다른 한편 조급성은 **역동성**과 일의 속도로 이어진다. 한국 사람들 행동의 대표적 특징으로 거론되는 '빨리 빨리' 증후군은 조급성을 말하기도 하지만 엄청난 변화의 속도와 에너지를 상징하기도 한다.

다른 한편 한국인들은 좁은 땅에 많은 사람들이 몰려 산 결과 높은 인구밀도의 밀집성이 사고와 행동의 **극단성**을 야기하기 쉽다. 마찬가지 이유로 사람들은 행동이 조급하고 마음의 여유를 갖기 어렵다. 그래서 **조급성**의 속성을 야기한다. 다른 한편으로는 이런 극단성과 조급성이 행동의 **역동성**으로 나타나기도 한다.

그런데 단일성과 밀집성이라는 지리-인구적 조건들이 인간 행동과 의식 구조, 그리고 사회 구조에서 획일성, 집중성, 조급성, 극단성, 역동성을 유발한다는 것은 사실 하나의 가설에 불과하다고 할 수 있다. 이 가설은 한국의 경우를 관찰함으로써 생기는 귀납적인 가설이다. 이 가설이 정말 옳은지를 판단하기 위해서는 더 많은 사

____

10) 그리고 같은 까닭으로 평등주의, 집단주의, 배타성, 민족의식이 팽배하다. 이들에 대해서는 이 책에서 본격적으로 다루지 않고 필요할 때 간단히 언급하도록 한다. 별도의 연구 대상이다.

레들을 비교 연구해 보아야 할 것이다. 그러나 불행히도 한국을 제외하고는 단일성과 밀집성의 조건을 둘 다 충족시키는 사례를 찾기 힘들다. 물론 필자가 생각하지 못하는 작은 사회들 중 이 조건들을 충족시키는 경우들이 있는지 모르나, 지금으로서는 그 사례들까지 추적하지 못하는 것이 필자의 한계다.

비슷한 조건을 가진 다른 나라의 보기는 많지 않다. 일본이 동질 사회 또는 단일 사회라고 하나 그 정도가 한국보다는 덜하다. 일본에서는 한국인의 특징으로 규정한 다섯 가지 속성들 중 획일성, 집중성이 나타나지만, 이 역시 한국보다는 덜하다. 또 일본에서도 극단성과 역동성이 나타나기도 한다. 즉 군국주의, 가미카제 특공대 등에서 보는 것과 같은 한국을 능가하는 극단성을 볼 수 있고, 경제 성장에서 나타난 역동성 또한 만만치 않았다. 하지만 이들을 현재 일본의 특징으로 보기는 어렵다. 게다가 조급성의 면을 보자면, 평균적인 일본사람들은 그다지 조급해 보이지 않는다.

한국과 비교 대상이 될 만한 다른 나라들로 대만, 네덜란드, 벨기에 등을 들 수 있으나, 이들은 사회적 밀집성이 크지만 민족 구성이나 문화는 단일하지 않다. 대만은 원주민과 대륙인의 인종적, 계급적 구분이 뚜렷하며, 네덜란드는 가톨릭, 프로테스탄트-기독교, 사회주의, 자유주의의 '블록화'가 뚜렷하다.11) 또 벨기에는 플라망 족, 왈롱 족과 혼혈 민족으로 구성되었으며, 네덜란드어와 프랑스어의 두 언어를 공용어로 쓰는 다민족 국가다. 이렇게 볼 때 실제로 한국

---

11) 김영중, "네덜란드 사회의 이념적 블록화 현상", 한국외국어대학교 외국학종합연구센터 편, 『세계인의 의식 구조 Ⅰ: 미주, 서구, 동구 지역』(서울: 한국외국어대학교 출판부, 1997) 참조.

과 비교 대상이 될 만한 단일-밀집 사회는 지구상에서 찾기가 매우 어렵다. 그만큼 한국은 특수한 조건을 타고났다고 할 수 있다.

밀집성의 비교 대상으로 들 수 있는 사례는 나라 또는 민족 차원에서보다는 오히려 대도시의 경우에서 볼 수 있다. 도시와 시골의 비교를 통해 밀집사회와 여유 사회의 차이, 그 주민들의 행태나 가치관의 차이를 알 수 있다. 일반적으로 도시, 그 중에서도 대도시는 인구가 빽빽이 밀집해 있고 사람들끼리 부대끼기 때문에, 한국 사회의 특성으로 제시한 조급성, 극단성, 역동성의 특징을 보인다. 한국 안에서도 조급하고 긴장된 대도시와 느긋한 시골의 차이를 볼 수 있다. 한국보다 여유 있는 사회에서 살다 온 사람들은 한국의 각박하고 빡빡한 삶에 대해 불평하는 경우가 많다. 그런데 가만히 듣고 있노라면 그들은 대개 다른 나라의 시골이나 도시 교외를 서울과 비교하고 있다. 이는 올바른 비교가 아니다. 올바른 비교가 되려면 뉴욕, 런던, 도쿄 같은 거대 도시를 또 다른 거대 도시인 서울과 비교해야 할 것이다. 필자가 재직하고 있는 강원도 춘천만 하더라도 자연과 삶의 여유라는 점에서 서울과 크게 다르다. 그런데 그렇더라도 남는 문제는, 서울이 한국 전체에서 가지는 비중을 뉴욕이 미국에서 차지하는 비중, 또는 심지어 도쿄가 일본에서 가지는 비중과 비교할 수 없다는 점이다. 다시 말해 그 불평하는 한국인 엘리트가 서울 아닌 춘천이나 다른 중소 도시, 또는 시골에서 살 확률은 크지 않다는 말이다. 그러니 그들의 비교와 불평이 근거 없다고도 할 수 없다. 그것 자체-서울의 비중 자체-가 다른 나라와 비교할 수 없는 한국적 특징 가운데 하나이기 때문이다.

그런데 대도시는 밀집 사회이지만 단일 사회라고는 할 수 없다.

오히려 시골보다 더 다원적이고 복합적인 사회다. 따라서 대도시들은 우리가 단일 사회의 특성이라고 한 획일성이 아니라 오히려 다양성의 특징을 보인다. 이런 점에서 한국이라는 '나라'를 대'도시'와 단순 비교하기는 어렵다고 할 수 있다.

그러면, 한국의 두 근본 조건으로 제시한 단일성과 밀집성 가운에 어느 것이 더 근본적일까? 대답하기 어렵기는 하나 굳이 따지자면, 단일성이 밀집성보다 더 항구적이고 근본적이라고 할 수 있다. 왜냐하면 단일성은 역사를 초월하여 언제나 존재하는 한국의 조건인 반면 밀집성은 현대에 나타난 현상이기 때문이다. 밀집성이 제대로 한국 사회에 나타난 것은 본격적인 산업화가 시작된 뒤라고 보아야 할 것이다. 구체적으로 1960년대 이후로 보는 것이 타당하다. 그 전에는 도시 과밀 등 밀집 현상도 크지 않았고, 사람들의 조급함도 그다지 보이지 않았다. 그러나 더 항구적이라는 말이 반드시 더 중요하다는 말은 아니다. 특히 현대 한국의 특징에 단일성이 더 작용하는지 밀집성이 더 작용하는지는 단정하기 어렵다. 오히려 둘이 결합하거나 상호작용한다고 보아야 할 것이다.

Ⅳ. 상황 요인들

위에서 제시한 단일성과 밀집성은 한국인의 특징을 유발하는 구조적인 두 조건이라고 할 수 있다. 그런데 한국·한국인의 속성들이 이 두 조건들에 의해 '결정'된다고 보는 것은 지나친 감이 있다. 거기에는 다른 요인들도 작용한다고 보아야 하는데, 여기서는 이를

'상황 요인'으로 취급하고자 한다. 이 요인들은 ① 지정학적 위치와 나라의 크기, ② 분단 상황, ③ 압축 성장이다. 이 상황 요인들은 한국의 두 조건, 곧 단일성, 밀집성과 상호작용하며, 다섯 가지 속성들을 강화하는 구실을 한다.

우선 강대국에 인접한, 또는 이들에게 포위된 약소국가 한국의 위치(**지정학**)가 한국인의 획일성, 집중성, 극단성을 더 부추긴다. 대륙 중국과 해양 일본의 끝없는 압박과 침략을 받았고 거기서 살아남으려는 노력이 오랫동안 지속된 결과 한국 사람들 사이에서는 단일성-획일성-단결심과 권력 집중이 강화되었다. 또 이런 상황이 삶을 극단으로 몰아넣고 행동의 극단성을 불러일으키기도 했다. 다른 한편 나라가 작다보니 단일성, 밀집성에서 나오는 모든 속성들이 더 뚜렷하게 나타나고, 행동의 조급성이나 사회 구조의 집중성도 더 쉽게 나타난다. 작은 나라가 큰 나라보다 변화의 속도도 빠르고 극단적, 획일적, 집중적으로 되기도 쉽다는 점도 어렵지 않게 이해할 수 있다.

또, 현대에 와서는 민족의 **분단**과 남북한 군사-이념 대립이라는 특수한 상황이 한국 사회의 획일성과 극단성을 더 강화했음을 상식으로 알 수 있다. 남북 양쪽에서 보이는 이념적 획일성은 말할 것도 없이 분단 상황이 가장 큰 원인이라고 볼 수 있다. 그뿐 아니라 남북한 대결이 정치적 저항 세력의 성장을 가로막고 권력 집중을 강화했으며, 이런 상황이 정치, 사회, 문화의 극단성도 가져왔다고 볼 수 있다.

한편 국가가 주도한 **압축 성장**은 한국 사회의 단일성과 밀집성 덕분에 더 힘을 받았으며, 또 거꾸로 이 조건들(특히 밀집성)을 더 강화시켰고, 거기서 파생한 한국인의 다섯 속성들도 강화시켰다. 예를

들어, 나라가 획일적이고 집중된 점이 국가 주도 산업화에 온 국민
이 매진하는 것을 쉽게 만들었고, 그 과정에서 국민들의 조급성이
커지고 사회적   집중성도 심화되었다.

　이런 식으로 상황 요인들이 한국·한국인의 조건 및 속성들과 상
호작용하면서 영향을 미쳤는데, 이 상황 요인들은 보기에 따라 또 다
른 성격의 '구조적' 요인이라고 볼 수도 있다. 특히 지정학과 나라 크
기를 상황 조건으로 보는 데 문제가 있을 수 있다. 이는 '상황'이라기
보다는 오히려 '구조'적인 조건으로 보는 것이 더 옳을지도 모른다.
그러나 이 요소는 한국·한국인의 대내적 특징보다는 대외적 태도와
행동(이를테면 사대성과 배타성)에 더 영향을 주는 요소이다. 그래서
후자의 경우에는 이들을 구조적 조건으로 볼 수 있지만, 전자의 경우
에는 일종의 상황 요인 또는 간접적 요인으로 보는 것이 더 타당하리
라 본다. 이에 비해 분단 상황과 압축 성장은 단일성, 밀집성보다 단
기적인 요인으로서 상황 요인으로 보는 데 무리가 없다.

　이 상황 요인들은 우리가 제시한 조건들과 대등한 이론적 지위를
가지며, 서로 배타적이면서 동시에 서로 보완하는 요인들이다. 사람
에 따라서는 이 상황 요인들에 더 주목하여 한국 사회를 설명하고자
할 수도 있다. 하지만 그렇게 하는 경우 아무래도 분석 대상과 초점
이 달라질 수밖에 없을 것이다. 실제로 지금까지 나온 대부분의 한
국 사회 분석이 그랬다. 우리는 우리가 제시한 한국의 '속성'들을 단
일성, 밀집성의 '조건'들로 설명하면서 이 '상황 요인'들을 관련되는
범위 안에서 다루고, 그 조건, 속성들과 이 상황 요인들이 어떤 관계
에 있는지도 밝힐 것이다.

똑같은 사람들:
획일성

한국은 획일적 사회인가? 언뜻 보면 그런 것 같다. 그리고 많은 사람들이 이를 지적한다. 미국이나 인도, 남미 등 세계 여러 곳과 비교해 보면 우리의 획일성은 정말 뚜렷이 드러난다. 특히 생긴 모양이 똑 같은 것은 세상 어디 내놓아도 조금도 뒤떨어지지 않는다. 노란 살갗, 낮은 코, 까만 머리, 짧은 다리, 찢어진 눈. 이렇게 얘기하면 정말 볼품없는 것 같지만, 꼭 그렇지는 않다. 작지만 적당한 체구에 너무 찌지도 않고 너무 마르지도 않은 알맞은 체구. 너무 못 생기지도 않고 너무 잘생기지도 않은 적당한 미모. 한국인의 모습은 그렇게 열등하다고 볼 수 없다. 이런 모습들이 고만고만하여 얼핏 보면 다 똑같아 보인다. 더구나 요즘은 성형 수술이 유행하여 젊은이들, 특히 젊은 여성들의 얼굴이 점점 더 똑같아지고 있다. 요즘 젊은이, 어린이들은 이전 세대에 비하여 키고 커지고 다리도 길어지고 얼굴은 갸름해져서 점차 서구인에 가까운 모습을 띄어간다. 얼마 전 신문을 보니 한국에 갓 온 어느 러시아 사람이 텔레비전에서 인기 연속극 '대장금'을 보고 한국 사극에 웬 혼혈인들이 그렇게 많이 나오느냐고 물었다고 한다. 그만큼 우리 젊은이들의 외모가 고쳤든 안 고쳤든 서양 사람들을 닮아가고 있다는 말이다. 그래서 한국인 사이의 외모 차이는 (그런 것이 없으니) 인종이나 민족의 차이가 아니라 오히려 세대 간 차이로 나타난다. 그러나 그런 차이는 물론 인종의 차이에 비할 바가 아니다.

외모뿐 아니라 우리가 하는 말도 사투리가 조금 있지만 기본적으로 다 똑 같다. 그런데 이런 우리 모습은 '획일'적이라고 하기보다는 오히려 '단일'하다고 하는 것이 더 옳겠다. 이런 점에서 보면 획일성과 단일성을 확연히 구분하는 것은 쉽지 않다고도 볼 수 있지만, 이 책에서는 편의상 단일성은 우리의 '조건'으로, 획일성은 거기서 파생한 우리의 특징 또는 '속성'으로 간주한다.

그러면 이러한 한국인의 획일성은 어디서 나오는 것일까? 무엇보다도 단일한 민족과 자연의 조건에서 나온다고 할 수 있다. 그런데 이것이 수천 년 동안 이어진 한국인 획일성의 원인이라면, 현대에 와서는 여기에 '분단 상황'이라는 요인이 추가되어 정치-이념적 획일성을 덧붙였다.

I. 한국의 획일성과 다양성

그런데 먼저 확인해야 할 사실이 있다. 그것은 위와 같이 겉으로 보이는 한국인의 획일성이 사실 표피적인 것들이라는 점이다. 실제로 한국이 얼마나 획일적인 사회인지는 이런 언뜻 눈에 띄는 것 말고 좀 더 깊은 곳을 보아야만 정확하게 평가할 수 있다. 실제로 한국은 남들이 말하듯이 그 정도로 획일적인 사회는 아닐지도 모른다. 특히 최근 들어 한국 사회나 문화는 획일성이 상당히 줄어들고 다양한 모습들이 늘어나고 있다.

그러면 한국이 획일적이지 않은 모습에는 어떤 것들이 있을까? 먼저 한국에는 이른바 전통과 현대가 공존하고 있고 동양과 서양이 공존하고 있음을 지적할 수 있다. 이를 다양성의 상징처럼 되어 있는 미국과 비교해 보자. 미국 사회에는 세계의 수많은 문화적 요소들이 있지만, 단연 백인-기독교적 문화가 가장 큰 비중을 차지한다. 그러니 미국이 진정으로 다양한 사회가 아닌지도 모른다. 그러면 한국에서는 과연 한국의 전통 문화나 동양 문화가 가장 큰 비중을 차지하는가, 아니면 서양이나 미국 문화가 압도적인가? 어느 한쪽이라고 말하기 어렵다. 그러면 한국 문화는 적어도 획일적이지는 않지 않은가? 오히려 서양-기독교 문화가 지배하는 미국 문화가 더 획일적이지 않은가? 그런데도 왜 사람들은 한국은 획일적이고 미국이 다양하다고 느끼는 것일까?

문화의 가장 중요한 요소라고 할 수 있는 종교의 경우를 생각해 보자. 세상에서 우리처럼 다양한 종교가 비교적 사이좋게 공존하는 나라도 많지 않다. 종교의 다양성이 우리처럼 보장될 뿐 아니라 몇 가지 유력 종교들이 거의 비슷한 세력으로 각축하는 나라는 거의 없을 지경이다. 서양은 그 반대로 기독교밖에 없다고 해도 과언이 아니다. 서양에 여러 다양한 종교들이 존재한다고는 하나, 서양 사회는 어디까지나 기독교가 지배하는 사회다. 서양에 유교나 이슬람이나 아프리카 문화나 잉카 문화의 유산이 얼마나 있는가? 별로 없다고 할 수밖에 없다. 그렇다면 획일화되어 있는 것은 한국이 아니라 오히려 서양 아닌가? 동양에는 서양과 동양이 공존하지만 서양에는 서양밖에 없지 않은가? 그런데 왜 사람들은 서양이 동양보다, 미국이 한국보다 더 다양하다고 할까?

이 문제를 가늠하기 위해서는 먼저 획일성 또는 그보다는 오히려 그 반대 개념인 '다양성'의 종류 또는 여러 국면이랄까 측면들을 구분할 필요가 있다. 여기서는 특히 '문명 차원'과 '일상 차원'의 구분이 중요하다. 여기서 문명 차원이란 토인비나 헌팅턴 등이 대표적으로 구분했던 여러 문명권의 차원을 말한다. 기독교 문명, 유교 문명, 가톨릭 문명, 아프리카 문명 등등의 구분을 말한다. 일상 차원이란 그러한 문명권 안에서 일어나거나, 또는 때로는 문명권들을 가로질러 나타나는 사람들의 구체적인 삶의 모습, 곧 생활 문화를 말한다.

이런 구분을 따르면 더 큰 차원인 '문명 차원'에서 한국이 더 서양보다 다양하다는 점을 알게 된다. 한국의 획일성을 비판하는 사람들은 대개 자유주의나 개인주의에 기우는 사람들인데, 이들은 한마디로 한국도 서양처럼 다양하면 좋겠다는 생각을 한다. 그런데 그들이 말하는 다양성은 문명 차원이라기보다는 대체로 그보다 낮은 '일상 차원'의 것이다. 이렇게 보면 이들의 다양성에 대한 주장은 서양적 일상생활을 모방하기를 원한다는 점에서, 다시 말해 서양 문명의 획일적 지배를 부추긴다는 점에서 오히려 다양성에 역행하는 측면도 있다. 그렇다고 하더라고 어쨌든, 일상적인 삶에서, 그 가치관이나 생활양식에서 서양 사람들이 한국 사람보다 더 다양한 삶을 보이는 것은 사실이다. 그래서 사람들은 대체로 서양이 한국보다 더 다양한 사회라고 느끼는 것이다.

문명 차원에서 한국은 다양하지만 다시 말해 다양한 문명이 한국 사회에 존재하지만 그런 다양한 요소들은 개인 한 사람 한 사람 안에서 공존한다. 한 사람 안에 유교적 요소와 서양적 요소가 공존한다는 말이다. 그리고 그 요소들의 비율이 개인별로 차이가 크지 않다. 그래서 한국인들의 삶은 다양하지 않고 다 비슷하고 똑같아 보인다. 그 반면 미국 사람들은 여러 문명을 개인 안에 다양하게 흡수하지는 못하지만 각 개인별로 일상 차원의 여러 다양한 모습들을 보인다. 박박 머리, 치렁치렁 머리, 여장 남자, 힙합 세대 등등 다양한 일상의 모습을 어렵지 않게 볼 수 있다. 특히 인종의 다양함이 결정적으로 일상의 다양함을 드러낸다. 달리 말해, 이들은 한 사람 안에 서양적 요소와 동양적 요소가 공존하지는 않지만 개인별로 다양한 가치관과 생활양식을 보인다는 말이다. 그래서 한국인의 '문명적' 다양성은 개개인 안에 존재하여 겉으로 잘 나타나지 않고, 미국인의 '일상적' 다양성은 개인별로 존재하면서 바깥으로 잘 나타난다. 그 결과 미국 사회가 한국 사회보다 더 다양하게 보이게 된다.

그런데 여기서 중요한 하나의 사실을 지적해야 하는데, 그것은 힘 있는 자와 없는 자, 중심부와 주변부, 강대국과 약소국(이를 중심부와 주변부라고 통일하자)에게 다양성이 의미하는 바가 각각 다르다는 사실이다. 여기서 다양성이 가진 '힘 관계'의 측면이 중요해진다. 위에서 본 다양성은 '힘 관계'를 배제한 그저 '있음'으로서의 다양성일 뿐이다. '있음'으로서의 다양성이 그저 '많이 있다, 많이 존재한다'는 측면을 가리키는 것이라면, '힘 관계로서의 다양성'은 그 많은 것 중에서 어느 것이 사회의 또는 국제 관계의 '중심'을 차지하고 어느 것이 '주변'에 있느냐 하는 문제에 관련된다. 다시 말해 다양한 것들 중에서 어느 것이 힘을 더 가지고 어느 것이 힘을 덜 가지는가에 관한 것이다. 또 어느 것이 지배적이고 어느 것이 종속적이냐에 관한 것이다.

서양에는 다양한 문화와 인종과 언어가 존재한다. 그러나 그 다양한 것들이 서로 비슷한 힘을 가지지는 못한다. 소수 인종, 황인종, 흑인종은 주변적, 피지배적 존재이고, 그 반면 백인종은 지배하는 위치에 있다. 이 점은 언어, 종교, 삶의 양식 모두에서 마찬가지다. 서양에 백 가지의 종교가 있다고 하더라도 이들이 비슷한 힘이나 영향력이나 의미를 가지지는 않는다.

그러면 백 가지 종교의 '있음'이 다양성이란 면에서 과연 얼마만큼 의미가 있는가? 종교가 하나 또는 둘만 있는 것보다는 많이 있는 것이 다양한 것이기는 하나, 한 가지가 지배적이고 나머지는 모두 주변적이라면 백 아니라 이백 가지의 종교가 있다고 해도 다양성의 면에서는 큰 의미가 없다.

미국에 여러 인종이 존재하고 여러 문화가 존재하여 인종 전시장이니 모자이크 사회니 하지만 그래서 '일상 차원'에서 매우 다양한 것이 사실이지만, 그렇다고 해서 미국을 진정으로 다양한 사회로 보기는 힘들다. 부와 권력을 와스프(앵글로색슨 개신교도들)가 장악하고 그 아래에 여러 '다양한' 계층들이 줄 서 있기 때문이다. 그뿐 아니라 많은 비평가들이 지적하듯이 소수의 백인 엘리트가 지배하는 이러한 미국 사회의 불평등 구조는 점점 더 심해지고 있다.[1]

간단히 요약하자면, 중심부의 다양성은 그것의 '힘-지배'를 반영하고 주변의 다양성은 '힘 없음-피지배'를 반영하는 경우가 많다. 중

---

1) 최근의 대표적인 저작으로 마이클 무어 지음, 김현후 옮김, 『멍청한 백인들』(서울: 나무와 숲, 2002)을 참조하시오. 한편 헌팅턴 같은 보수주의자들은 히스패닉과 동양계의 숫자와 영향력이 커져서 앵글로 색슨 개신교 문명이 '위협 받는' 지금 미국의 현실을 매우 우려한다. 그의 '문명충돌론'도 결국 앵글로 색슨 개신교 문명의 세계적 지배를 유지하고 싶은 욕구에서 나온 과도한 논지라고 할 수 있다. 새뮤얼 헌팅턴 지음, 형선호 옮김, 『새뮤얼 헌팅턴의 미국』(서울: 김영사, 2004) 참조.

심부는 힘이 세니 주변부의 것들에 침투하는 동시에 주변 것들을 자기 안으로 끌어 모아 자기 것으로 만든다. 쉽게 얘기해서 미국에 돈 벌러 가는 멕시코 사람들, 아기 낳으러 가는 한국 여인네들을 생각하면 된다. 이들이 로스앤젤레스 토르티야를 가져가고 뉴욕에 김치를 가져간다. 그래서 미국의 일상이 다양해진다. 그 전에는 노예들을 무척 많이 초빙(?)하여 사람들 살갗 빛도 다양해졌다.

그 반면 주변부는 힘이 약하니 힘센 사람들과 그 문명이 들어와서 주변부 것을 몰아내고 그 자리를 대신 차지한다. 그리하여 주변부에서는 이미 있던 토착의 것이 사라지고 중심부의 것으로 채워진다. 그런데 '이미 있던 토착의 것들'도 사실은 대개 옛날에 또 다른 중심부에서 들어온 것이다. 그러니 이들에게 정말로 토착의 것이 무엇인지는 매우 모호하다.

이렇게 중심부과 주변부의 다양해지는 경로가 다르다 보니, 그 다양성의 국면도 달라진다. 중심부에서는 '일상'이 다양해질 뿐 문명이 다양해지는 것은 아니다. 그 반면 주변에서는 '문명 전체'가 다양해지거나 아니면 중심부 것으로 '획일화'된다. 그렇지만 다른 각도에서 보면 주변부의 문명은 결코 획일적이 될 수 없다고 할 수도 있다. 주변부를 지배하는 중심이 역사적으로 여러 개였으니 여러 가지 획일성이 병존하기 때문이다. 쉬운 예로 한국어에 중국어, 일어, 영어가 섞이고, 한글로 모자라 한자, 또 그것도 모자라 로마자를 섞어 쓰는 것을 들 수 있다.

이렇게 볼 때, 중심부와 주변부가 보이는 다양성-획일성의 성격과 의미와 경로가 서로 다르다는 사실을 명심해야 한다. 그래야 다양성-획일성이 그저 '있는' 것이 아니라 힘의 관계로 '만들어진' 것이라는 사실을 알 수 있다. 중심부의 다양성은 지배-패권 행사의 결과이고, 주변부의 다양성은 피지배-종속의 결과일 경우가 많다. 중심부의 다양성은 대개 '일상 차원'의 다양성이고, 주변부의 다양성은 대개 '문명 차원'의 다양성이다. 일상 차원의 다양성은, 바로 일상이라는 그 까닭으로, 문명 차원의 다양성보다 더 눈에 잘 띈다. 그래서 서양이 또는 중심부가 한국 또는 주변부보다 더 다양하게 보이는 것이다.

그런데 위에서 말한 모든 사실에도 불구하고 한국은 근본적으로 획일적인 사회에 가깝다. 왜 그럴까? 위의 논리로 보자면 동양 문명과 서양 문명이 같이 존재한다고는 하지만 그 섞인 비율이 사람에 따라 다양하지 않고 비슷비슷하기 때문이다. 더 근본적인 조건으로 보자면, 한국에서는 무엇보다도 단일 사회라는 자연 조건, 게다가 민족·문화적 조건이 사회의 다양성을 원천적으로 제한하기 때문이다. 같은 민족, 같은 역사, 같은 언어, 남북 분단을 제외하면 같은 국경이라는 한국의 단일성이 가치관, 행동 양식, 관습, 태도 등 사회-인문의 모든 분야에서 획일성을 가져오기 쉽다는 사실은 굳이 설명할 필요조차 없다. 그러나 이 점은 굳이 좋거나 나쁘거나 가치 판단을 내릴 수 있는 부분이 아니다. 우리가 처한 하나의 조건으로 받아들이고 이를 좋은 쪽으로 활용할 방법을 찾는 것이 관건이다.

단일 사회라는 주어진 조건에 덧붙여, 과거에는 유교적 교조주의가, 또 현대에 와서는 분단 상황으로 인한 정치·이념적 획일성이 우리의 획일적인 모습을 더 부추겼다. 그런데 분단 상황(앞에서 이를 '상황 조건'이라고 했다)에 대해서는 그렇게 말할 수 없지만, 유교적 교조주의 그 자체도 한국(조선) 사회의 단일성이 부추긴 면이 컸다. 이렇게 보면 우리 사회가 역사적으로 보이는 획일성은 민족과 자연의 단일성에 가장 큰 원인이 있다고 할 수 있는데, 사실 '단일성'과 '획일성'의 성격이나 이론적 지위를 구분하는 것이 언제나 쉬운 일은 아니다.

이제부터 우리가 보이는 획일성의 모습들을 일상생활, 종교와 이념, 그리고 월드컵 응원 열기를 사례로 하여 살펴보기로 하자.

Ⅱ. 일상생활

위에서 우리는 한국 사회가 획일적이지 않다는 증거로 종교적인 다양성을 강조했다. 그러나 우리 사회에서 종교가 가지는 역할을 생각하면 반드시 그렇게 말할 수도 없다. 우리나라의 종교는 신도들의 가치관이나 정치적인 정향이나 도덕적인 행동에 큰 영향을 못 미친다. 따라서 신앙에 따른 다양한 가치관이나 생활양식이 있다고 하기는 어렵다. 게다가 모든 종교들이 전통적인 무속과 결합하여 기복신앙이 된다. 자식의 대학 합격을 비는 의식을 치르는 엄마들의 모습은 교회, 성당, 절간을 막론하고 다 마찬가지다. 이런 점 또한 여러 종교가 비슷한 모습으로 닮아가는 데 큰 역할을 한다.

우리의 겉모습도 다양성과는 거리가 멀다. 물론 같은 족속이니 외모가 비슷한 것은 말할 나위도 없지만, 하고 다니는 것도 다 틀에 박히고 판에 박혔다는 말이다. 회사원의 정장 차림, 아줌마의 뽀글뽀글 파마, 젊은 여성의 찢어진 청바지 등등 모두 비슷한 모습들이다. 한국 사람들은 자기가 속한 집단의 표준 의복과 말투, 행동거지가 정해져 있어 이를 벗어나는 것을 매우 두려워한다. 물론 세상 어느 나라에서나 어느 정도 이런 점은 있지만, 정해진 틀을 벗어나길 두려워하는 점에서 우리는 다른 어느 나라 사람들에도 빠지지 않는다. 일본이 우리와 비슷하지만 그래도 우리보다는 다양하다. 일본에는 서양의 다양한 문물이 우리보다 더 많이 들어와 있고, 거주하는 외국인들도 우리보다 더 많다.

요즘 청소년이나 젊은 세대가 추구하는 '개성미'를 신문이나 방송 매체에서 많이 거론하지만 내가 보기에 그것은 전혀 개성이 아니다. 오히려 또 다른 획일성에 불과하다. 기성세대의 획일성과 다른 자기들 나름대로의 획일성 말이다. 똑 같은 핸드폰, 똑 같은 머리 모양, 똑 같은 말투, 똑같은 구두, 똑같이 줄인 교복…. 똑 같은 모습들이 요즘 청소년들의 개성이다. 남이 하면 같이 우르르 따라 하는 것이 개성일 수는 없다. 물론 청소년만 그런 것은 아니지만, '개성을 추구한다'는 젊은이들이 이러니 과연 나이 든 이들은 어떻겠느냐 하는 것이다.

외모뿐만이 아니다. 조그만 자극에도 불침 맞은 들쥐처럼 이리저리 몰려다니는 것이 우리 한국 사람들의 특징이기도 하다. 목소리 큰 사람이 한마디 하면 우르르 몰린다. 그러다 다른 소리가 들리면 또 그쪽으로 우르르 간다. 이는 획일성이기도 하지만 아래에서 볼 조급성에 해당된다고도 할 수 있다. 10년쯤 전에 존 위컴 당시 주한 미군사령관이 한국 사람들더러 지도자의 말에 우르르 몰려다니는 들쥐 같다고 하여 물의를 일으킨 적이 있는데, 그 말 자체는 아주 괘씸하지만 다른 한편 여기에 일말의 진실이 없다고도 할 수 없다.

건강에 좋다면 굼벵이든 지렁이든 마다하지 않고 몰려다니는 아저

씨들, 우르르 떼 지어 홍콩 공항 면세점을 초토화하는 공포의 한국 아줌마들, 외국에서 승객들을 질리게 만드는 호기 넘치는 한국의 배낭족들. 조기 유학에 영어 광풍에 한자 열풍까지, 무엇이든 남이 한다면 쫓아 하지 않고는 못 배기는 한국 사람들. 남하고 다르기를 죽기보다 두려워하고 남하고 다른 사람을 벌레보다 싫어하는 사람들. 우르르 집단주의 획일성의 표상이다. 이렇게 자기 개성이 없고 자기 소신이 없이 집단의 논리와 분위기에 휩쓸리는 한국인의 모습은 '집단주의'의 한 모습일 뿐 아니라 정신적 빈곤의 모습이라고도 할 수 있다. 이런 모습들은 민족적인 단일성이 가치판단의 대상이 아닌 것과는 달리 확실한 가치 판단의 대상이 된다. 우리들이 지닌 생각, 가치관, 행동의 획일성은 도덕적으로나 나라나 개인의 이익으로 보나 바람직하지 않으므로 극복하기 위해 노력해야 한다는 뜻이다.

이러한 획일성은 주거 문화에서도 분명히 드러난다. 집단 아파트 문화가 우리의 일상생활을 지배하고 있다. 이른바 대단위 아파트 단지는 대도시뿐 아니라 시골 마을에도 침투하여 한국 국민들의 주거지에서 아파트가 차지하는 비율이 이미 절반을 넘어섰고 점점 증가하고 있다. 이런 점에서 한국은 세계 으뜸이다. 그뿐 아니라 아파트가 점점 더 밀집화, 고층화, 다시 말해 고밀도화 하고 있다. 이런 현상은 점점 '이웃'을 잃어가는 도시인의 개인주의와 소외를 가속화하기도 하지만 다른 한편으로는 주거의 형태가 점점 개성을 잃고 획일화되어간다는 점을 의미하기도 한다. 똑같이 생긴 공간에서 비슷한 가구들에 둘러싸인 도시인의 생활에서 개성을 찾기는 어렵다. 실상 이런 점은 대단위 아파트뿐만이 아니라 도시 주거 형태의 또 다른 축인 연립주택, 빌라, 원룸들의 경우도 비슷하다. 물론 아파트나 빌라의 내부 구조를 바꾸거나 실내 장식을 다르게 하여 다른 집들과는 다른 분위기를 낼 수도 있겠지만, 거기에는 명백한 한계가 있게 마련이다. 도시인의 생활은 이제 아파트의 종류와 평수에 따라 똑같은 내부와 똑같은 장식과 똑같은 생활양식이 지배하는 획일성이 더 심해지고 있다. 까만 머리에 낮은 코의 똑같이 생긴 사람들이 똑 같이 생긴 집 안에서 똑같이 생긴 소파에 앉아 똑같은 방향에 놓인 똑같이 생긴 텔레비전을 틀고 똑같은 오락 프로를 보면서 똑같은 웃음을 똑같이 낄낄거리고 있다! 그 도시인들이 이제 한국인의 대부분을 차지하니 주거생활에서 개성이나 다양성을 찾기가 예전에 비해 더 어려워졌다고 할 수 있다. 이는 다른 한편 한국 사회의 밀집성을 야기하기도 하고 그 밀집성의 결과이기도 하여, 한국 사회의 특이하게 똑같은 모습을 더하고 있다.

Ⅲ. 이념의 획일성

그러나 뭐니 뭐니 해도 한국 사회의 획일성 가운데 가장 중요한 것은 정치·경제적 이념이 다양하지 못하고 획일적이라는 점이다. 한국에는 국가와 사회 발전에 여러 가지 대안이 없으며, 그런 점에서 한국은 근본적으로 획일적이다. 최근 들어 한국의 이념 갈등이 심각한 문제인 것처럼 많은 사람들이 얘기하지만 필자가 보기에는 그렇지 않다.

이념적 획일성이 역사적으로 가장 잘 나타난 것은 아마 조선 5백

년을 지배한 유학의 획일성이라고 할 수 있을 것이다. 조선조를 지배한 이념은 오로지 주자의 가르침인 성리학 한 가지였다. 다른 모든 것은 이른바 사문난적으로 배척받고 심지어 죽음을 가져왔다. 조선조의 이념적 경직성은 일종의 종교적 근본주의로 볼 수 있는 것이었다. 퇴계와 율곡을 중심으로 이기 논쟁이 있었다고는 하나 그것은 주자의 가르침 안에서 일어난 논쟁일 뿐이었다. 조선의 획일적인 지적·정치적 풍토는 유학이 아닌 다른 학문이나 사상 체계를 허용하지 않은 것은 물론이고, 유학 안에서도 오로지 주자의 학문만을 인정하는 편협하고 획일적인 모습을 보였다.

　이렇게 된 데에는 많은 이유가 있겠지만, 당시 뿌리 깊었던 모화사상이 으뜸 원인이었을 것이다. 그렇다면 왜 우리는 그렇게 모화사상에 젖었을까? 우선 생각할 수 있는 것은 우리나라가 거대한 중화문명의 끝자락에 붙은 조그만 나라였다는 점이다. 거대한 선진 문화에 압도된 우리 조상들은 이에 대한 숭배 사상을 저도 모르게 품게 되었을 것이다. 그러나 그렇다고 하더라도 그 정도가 그렇게 심했던 것은 그것만으로는 설명이 부족한 것 같다. 우리가 심지어 ‘소중화’라고까지 자처해가면서 중화의 명나라가 망하고 이민족인 청나라가 득세한 현실에도 눈감은 채 극단적인 중화주의에 빠진 것에는 또 다른 이유가 있어 보인다. 거기에는 우리 사회가 단일 사회였고 집중화된 사회였다는 사실도 크게 작용했다. 모화사상과 성리학적 획일성이 극단으로까지 간 것에는, 정통과 다른 것을 체질적으로 거부한 조선 사회의 단일성이 크게 작용한 것이다. 또 하나, 한 가지 추세가 생기면 그쪽으로만 쏠려 그것을 극단화하는 우리의 특성 또한 사회적 단일성의 결과라고 할 수 있다. 이 점들은 다시 논의할 것이다.

조선조의 이념적 경직성은 정도의 차이가 있을지 모르나 현대 한국에도 이어지고 있다. 우선 눈에 띄는 것은 우리나라 정치 이념의 폭이 매우 좁다는 사실이다. 이념 정치가 일상화한 유럽이나 중남미와 비교해서는 물론이고 미국이나 심지어 일본과 비교해서도 이념의 폭이 매우 좁다. 이슬람 근본주의 국가나 몇 안 남은 사회주의 국가를 제외하고는 아마 한국의 이념적 폭이 세계에서 가장 좁을지도 모른다. 이렇게 정치 이념이 다양하지 못한 것은 무엇보다도 남북한 분단 때문에 국가와 국민 모두가 다양한 이념을 허용하지 않았기 때문이다. 해방 직후에 활발하게 활동했던 공산주의 세력은 미 군정 첫해에 이미 거세되기 시작했고, 6.25전쟁으로 공산주의에 대한 국민들의 반감은 극에 달했다. 이승만 대통령은 정적이었던 진보당의 조봉암 당수를 공산주의자로, 또 북한 간첩으로 몰아서 사형시켰다. 이후 군사정권은 '혁명 공약'에서 반공을 '국시의 제1의'로 한다고 선언하였다. 공산주의 '반대'가 국가사업의 으뜸 목표였다니, 후세의 역사가들이 웃을 만큼 이념으로는 빈약했다. 그 뒤로 다 아는 바와 같이 우리나라에서 빨갱이로 낙인찍히는 것은 목숨이 왔다 갔다 하는 치명적인 일이 되어버렸다. 이런 상황이니 정치 이념의 폭은 좁을 수밖에 없어진 것이다. 아마 세계에서 가장 오랫동안 가장 지독하게 반공적이었던 나라가 대한민국일 것이다. 이러한 이념적 획일성의 일차적인 원인은 분단 상황이지만, 옛날 성리학의 경우처럼 주류와 다른 것을 허용하지 않는 민족적 단일성과 작은 나라의 집중화된 구조도 중요한 요인으로 작용하는 것으로 보인다.

민주화된 지금도 군사 독재 시절보다는 많이 완화되었다고는 하나 공산주의나 좌파에 대한 거부 반응이 국가와 국민 모두에서 사라지지 않고 있다. 그동안 이른바 진보세력이 많이 성장하였고, 이를 바탕으로 노무현 후보가 대통령에 당선된 것은 이전이면 상상하지 못할 이념적 느슨함으로 생각할 수 있을지 모른다. 그래서 보수 정당인 한나라당의 어느 인사는 노무현 대통령의 지지자는 북한 김정일 지지자와 일치한다고 비난하기까지 하였다(2004년 1월). 그러나 가만히 생각해 보자. 노무현 정부의 이념이 과연 진보적인가? 그 전의 김대중 정부는 그랬는가? 한나라당에 비해서는 그럴지 모르나, 세계적인 기준으로 볼 때 이들의 정치 이념은 진보보다는 오히려 보수에 가깝다. 자본주의 시장원리를 신봉한다는 점에서 그렇고, 미국이 주도하는 신자유주의 세계화를 전적으로 받아들인다는 점에서 그렇다. 그들은 부자들에 대한 과세 기준을 강화하지 못하고 복지예산을 충분히 확충하지 못한다. 노동세력이 과거보다 강력해진 것은 사실이지만, 이 시대의 주류는 여전히 자본가, 경영자와 그에 딸린 여타 엘리트들일 뿐이다. 노동자들이 국가 발전 방향에 실현 가능한 대안을 제시하거나 이를 구체적으로 실현할 능력은 없다.

제도권 정당 중 가장 진보적이거나 좌파적이라고 할 수 있는 민주노동당의 강령도 자본주의 체제의 원리를 준수하고 있으며, 단지 그 안에서 노동자들의 권리를 좀 더 강조하고 부자들에 대한 세금 부담을 좀 더 늘리겠다는 정도다. 물론 그 안에 더 급진적인 분파도 있기는 하지만 이 정도면 대체로 프랑스의 사회당이나 독일의 사회민주당 정도의 노선에 해당하는 것인데, 우리나라에서는 극좌의 자리를 차지한다. 프랑스나 독일에서 집권한 주류 다수 정당의 하나가 우리나라에서는 국민 10% 정도의 지지를 얻는 주변 정당일 뿐이다.

물론 변화는 있다. 제17대 국회의원 선거에서 민주노동당이 13석을 차지한 것은 한국 역사에서 획기적인 일이다. 사회민주주의와 비슷한 노선을 밟으며 민족 자주를 중시하는 세력이 제도권에 진입한 것은 한국의 이념 지형과 정치 상황에 커다란 변화를 가져온 일이다. 하지만 이들이 한국에서 극좌의 자리를 차지하는 것은 역시 우리 이념의 폭이 좁다는 점을 보여준다.

한국의 이념적 획일성은 반공 이념에서만 나타나는 것이 아니다. 자본주의를 맹신하고 그에 대한 대안이 빈약하다는 점에서도 우리는 매우 획일적이다. 다시 말해 우리나라의 모든 주류 가치가 결국 자본주의 물신 숭배로 귀착된다는 점에서 한국의 이념은 획일적이다. 자본주의 소비문화가 세계 곳곳을 지배함에 따라 이에 대한 비판도 점점 커져 가지만, 한국에서는 이런 목소리가 빈약하기만 하다. 보수 세력은 말할 것도 없고 진보나 개혁세력으로 자처하는 사람들조차 어려운 말로 '국가 경쟁력' 또는 '기업 경쟁력', 쉬운 말로 돈벌이를 으뜸가는 가치로 치기는 마찬가지다. 생명이나 인권, 환경 또는 연대를 중시하는 이른바 반세계화의 가치나 운동이 산업화된 나라들 중에서 우리처럼 미약한 곳은 없다. 시대에 따라 구체적인 이유는 다를 수 있지만, 근본적으로 한쪽으로 쏠리기 쉬운 한국 사회의 단일성이 한국의 이념적 획일성에 한몫하는 것으로 보인다.

현대 한국에 다양한 가치관이 존재하지 않는 것은, 정도의 차이가 있으나 유교가 지배했던 조선 시대와 근본적으로 다르지 않다. 박정희 시대의 개발지상주의는 새천년의 세계화 지상주의로 그 치장을 바꾸었을 뿐인데, 이 둘은 근본적으로 같은 가치관에 서 있다. 그것은 말할 것도 없이 물질 성장의 가치관이다. 단지 세상의 물질적 환경이 달라졌으니 그 구체적인 내용과 이름표가 달라졌을 뿐이다. 중화학공업이 정보기술 산업으로 바뀌고, 경부고속도로 건설이 경부고속철도 건설로 바뀌었다. 새마을 운동이 뉴타운 건설로 바뀌고, '수출 100만 불 시대'가 '소득 2만 불 시대'로 바뀌었을 뿐이다. 그 근본 사고는 경제 지상, 물질 성장 지상의 사고다. 새마을을 영어로 하면 바로 뉴타운인데, 1970년대의 새마을이 2000년대의 뉴타운으로 바뀐 것처럼 1970년대의 '국적 있는 교육'이 2000년대의 '세계화 교육'으로 뒤바뀐 것뿐이다. 그러나 수출 지향, 대외 의존의 구조는 바뀌지 않았다. 오히려 더 강화되었을 뿐이다. 소득이 오르고 잘살게 되면 사람들은 자유와 권리에 관심을 가지게 되고, 그래서 정치의 민주화를 원하게 된다. 국민소득이 연 1만 달러에 가까워오자 우리는 더 이상 참지 못하고 독재자들을 몰아냈다. 이제 우리는 문화적인 삶과 인간다운 생활, 깨끗한 공기와 여유로운 환경을 희망할 단계에 왔다. 그러나 난데없이(물론 다 원인이 있었지만) 터진 외환위기 사태와 세계 경제의 어려움 때문인지, 어느새 그런 가치와 희망은 잃어버리고, 어느 텔레비전 방송의 구호처럼 '이젠 경제다!' 하면서 다시 돈벌이 지상주의에 빠져들고 말았다. 우리가 언제 경제 아닌 적이 있었다고 '이젠 경제'라고 외치는지 우스울 따름이다. 이를 부추기는 것은 정부와 기업, 언론들이지만, 일반 국민들도 삶의 어려움에 직면하여 세상에는 돈 말고도 더 나은 목표와 가치들이 있다는 사실을 잊고 사는 듯하다. 경제지상주의는 21세기의 새로운 지배 이념이 되어 다양한 가치의 추구를 가로막고 있으며, 한국이 창조적이고 자주적인 문화 국가로 가는 길을 가로막고 있다. 미국이 주도하는 고도의 상업자본주의가 전 세계를 풍미하지만 문화의 고갱이가 약한 한국 사회는 다른 어디보다 천민자본주의의 부작용이 심각해 보인다.

Ⅳ. 획일성과 질서 의식, 단결력

2002년 우리는 대단한 경험을 했다. 바로 월드컵 축구 경기였다. 1988년의 올림픽도 대단했지만, 월드컵에 비할 바가 아니었다. 우리는 올림픽을 통해 뭔가 할 수 있는 민족이라는 것을 보여 주었고, 월드컵을 통해 대단한 힘을 세상에 과시했다. 붉은 악마, 빨간 셔츠와 빨간 머리띠로 분출된 한국인의 열정은 세계를 놀라게 했다. 당시 보였던 우리의 일사불란한 열정과 응집력, 그리고 질서 의식은 단일한 민족과 단일한 사회가 낳은 특이한 현상이라고 아니할 수 없다. 그런데 이를 달리 보면 한국 사회에 만연한 획일성의 다른 측면이라고도 볼 수 있다.

무질서한 한국이라는 자탄에 젖어있던 한국 사람들이 월드컵 대회 기간 중에 세계의 찬사를 받을 만큼 질서정연한 모습을 보여주었다. 이런 현상이 무엇을 뜻할까? 우선 이에 관한 당시의 보도를 소개한다.[2]

> 한국 대표팀이 사상 첫 4강 진출의 신화를 이룬 이번 월드컵은 경기가 거듭되면서 거리 응원, 교통질서, 관전 문화 등 선진 질서 의식이 우리의 생활 속에 자리 잡는 계기가 됐다는 점에서 높은 평가를 받고 있다.
>
> 경기장은 물론 수십만 명이 한꺼번에 모인 거리 응원장에서 누가 먼저랄 것도 없이 질서 정연한 '아름다운' 모습이 이어졌으며, 경기 개최 도시에서 실시된 차량 2부제 참여율도 90%에 달했다.
>
> 이번 월드컵은 무엇보다 우리의 관전문화를 완전히 탈바꿈시켜

---

2) ≪연합뉴스≫ 2002. 6. 26.

놓았으며 승부를 떠나 경기를 즐길 줄 아는 여유 있는 모습이 두드러졌다.

개막전부터 조별리그, 16강전, 8강전, 4강전이 열린 모든 경기장과 관중석 주변에는 경기가 끝난 뒤 휴지나 빈 음료수병, 담배꽁초는 거의 찾아 볼 수 없었다.

2중, 3중으로 따지는 보안검색으로 경기장 출입구마다 수십 명 이상씩 길게 늘어서도 짜증내는 사람은 거의 없었으며 경기장을 질서정연하게 빠져나가는 장면도 예전에는 보기 힘들었던 모습이다.

8강전을 관람했던 김제완(29 · 자영업) 씨는 "경기가 시작되기 전부터 끝날 때까지 보여준 관중들의 모습은 다른 나라에 있는 줄 착각을 일으킬 만큼 감동적이었다."며 "우리가 이렇게까지 성숙했는지 월드컵을 겪고서야 알게 됐다."고 말했다.

특히 '붉은 악마'의 질서정연한 거리응원은 국민의 질서의식이 응집돼 나타난 결정체였다.

대표팀 경기가 열릴 때마다 한 장소에 수천 명에서 수십만 명까지 모여들었지만 버려진 쓰레기와 무질서, 난동은 거의 없었고 질서정연하게 뒷정리하는 시민들과 쓰레기를 줍는 붉은 악마들은 세계인들을 감동시키기에 충분했다.

그런데 과연 이것이 우리의 본래 모습인가? 우리의 평소 모습인가? 그렇다고 보기는 힘들다. 우리는 우리가 얼마나 질서를 지키지 않는지, 얼마나 썩었고 낡았고 엉터리인지를 언제나 한탄하고, 실제로 그런 한탄이 근거가 없지 않다.

그런데 달리 보면, 한국 사람들은 특히 자기 비하에 강한 것 같다. 말이 조금 새는 것 같지만, 이에 대해 간단히 얘기하고 싶다. 우리의 자기 비하가 강한 것은 나라별로 비교 조사한 결과들을 보아도 나타난다. 다른 나라들에 비해 자기 나라에 대한 자긍심이 선진국뿐 아니라 후진국에 비해서도 낮게 나타나는 것을 볼 수 있는데, 이는 우리의 앞날에 어두운 그림자를 드리운다.

월스트리트 저널이 최근 발표한 조사 결과를 보면 한국인의 행복 체감도는 조사 대상 여든 두 개 나라 가운데 마흔 아홉 번째였다고 한다. 대체로 아시아 국가들의 행복체감도가 낮았는데, 그것은 "전통적 집단주의가 산업 사회의 새로운 변화에 적응하지 못하기 때문"이라고 조사 기관은 해석하였다. 어쨌든 한국인의 행복 체감도는 아시아 나라들 중에서도 매우 낮아서, 싱가포르(24위), 베트남(29위), 일본(42위)보다 낮았고, 중국(등수 모름)보다도 낮았다고 한다.[3] 그러면 우리 사회가 정말 그렇게 행복하지 않은 사회일까? 그렇지 않다는 사실은 삶의 질에 대한 비슷한 조사 연구가 증명한다. 영국 주간지 이코노미스트의 최근 조사에 따르면 한국 사람들은 조사 대상 111개 나라들 중 영국 바로 다음인 30위에 해당하는 삶의 질을 누리고 있다(1위는 아일랜드.)[4] 한국의 객관적인 삶의 질과 그 구성원이 주관적으로 느끼는 행복 체감도가 이렇게 차이가 나는 것이다.

행복 체감도는 자기 비하와 조금 다르기는 하나 자기 평가라는 점에서 서로 크게 어긋나지는 않을 것이다. 필자는 왜 우리는 자기 비하가 유독 심한지 곰곰이 생각해 보았는데, 두 가지 원인이 있지 않나 싶다. 하나는 오랫동안 중국을 섬기면서 대외적 열등감이 심화되었기 때문이다. 중국뿐 아니라 현대에 와서도 미국, 일본 등 우리보다 앞선 나라들에 둘러싸이거나 그 영향력 아래에 있다 보니 언제나 비교의 대상이 선진국이라 스스로 열등한 존재임을 확인하면서 살아온 것이다. 그러다 보니 우리가 잘하는 일에 대해서도 시큰둥하거나

---

3) ≪서울신문≫ 2004. 12. 14.

4) ≪서울신문≫ 2004. 12. 14.

깎아내리는 일이 보통 일이 되었다. 예를 들어 아무도 우리의 민주화를 자랑스러워하지 않고 경제성장도 자랑스러워 할 줄 모른다. 외국인들이 조금 거짓말 보태서 입에 침이 마르도록 칭찬함에도 불구하고 말이다. 다른 한편 이런 열등감의 반사 작용으로 상황에 맞지 않는 엉뚱한 애국심이나 비뚤어진 민족 감정을 표출하기도 한다. 외국 학생들에게 막무가내로 우리 문화의 우수성을 주장하는 외국 유학생의 애틋한 애국심이나 만주 관광에 나서 잃어버린 영토를 찾자고 외치는 일부 관광객들의 흥분 속에서 이런 일들을 볼 수 있다.

다른 하나의 원인은 기득권층이 강대국과 자신을 동일시하고 하층민들을 경멸하는 '식민지 엘리트'의 심성에 젖어 있기 때문이다. 자신은 선진국 사람들처럼 앞서 있는데 다수의 대중이 수준 낮고 천박하여 한국 전체의 수준이 떨어진다고 느끼는 것이다. 대외적인 열등감과 대내적인 우월감이 어우러져 비뚤어진 심성을 형성한 것이다. 최근에는 이런 심성이, 대중성이 강한 정권에 대한 보수파의 비판으로 연결되어 정권을 비판한다는 것이 곧바로 한국 자체를 비판하게 되어버린다. 그래서 "우리는 아직 멀었어!", "한국이 그렇지 별수 있나!", "경제가 잘 될 리 없지!" 하는 식의 자기 비하가 넘쳐난다. 이들이 여론과 언론을 주도하기 때문이다. 이렇게 보면 우리의 자기 비하에는 역사적인 이유와 정치적인 이유가 맞물려 있다고 볼수 있다.[5]

---

5) 한두 해 전에 대구 지하철 참사가 났을 때 ≪중앙일보≫는 "한국, 아직 멀었다"라는 표제를 큼지막하게 뽑았다. 그 제목이 뜻한 바는 외국인의 입을 빌려 한국의 후진성을 고발하려는 것이었던 것 같다. 그 의도를 모르는 바가 아니나 그런 말은 누워서 침 뱉기일 뿐이다. 그 엄청난 참사 앞에서 고작 한다는 게 그런 비아냥거림인가? 비아냥거릴 의도는 아니었는지 모르나, 그 비극을 애도하고 가슴 아파 하기보다는 마치 잘 걸렸다는 듯이 "한국 아직 멀었다"라고 의기양양해 하는 태도는 분명히 문제

어쨌든 위에서 말한 엉터리 모습들을 우리가 하루하루의 일상생활에서 겪고 느끼고 있는 것은 사실이다. 역시 선진국에 비해서는 한국이 엉터리인 것이다. 그러면 월드컵 당시의 그 놀라운 질서정연함은 도대체 어디서 나온 것일까? 여기서는 두 가지 측면에 주목할 필요가 있다. 하나는 어떤 특정한 계기에 우리는 놀라운 질서 의식을 보인다는 사실이고, 다른 하나는 그 특정한 계기가 주로 외국인(특히 서양인)과 관련된다는 점이다.

첫째, 특정 계기에서 보이는 놀라운 질서 의식은 평소 우리의 높은 질서 의식을 보여준다기보다는 일종의 단합된 일체감, 또는 '획일적' 양태를 나타낸다고 할 수 있다. 특히 나라의 큰 행사가 있을 때 정부와 관련 단체들은 준법정신과 질서 의식을 계도하고 국민들은 조그만 불편을 뒤로 하면서 기꺼이 이 계도를 따른다. 여기서 우리는 선진 문화 의식보다는 국가와 국민 사이에 맺어진 일종의 가부장적, 권위주의적 관계를 보며, 심지어 더 나아가 전체주의의 가능성마저 보게 된다. 물론 이는 좀 과장된 우려일 수도 있겠으나, 평소 우리의 행동과 사고방식이 위로부터 계도된 획일성을 자주 보인다는 점을 부인할 수는 없다. 우리는 보통 때 단결하지 못하고 제각각 행동하는 것 같지만, 그것은 법의식이나 선진 질서 의식이 미약하기 때문이지 다양성을 존중하기 때문은 아니다. 근본적으로 우리는 다양한 행동보다는 단일-획일적 행동 양태를 보인다. 이는 전근대적 봉건 사회에서 일제 군국주의, 그리고 군사 권위주의 통치로 이어진

———————————

가 있다. 한국이 아직 멀기로 말하면 어디 한두 가지일까? 언론 자신도 예외는 아니다. 이들의 문제는 한국의 후진성을 마음 아파하는 게 아니라 자신의 우월성을 과시하거나 정적을 공격하는 수단으로 삼는다는 데 있다. 그리고 자신은 그 "아직 먼 한국"의 일부가 아닌 양 행세한다는 데 있다.

한국의 역사가 아직도 완전히 불식되지는 않았다는 사실을 뜻하기도 한다.

둘째, 물론 그렇다고 해서 그러한 질서가 전적으로 정부나 국가의 계도 때문에 이루어졌다고 볼 수는 없다. 민간 부문에서 자발적으로 이루어진 면도 크다. 월드컵 열기도 그렇고 그 뒤에 일어난 많은 촛불 시위들도 시민들의 자발적인 참여로 이루어졌다. 그러나 그렇다고 하더라도 일종의 집단적 획일성이 거기 없었다고 말할 수는 없다. 물론 이런 모습들은 다른 나라에서도 볼 수 있지만, 월드컵 열기와 촛불 시위는 외국의 관심을 끌만한 대단하고 특이한 현상임에 틀림없다.

그런데 그에 못지않게 중요한 사실은 그런 집단적 획일성이 대개 우리끼리의 경우보다는 외국-선진국과의 관계에서 나타난다는 사실이다. 위에 인용한 기사는 어느 교수의 입을 빌려 "성숙된 국민의식이 대외적인 곳에서는 수준 높게 나타났지만 우리끼리만 부딪힐 때는 잘 나타나지 않는다."고 논평했다. 이 말을, 아니 이 현상을 어떻게 이해해야 할까? 여러 가지 해석이 있을 수 있겠지만, 나는 여기에 우리의 대외적인 열등감이 작용하고 있다고 본다. 더 심하게 말하면 우리에게 뿌리 깊은 사대주의 정신이라고도 할 수 있다. 한국인들은 선진 서양에 대한 강박관념이 있기 때문에 이들에게 잘 보이고 싶어 한다. 따라서 그런 계기가 있을 때마다 서양인들에게 잘 보일 행동을 한다. 월드컵 경기에서 보여준 놀라운 질서 의식도 사실은 우리 자신을 향한 것이 아니라 외국인(여기서 외국인이라면 물론 서양인을 가리킨다)들을 향한 것이었다. 조직위원회, 관련 정부 부처, 지방자치단체, 언론 할 것 없이 모두 외국인에게 비쳐질 한국 아니 '코리아'의 모습에 전전긍긍하여 조금이라도 더 좋은 인상을 남기기 위해 온 국민이 '일치 단합'하여 노력했다. 그 노력은 성공하여 외국 사람들에게 칭찬을 많이 들었고, 그래서 우리는 안도하고 흐뭇해했다. 마치 엄마에게 심부름 잘했다고 칭찬 받는 아이처럼, 선생님에게 숙제 잘했다고 격려 받는 생도처럼.

그렇지만 외국인이 아니라 우리끼리가 되면 역시 평소 수준이 나타난다. 언제까지나 우리가 긴장하고 평소 수준이 넘는 질서 의식이나 행태를 보여줄 수는 없는 것이다. 긴장이 풀리면 역시 원래로 돌아간다. 그러니 성숙한 국민의식이 우리끼리만 부딪힐 때는 잘 나타나지 않는 것이다.

그러나 그렇다고 해도 외국인에게 평소보다 수준 높은, 아니 그럴 뿐 아니라 선진 국민들보다 훨씬 더 수준 높은 질서 의식을 보였다는 사실 자체는 대단한 것이다. 그 자체가 우리의 질서 능력이 높아가고 있다는 증거이기 때문이다. 실제로 외국인을 향해서 뿐만 아니라 우리끼리도 놀라운 질서 의식을 보여주는 일들이 일어나고 있다. 이른바 촛불 시위에서 보여준 한국인들의 질서 의식은 평소 우리가 자탄하는 무질서와는 거리가 멀다. 미군 장갑차에 깔린 여중생들의 죽음을 계기로 일어난 2002년 이후의 촛불 시위와 노무현 대통령 탄핵을 규탄하기 위한 2004년의 촛불 시위, 이 두 집단행동에서 시위자들은 매우 평화적이고 질서 잡힌 모습을 보여주었다. 이렇게 보면 이제 외국인을 향해서 뿐만 아니라 내국인끼리도 질서 의식이 성숙해 가고 있음에 틀림없다. 단지 이런 특별한 계기에서 일어나는 집단행동에서의 질서가 평소 나타나는 사적인 개별 행동의 질서로 이어지고 있는지는 의문이다. 이 두 상황의 괴리도 연구거리다.

어쨌든 평소와는 다른 '과도한' 단기적 행동을 많이 하게 되면 그

과도한 수준이 어느덧 평상시의 수준이 될 수 있다. 그런 과정을 거치면서 우리의 시민의식과 질서의식은 성숙해 간다. 그런 성숙의 단계에 들어서면 오히려 외부에 대한 강박관념을 극복하고 무리한 긴장을 원하지 않게 된다. 오히려 외국인이 보든 안 보든 자기가 하고 싶은 대로 행동하게 된다. 그래서 외부인에 대한 질서 수준이 떨어질 수 있다. 하지만 그렇다고 해도 그 떨어진 질서 수준이 바로 우리의 진짜 질서 수준이고, 그 수준은 외부인-내부인 구별 없이 같이 나타난다. 그 단계에 이르면 우리는 비로소 외부에 대한 열등감을 극복하고 사대주의도 극복할 수 있게 될 것이다.

우리가 평소 보이는 '무질서'는 상대적인 것이고 발전 단계에 따른 것이다. 우리보다 더 발전한 선진국은 우리보다 더 질서 있고, 우리보다 덜 발전한 후진국은 우리보다 더 무질서하다. 따라서 이는 어느 나라의 고유한 특징이라고 볼 수 없다. 우리나라의 무질서와 엉터리를 한탄하는 사람들은 러시아나 중국에 가보기를 권한다. 거기서 며칠만 생활해 보면 우리나라가 얼마나 뼈대가 옹골차게 잡혔으며 질서 의식이 높은지를 실감할 것이다. 물론 그러다가 일본에 가면 다시 한탄하게 되겠지만 말이다.

물론 각 나라에 따라 구체적인 질서나 무질서의 양상이 다르게 나타난다. 예를 들어 같은 선진국이라도 독일이나 일본이 프랑스나 이탈리아보다 더 질서정연하다. 이런 만큼 각 나라의 문화적 특징이 나타나지만, 그렇다고 후진국인 인도가 선진국인 이탈리아보다 더 질서 잡혔다고 말할 수는 없을 것이다. 따라서 질서와 무질서의 정도가 나라별로 차이가 나는 것은 문화의 차이보다는 발전 단계의 차이에서 그 원인을 더 찾아야 하는 것이다. 우리나라도 아직 엉성하고 무질서한 면이 많지만 그래도 옛날보다는 훨씬 체계적이고 질서 있음을 부인할 수 없다. 그리고 미래에는 더 나은 쪽으로 갈 것이다.

나는 우리가 지금보다 더 자긍심을 가져야 하고 충분히 그럴 자격이 있다고 믿는다. 이를 위해 최근에 본 조그만 기사를 소개한다. 중국 젊은이가 한국에 와서 보고 느낀 높은 사회의식을 칭찬하는 말인데, 요즘 이런 기사들을 심심찮게 볼 수 있다.[6]

중국 베이징대학교 학생이 한국을 방문한 이후 한국의 환경의식에 대한 글을 인민일보에 기고해 화제가 되고 있다.

베이징 대학교 학생인 리우판은 "한국 가게에서는 물건 담을 비닐봉투를 20원을 내고 사야한다."며 "덕분에 한국 소비자들은 물건을 구매한 후 봉투에 담지 않고 손으로 들고 가거나 예전에 쓰던 비닐봉투를 계속 사용한다."고 전했다.

리우판은 또 "중국에선 비닐봉투가 환경오염의 심각한 주범이라는 사실을 뻔히 알면서도 과용하고 있는 실정"이라며 "중국인인 내가 너무나 부끄러웠다."고 고백했다.

서울 월드컵 공원에 대해서 "역한 냄새의 쓰레기 매립지였던 난지도가 세계의 이목을 집중시킨 월드컵 경기장으로, 한국의 자랑으로 탈바꿈하게 되었단 말인가!"라고 감탄했다.

그밖에도 월드컵 공원 안에 '쓰레기별 분해 기간 알아맞히기' 게임기를 설치해 공원을 찾는 사람들의 환경 의식을 고조시키려는 한국 정부의 세심한 노력, 나무 보호를 위해 이쑤시개도 나무 대신 녹말을 이용하여 만든다는 점, 거대한 인적 물적 투자를 아끼지 않고 시행되고 있는 청계천 복원사업, 전국 숲 가꾸기 운동으로 국토의 많은 부분이 산림으로 조성되어 있다는 점, 많은 국민들의 지지로 대부분의 음식점에서 일회용 식기를 사용하지 않고 있다는 점, 이면지 사용을 당연하게 생각하는 사회풍토 등을 예로

---

6) ≪미디어 다음≫ 2004. 12. 6.

들며 한국인의 환경 보호 정신을 극찬했다.

리우판은 "중국은 2008년 북경 올림픽을 녹색 올림픽으로 치를 예정이다."며 "한국 등 중국보다 앞선 환경 의식과 정책을 가진 국가들에게서 배울 점은 무엇인지를 찾아내고 시행한다면 분명 성공적인 녹색 올림픽을 치를 수 있을 것이라 생각한다."고 밝혔다.

리우판은 최근 한중 대학생 나무심기 교류 방문단의 일원으로 일주일간 한국을 방문했다. 리우판의 글은 인민일보 11월 23일자에 실렸다.

그런데 우리의 획일적인 속성은 질서 의식으로 나타나기도 하지만 또 때로는 엄청난 단결력으로 나타나기도 한다. 이미 월드컵 대회의 경우에서도 얘기했지만, 이런 상황이 외환위기와 그 극복 과정에서 나타났다. 1997년 11월 정부가 국제통화기금에 구제 금융을 요청하는 사태가 발생하자 온 나라가 "이제 망했다"고 초상집처럼 되었다. 그래서 통화기금과 미국 정부가 요구하는 모든 조건들을 그대로 따르고 그들이 지시하는 대로 경제 정책을 바꾸었다. 그렇게 하여 금융 개혁이 이루어지고 2년쯤 뒤 당시 김대중 대통령은 이제 통화기금 체제를 극복하였다고 선언하였다. 그동안 많은 사람들이 실직과 가정 파탄의 고통을 겪었다. 사람들은 이 위기를 6.25 전쟁 이후 최대의 위기라고 했고, 과장 좋아하는 사람들은 심지어 단군 이래 최대의 위기라고까지 했다. 그러나 대한민국은 망하지 않았고, 우리는 아직도 그런대로 살고 있다. 위기가 심각했던 것은 사실이지만, 사람들의 반응에 호들갑이 없었다고 말할 수는 없다. 월드컵에서 본 일종의 냄비 근성이 여기서도 유감없이 발휘된 것이다. 또 통화기금의 요구를 그렇게 쉽고 완벽하게 받아들이는 모습은 우리의 조급성 또는 역동성을 잘 드러내는 일이기도 했다.

그런데 그 과정에서 우리는 또 한 번의 단합된 일체감을 보여주었다. 금 모으기 운동 같은 것이다. 국가가 경제 위기에 빠졌다고 국민들이 나서서 금을 모으는 일은 참으로 얘깃거리다. 다른 나라에서는 좀처럼 찾아볼 수 없는 일이었다. 그렇게 모인 금이 실제로 경제 회복을 하는 데 무슨 큰 도움이 되었을까마는, 어쨌든 그 사실은 우리 국민과 정부를 격려하는 힘으로 작용했음에 틀림없다. 이런 일도 우리가 단일 민족이고 단일 사회이기 때문에 가능한 일이다. 그리고 그 단합된 일체감은 우리가 여기서 말하는 '획일성'의 범주에서 크게 벗어나지 않는다. 좋은 일이든 궂은일이든 큰 사건이 벌어졌을 때 일치된 단합을 보이는 우리 국민의 특성은 단일 사회의 중요한 특징 중 하나라 할 수 있다.

이런 특징은 군부 독재와 국가적 동원에 대해서도 마찬가지로 얘기할 수 있다. 한국의 유신체제는 혹독한 탄압 체제였지만 이에 대한 국민의 저항은 비교적 작은 편이었다. 그 이유로는 국가의 강압력과 경제 업적을 들 수 있지만, 다른 한편 단일 사회의 속성인 획일성의 문화가 한국 사회에 팽배했기 때문이기도 했다. 국가가 새마을 운동, 반공 궐기 대회 등을 통해 국민들을 동원할 수 있었던 것은 한국의 사회 구조가 단일하고 국민의식이 획일적이었던 점이 큰 작용을 하였다. 또 같은 조건이 다수 국민들로 하여금 대체로 독재에 순응하도록 만들었다. 이런 군중 동원과 사회적 통제를 위해 정부는 충·효 사상을 강조하는 등 전통적인 유교 문화를 이용하기도 하였다. 이렇게 보면 한국인의 단결력과 획일성, 그리고 사회·정치적 억압은 매우 밀접하게 연결되어 있다는 점을 알 수 있다. 같은 현상이 어느 쪽으로 나타나느냐에 따라 한국 사회의 앞길이 결정되는 것이니, 매우 중요한 요소임에 틀림없다.

Ⅴ. 대외적 배타성과 사대성

획일성이 바깥으로 나타나면 대외적 배타성이 된다. 한국 사람들은 외국인에 대해 매우 배타적이라고 한다. 내외국인을 막론하고 많은 사람들이 그렇게 얘기한다. 외국 문물에 대해 마음을 열지 않고 세계화 의식도 다른 나라보다 떨어진다고 한다. 많은 외국인들이 이를 지적하고 심지어 세계화 지수니 하는 통계 자료도 이를 증명하고 있으니, 이는 사실일 것이다. 옛적보다 많이 개방되고 세계화되었다고 하는 지금도 대부분의 국민들은 외국인을 쉽게 받아들일 준비가 안 되어 있는 것처럼 보인다. 외국인 노동자들을 멸시하고 박대하며 외국인과의 결혼을 아직도 꺼리는 경향이 강하다. 인종 차별 의식과 배타심이 매우 강해서, 특히 나이 좀 든 사람들은 '깜둥이', '왜놈', '되놈' 같은 말들을 아직도 쉽게 내뱉는다. 그래서 많은 사람들이 우리의 이러한 배타적인 심성을 비판하고 우리의 민족주의가 너무 강하여 세계의 일원이 되는 데 걸림돌이 되고 있다고 지적한다. 사실이다, 단 민족'주의'라는 말을 민족 '감정'으로 바꾼다는 전제라면 말이다.[7]

---

7) 민족 감정은 강하지만 민족주의는 너무 약한 것이 한국 민족주의의 근본 문제다. 이런 점에서 한국 민족주의가 너무 강하다는 일부 인사들의 비판은 현실을 잘못 본 것이다. 과거든 현대든 한국을 지배해 온 이념은 민족주의의 반대인 사대주의다. 민족 '감정'은 이에 대한 반작용으로 강해졌다. 물론 단일 민족이라는 우리의 조건도 민족 감정이 강한 원인이다. 김영명, 『우리 눈으로 본 세계화와 민족주의』(서울: 오름, 2002).

그런데 다른 한편 곰곰이 생각하면, 아니 그럴 것도 없이 쉽게 눈에 띄는 일인데, 우리처럼 온 몸을 내던져 외국 문물을 받아들이는 사람들도 많지 않다는 점을 알 수 있다. 조선 시대의 '소중화'주의는 말할 것도 없고, 더 거슬러 올라가면 복식과 인명, 지명, 관직명 등을 모두 한족 것으로 바꾼 신라 임금들의 태도, 또 내려오면 미국 문화의 무차별 공세에 무방비 상태인, 아니 어느 누구보다도 더 적극적으로 미국 문화를 수용하는 지금의 한국인, 신자유주의 공세를 가장 적극적으로, 가장 적게 의심하면서 받아들이는 지식인들. 스타벅스가 세계에서 가장 잘되는 나라. 자국어를 다른 언어들과 함께 1/4 크기로밖에 안 적은 한국의 관문 인천공항,[8] 한국 고유명사를 중국어 발음으로 가르치는 한국인 중국어 선생들. 영어 상용화 정책으로 온 거리를 영어로 물들이는 한국의 수도 서울특별시. 과연 우리가 배타적인가?

하지만 답은 '그렇다!'이다. 그러면 뒤의 증거들은 무엇인가? 우리가 개방적인 민족이라는 증거인가? 아니다. 그것은 한국인이 사대적이라는 증거다. 한국 사람들은 강대 선진국의 문물을 정신없이 받아들이면서도 일상생활의 심성은 여전히 배타적이다. 배타적이면서 사대적인 한국인, 이 두 모습은 모순되는가? 얼핏 보면 그런 것 같지만, 자세히 보면 그렇지 않다. 오히려 둘이 서로 보완하고 받쳐주는 관계에 있다.[9]

---

8) 세계 어느 공항도 언어 주권을 그렇게 자발적으로 포기한 곳은 없다. 이후 한글문화연대 등 한글 단체의 항의가 계속되자 한글의 크기를 조금 키웠다.

9) 그런데 여기서는 우리의 사대성에 대해서는 자세히 돌아보려고 하지 않는다. 사대성은 주로 '지정학과 나라의 크기'라는 요인으로 설명해야 하며, 이는 이 책의 주제가 아니기 때문이다. 어쨌든 이 두 측면, 즉 사대성과 배타성의 관계를 밝히는 것도 흥

한국인의 배타성은 말할 것도 없이 한국인의 단일성이 가장 큰 원인이다. 단일민족으로 최소한 1,000년을 살아왔으니 다른 민족이나 인종에 대해 낯설어하고 불편해하고 긴장하고 싫어하는 것이 정상이다. 거기다 지정학적인 이유로 외국과의 접촉이 별로 없었던 것도 외국인에 대해 우리가 불편해 하는 중요한 까닭이다. 중국이나 일본 빼고 우리가 외국과 본격적으로 접촉한 역사가 얼마나 되는가? 겨우 백 년 조금 넘었다. 이 말을 듣고, 무슨 소리인가? 신라 시대에는 서역과도 교통하고 얼마나 많은 문물 교류가 있었는데 우리가 외국과 접촉하지 않았다니? 하면서 반론을 제기할 사람도 있을 것이다. 정수일의 문명 교류 연구 같은 것이 그런 것에 속한다. 그러나 그런 접촉은 일부 귀족층이나 큰 상인들에게 국한된 일이었고 일반 백성들과는 무관한 얘기다. 더구나 조선시대 500년 동안 외국와의 교류가 활발했다고는 아무도 말하지 못할 것이다. 특히 일반 백성들이 외국인과 접촉한 경험은 전혀 없었다고 해도 과언이 아니다.

그 사이에 문자 그대로 수많은 변화가 있었지만, 민족의 구성은 바뀌지 않았고, 심지어 외국인 유입 인구도 전체 인구 비율로 보면 무시할 정도다. 이런 상황에서 일반 국민들이 외국인에 대해 배타적인 것이 자연스럽다. 그런데 요즘 갑자기 세계화 개방 시대라고 하여 열린 마음을 강조하다 보니, 한국인의 평균적인 마음이 따라갈 수가 없는 것이다. 주위에 외국인이 별로 없고 대화해 본 경험도 없고 이웃에 같이 산 경험은 더더욱 없는 사람이 외국인과의 결혼을 반대하지 않고 외국인을 뒤에서 흉보지 않기를 기대하는 것은 무리

미로운 연구가 될 것 같다.

다. 우리가 잘한다는 말이 아니라 현실이 그렇다는 말이다. 그러니 우리는 외국인에게 배타적이다. 시간이 지나면서 개방이 계속되면 그 배타성이 점차 줄어들기는 할 것이다.

그런데 외국인에게 배타적인 한국인들이 다른 한편 외국인들에게 지나칠 정도로 쩔쩔매고 저자세를 보인다. 우리는 외국인 일반에게 배타적이지만, 특히 우리보다 못하다고 생각하는 외국인에게 더 배타적이다. 그 반면 우리보다 우월하다고 여기는 외국인, 특히 백인, 그 가운데 특히 미국인들은 상전 모시듯 한다. 그 구체적인 모습들은 묘사할 필요도 없을 것 같다. 게다가 요사이 중국이 경제 성장을 거듭하자 신판 중화사대주의까지 고개를 들고 있다. 그러면서도 한편으로는 못사는 중국인이라고 깔보기도 한다. 이 모순되고 갈라진 한국인의 자아, 이는 바로 배타성과 사대성의 갈등이다.

방글라데시 노동자를 멸시하는 한국인의 배타성에 대해서는 설명이 필요 없지만, 상전으로 받들어지는 미국인이 느끼는 한국인의 배타성에 대해서는 설명이 조금 필요하다. 한국인은 아무리 미국인 앞에서 비굴하게 굴어도 그들을 한국인의 한 사람, 아니면 같은 공동체의 일원으로 받아들이지 않는다고 미국인들은 불평한다. 그렇다. 한국인들은 미국인이 아무리 우러러 보이고 갖은 아양을 다 떨고 싶어도 귀화한 미국인도 한국인이 아니라 미국인으로 본다. '우리'가 아니고 '남'인 것이다. 상전이든 하인이든 남은 남인 것이다. 그 까닭은 앞에서 말한 그대로이다. 아직 우리는 외국인을 우리의 한 사람으로 받아들일 마음의 준비가 되어 있지 않다. 단일 민족의 역사와 구조가 뿌리 깊기 때문이다. 이 또한 한국의 단일성과 획일성이 바깥으로 나타난 한국인의 한 특성이라고 할 수 있다.[10]

이런 한국인의 모습은 결코 자랑스럽지 않다. 아니 부끄러운 전통이다. 우리는 '사대적인 배타성'을 '주체적인 개방성'으로 바꾸어야 한다. 그러면 어떻게 하면 될까? 사대성과 배타성의 결합은 큰 나라에 둘러싸인 작은 나라 단일 민족의 숙명이 아닐까? 그렇지 않다. '조건'은 어디까지나 조건이지 숙명은 아니다. 인위적인 노력으로 상당히 개선할 수 있다. 고구려가 작은 나라가 아니어서 중국과 대등하게 싸웠던 것이 아니요, 이스라엘이 나라가 커서 아랍을 제압한 것이 아니다. 지정학과 단일 민족성도 아주 변할 수 없는 것은 아니다. 국력의 배양과 남북한 통일, 강대국 다자 외교의 활용을 통해 '소국성'을 극복할 수 있으며, 외국 문물의 교류를 통해 단일 민족의 획일성도 감소시킬 수 있다. 문제는 그렇게 하고자 하는 의지다. 정신력을 강조하는 것은 이 시대에 촌스러워진 감이 있지만, 진리는 촌스러운 데 있는 것인지도 모른다. 그런데 정신력이 강해지려면 무엇보다 문화의 힘이 커야 한다. 문화의 힘은 그냥 크는 것이 아니고 의식적으로 키워야 큰다. 문화력은 경제력이 커감에 따라 자연히 크는 것이 아니다. 나라의 중심을 경제 일변도에서 문화 강조로 바꾸지 않으면 문화의 힘은 클 수 없고, 우리는 영원히 '주체적이고 개방적인' 나라가 될 수 없다. 과연 우리에게 그렇게 할 의지가 있는지가 문제다.

---

10) 일본 사람들의 배타성에 대해서도 비슷한 비판이 수없이 쏟아졌다. 그 원인은 한국의 경우와 비슷하다. 단, 일본에는 외국인이나 이민족이 그전부터 살았고, 이제 외국인의 비율이 한국보다 훨씬 높아졌고, 그 결과 사람들의 태도도 자연히 한국보다는 덜 배타적이 되었다고 할 수 있다.

[덧붙임]

이 책에서는 한국인이 배타적이라는 상식 자체에 대해서는 큰 의문을 제기하지 않고 그와 관련한 쟁점들을 살펴보았다. 그런데 첫 원고를 마친 뒤 시간이 좀 지난 지금 다시 생각해 보면, 한국인들이 정말 그렇게 배타적이기만 할까 하는 의문이 드는 것도 사실이다. 우리 스스로 우리의 배타성을 과장하고 있는 것은 아닐까? 물론 우리의 심성이 개방적이라고까지는 못하겠지만, 지금껏 얘기해 온 만큼 정말로 그렇게 심하게 배타적일까? 아닐 수 있다고 본다.

아래 한국인으로 귀화한 터키 사람 이슬람 신도(장후세인)의 말을 인용해 보자. 면담진행자가 노르웨이 학살 사건(2011년 7월)을 계기로 한국인도 배타적인 자기반성을 하고 있다고 말하자, 그는 다음과 같이 대답했다.[11]

> 한국인은 배타적이지 않다. 한국에 처음 왔을 때는 사람들이 외국인이라고 손가락질을 해서 내가 뭘 잘못했나 기분 나빴다. 한국말을 배우고 한국인을 알게 되니까 그게 호기심이라는 걸 알게 됐다. 한국인의 문화는 터키 문화와 비슷한 점이 많다. 남자들이 큰소리를 친다. 그건 나를 공격하겠다는 뜻이 아니라 자기를 좀 알아봐달라는 거다. 그걸 알아봐주면 굉장히 좋아한다. 차가 부딪쳐도 먼저 죄송하다 그러면 그냥 가보라고 한다. 한국에서 택시를 타면 '여자 친구 있냐' 그런다. 한국 문화를 모르면 굉장히 무례한 질문이다. 그러나 이건 여자 친구가 있는가를 알고 싶은 게 아니라 친하고 싶다, 그런 분위기를 만들고 싶다는 말이다. 대학원생 때 늘 가던 식당에 무슬림은 돼지고기를 안 먹으니까 꼭 빼달라고 했다. 어느 날 찌개에 숟가락을 넣어보니 돼지고기가 있었

---

11) '서화숙의 만남', 《한국일보》 2011년 8월 1일.

다. 이유를 모르면 무시당하는 것 같아서 기분 나쁘다. 그런데 식
당 아주머니 설명이 너무 귀여웠다. '학생은 힘이 필요하다. 특히
한국은 외국이고 힘드니 꼭 먹어야 한다'고 했다. 한국인들은 마
음이 순하다. 우리가 다른 나라에 가서 그 나라 문화를 이해하지
못하고 한국식으로 비판만 한다면 그건 옳지 않다. 한국에 오는
외국인들도 한국문화를 이해하는 마음을 가졌으면 좋겠다.

그는 또 노르웨이 사건을 계기로 유럽이 개방적이고 관용적이라
는 신화도 깨뜨려져야 한다고 강조했다. 한국과 유럽에 대한 그의
말 모두에 찬성한다. 한국인들은 한국의 '후진성'을 비판하거나 미
국의 패권을 비판하면서 유럽 특히 북유럽이 마치 이상 사회인 것
같은 환상에 빠진다. 유럽 나라들이 여러 점에서 한국보다 선진국인
것은 사실이지만 그들도 그들 나름대로의 문제점을 많이 가지고 있
는데, 일방적인 찬사만 늘어놓는 경향이 있다. 이에 앞장 서는 사람
들은 자연스럽게 유럽에서 공부한 사람들이다. 그들은 미국 패권과
한국의 대미 종속을 비판하면서 유럽에 정신적으로 의존하는 심성
을 드러낸다. 미국 사대주의를 비판하느라 일종의 '유럽 사대주의'
에 빠진 것이 아닌가 한다. 이런 왜곡된 유럽 찬사에는 베스트셀러
작가인 박노자 같은 논객도 한몫한 것이 아닌가 생각된다.

공교롭게도 같은 날 같은 신문에 그 사건과 관련하여 "미치광이
와 한국의 배타성"이란 제목의 글이 실렸다(박광희 국제부장의 '데
스크 칼럼'). 한국인의 배타성을 강조하는 이런 표준적인 글들이 너
무나 많은데, 나도 이 책에서 같은 논조로 쓰긴 하였으나, 다시 한
번 생각해 볼 필요도 있을 것 같다. 사실상 위에서 본 장후세인의 경
험처럼 외국인에게 인정 많게 대하는 한국인들이 매우 많고 그 일화

들이 외국인들의 입에서 많이 나오는데, 이런 경험들은 완전히 무시하고 외국인에게 막 대하는 사례들만 너무 강조하는 것이 아닌지 모르겠다. 우리가 반성하려면 배타성만 반성할 것이 아니라 이런 종류의 자기비하(다시 '사대성'의 문제!)도 반성해야 할 것이다. 한국인이 배타적이라고 하는 비판 중 많은 부분이 위 장후세인의 말처럼 서양식 또는 미국식 문화를 기준으로 한 오해나 자아비판에서 비롯된 것일 수 있다. 그리고 우리가 정말 배타적이라고 규정하려면 다른 나라 사람들과 객관적인 국제 비교를 해 보아야 할 것이다. 문화의 다른 요소들에 관한 비교들은 많이 보았어도 배타성에 관한 비교 연구는 별로 본 기억이 없다.

한쪽으로 쏠리는 한국: 집중성

한국은 한쪽으로 쏠린 사회다. 다시 말해 매우 편중된 사회다. 민족적 단일성이 권력과 부, 지역의 한쪽 집중을 불러오기 쉽다는 점은 앞에서 설명했다. 그러한 집중은 특정 도시나 지역의 인구 밀집도를 높였다. 중앙 집중 가운데서도 그 핵심은 헨더슨이 지적한 대로 권력 중추의 단일성과 집중성이었다. 서울에 모든 권력이 모여 있으니, 거기에 사람들이 모여들 수밖에 없었다. 처음에는 권력을 보고, 다음에는 경제 활동을 위해, 교육을 위해, 또 신분 상승을 위해 서울로 몰려들었다. 정치권력이 모든 것을 지배한 사회에서 형성된 단일한 권력 중추는 다른 모든 부문 역시 서울 지역에 집중시켰다.

이런 과정에는 한국이 작은 나라라는 조건도 크게 작용했다. 나라가 작으니 힘과 부의 중심이 여러 곳에서 발전할 조건이 되지 못한 것이다. 중앙집권 관료 체제 역시 집중화된 단일 권력 중추의 유지에 이바지했다. 조선 시대에는 유교적 관료체제가, 일제 강점기 이후 최근까지는 권위주의적 군부 관료체제가 단일 중심의 성격을 심화시켰다.

그런데 이런 집중화는 한번 생겨나면 그 자체의 동력을 가지고 스스로 재생산하는 경향이 있다. 쉽게 얘기하여 권력과 부가 한쪽으로 쏠리니 그 안에 있는 사람들은 그것을 강화하려고 하고, 밖에 있는 사람들은 그곳으로 들어가 부와 권력의 조각이라도 누려보려고 하게 되기 때문이다. 힘이 힘을 모으고 돈이 돈을 모으는 이치다. 한국 사람들은 서울이나 수도권에서 살고 싶어 하고, 부자들의 연결망에 들어가고 싶어 하며, 힘 있는 정치인 뒤에 줄서고 싶어 한다. 어느 나라에서든 대부분이 그렇겠지만, 한국의 그 유별한 단일성과 밀집성이 그 경향을 부채질한다. 그래서 단일 사회 한국은 점점 더 집중화되고 편중화된다. 점점 더 한쪽으로 쏠려간다는 얘기다. 정부가 내세우는 지방 이전, 지역 균등 발전, 지방 대학 육성, 부의 재분배 등의 구호들은 대답 없는 메아리일 뿐이다. 그러나 다른 한편 민주화의 진행으로 권력의 다양한 원천들이 생겨나고 부의 집중을 거부하는 세력들도 생겨난다. 동시에 나라를 지배해 온 획일적인 이데올로기에 대한 거부감도 높아간다. 그러면 과연 세상에서 유례없는 한국의 집중성은 완화될 수 있을 것인가?

Ⅰ. 수도권 집중

설이나 추석 명절이 되면 전국 인구의 반이 너도나도 곱게 차려입고 길을 나선다. 이른바 민족 대이동이다. 이렇게 나선 그들은 주차장으로 변한 고속도로와 국도를 놀라운 끈기로 헤쳐 나간다. 평소 자동차로 5-6시간이면 가는 서울-부산 거리를 15시간 걸려 간다. 먹을 것 챙겨 넣고 차 안에서 용변을 해결해 가면서까지 고생길을 마다하지 않는다. 세계에서 유례가 없는 일이다.

왜 이런 모습이 연출될까? 우리의 가족주의, 조상 공경이 지나쳐서일까? 그런 점도 있을 것이다. 그러나 아무리 그렇더라도 왜 설·추석에는 서울로 통하는 모든 길이 주차장이 되다시피 되어야 할까? 가장 중요한 까닭은 서울에 지방 출신 인구가 너무 많기 때문이다. 인구의 절반이 수도권에 모여 있고, 그들의 대부분이 지방 출신이고 고향에 부모님이나 큰집이 있으니, 명절에 고향을 찾는 인파가 한꺼번에 몰릴 수밖에 없는 것이다. 그래서 귀향 인파, 귀성 인파는 대부분 서울에서 지방으로 빠져나갔다 빠져나오는 인파들이며, 서울과 관계없는 지역끼리의 이동은 미미한 편이다. 이렇게 볼 때 설-추석의 민족 대이동은 서울로의 인구 집중, 그것도 급격한 산업화에 따른 급격한 인구 집중이 가장 큰 원인이라고 아니할 수 없다.

거기다 한국은 땅이 작기 때문에 고향이 어디이더라도 다 서울에서 하루 만에 갈 수 있다. 그러니 귀향객들은 고생스럽더라도 하루에 갈 수 있는 고향을 기를 쓰고 찾아가는 것이다. 중국에서도 설날의 귀성객 고생은 하나의 얘깃거리다. 하지만 우리처럼 이렇게 한쪽으로 줄을 서는 차량 행렬을 만들지는 않는다. 그 사람들은 대도시에서 시골 고향으로 보름에 걸쳐 왔다 갔다 한다는데, 이는 중국 땅이 드넓기 때문이다. 드넓은 중국 땅이기 때문에 거기서는 우리처럼 이삼일에 한쪽으로만 몰리는 차량의 숲을 만들래야 만들 수가 없다.

이런 고생을 참아가며 고향 찾기를 하는 사람들은 어디서 그런 참을성이 나오는지 감탄스러울 정도이다. 우리의 특징이라고 흔히 말하는 조급함을 여기서는 볼 수 없다. 아무리 조급한 대한민국 국민이라도 명절의 고향 찾기에서는 은근과 끈기로 돌아가는 모양이다. 그만큼 단일·밀집, 서울 집중의 한국적 상황이 이때만큼은 빨리빨리 문화를 이기는 모양이다.

명절 때의 민족 대이동에서도 나타나듯이, 우리나라는 사회의 모든 분야가 서울과 수도권에 집중되어 있다. 정치, 경제, 사회, 문화 모든 분야에서 서울이 곧 대한민국이다. 오죽하면 서울 공화국이라는 말까지 나왔겠는가. 박정희 시대 이래 대한민국의 모든 정부는 수도권 인구 집중 완화를 주요 정책의 하나로 제시했다. 그러나 그것은 해소되기는커녕 점점 더 심해지고 있다.

2003년 현재 수도권의 인구는 약 2,200만 명으로 추산된다. 전 국토의 11.8%에 불과한 이곳에 전국 인구의 46.7%가 밀집되어 있는 것이다. 이것은 1996년 45.4%에 비해 1.3%포인트나 증가한 수치이다. 이는 수도권 집중비율이 높은 편인 일본(32%), 프랑스(18.7%), 영국(12.2%) 등 외국에 비해서도 크게 높은 수준이다. 다시 말해 한국의 수도권 집중은 세계 최고다. 이런 특이한 현상은 한국의 특이한 조건, 다시 말해 작은 나라의 단일 사회라는 조건에 그 근원을 두고 있다.

인구만이 아니라 경제력도 수도권에 집중되어 있다. 국가 공공기관 84.4%, 10대 명문대 80%, 100대 대기업 본사 88%, 외국인 투자기업 75%, 벤처기업·연구개발 기관 70%, 정보통신업체 89%, 주요 대기업의 수도권 대학 출신 비율 80-85%, 코스닥 등록기업의 72%가 수도권에 집중되어 있다. 그리고 공장의 48.9%, 중앙행정기관의 69.4%, 정부투자기관의 83.3%가 수도권에 포진하고 있다. 최근 한국은행이 지난 10년 동안의 통화 흐름을 분석한 결과에 따르면 총 예금액의 수도권 비중이 68.2%인데, 이것은 1992년에 비하여 무려 4.9% 포인트나 증가한 수치라고 한다.

우리는 흔히 한국의 가장 큰 문제 중 하나로 지역주의를 든다. 그러나 우리 정도의 지역주의는 세계적 기준으로 볼 때 매우 얌전한 지역주의이다. 지역을 기반으로 한 계급 갈등이나 정치적 충돌이 미미하기 때문이다. 선거전에서의 지역 표몰이 현상이 정상을 벗어났지만, 그것이 심각한 정치적 혼란이나 폭력 사태로 이어질 정도는 아니다. 어느 나라도 이 정도의 균열이 없는 나라는 없다. 물론 표몰이나 지역감정은 사라지는 것이 좋겠지만, 실제로 그럴 수도 없으며 지역 정서가 반드시 나쁘다고 말할 수도 없다. 한국은 중앙 집중화된 단일 사회이고 지방 중추가 자라지 못했기 때문에 진정한 의미에서의 지역주의는 존재하지 않는다.

지역주의보다 더 심각한 문제가 사실은 서울과 지역 사이에서 점점 벌어지는 격차이다. 한국에 진정한 지역주의가 있다면 이것이 바로 그것이다. 서울 집중 완화를 목표로 건설된 신도시들은 오히려 서울의 외연을 넓히는 구실만 했고, 수도권으로의 인구 유입을 유발했다. 수도권 집중이 해소되지 않는 근본적인 원인은 기득권 때문이다. 서울과 수도권의 기득권층이 자신의 이익에 배치되는 어떠한 정책도 반대하기 때문이다. 그리고 그들의 세력이 한국에서 가장 크다. 지방 출신 엘리트들도 서울에 살면서 서울-수도권의 이익을 대변하고 있다. 대한민국의 주류가 수도권 이해 당사자인 셈이다. 그러니 인구 분산이나 지방 균형 발전이 잘 될 리가 없다. 노무현 정부가 선거 공약에 따라 행정 수도 이전을 추진하자 서울특별시는 맹렬히 반대하고 나섰다. 자기 이익을 위해 서울시가 반대하는 것을 나무랄 수만은 없다. 심지어 지역균형발전특별법을 국회에서 동의해 준 한나라당도 뒤늦게 제동을 걸고 나선다. 서울시뿐만 아니라 기득권 세력이 워낙 서울-수도권에 포진해 있으니, 행정 수도 이전이 계획대로 성사될 수가 없다. 아니나 다를까, 헌법재판소는 국회의 압도적인 다수가 통과시킨 신행정수도건설 특별법을 '관습 헌법'에 위배된다는 이유로 위헌 판정을 내렸다. 이에 따라 관습 헌법의 존재와 헌법 개정의 필요성이나 절차에 관한 논쟁이 벌어졌지만, 그런 법적인 논의를 떠나서, 이는 무엇보다도 수도권 기득권층의 막강한 힘을 보여준 사건이다. 필자는 신행정수도 건설이 기득권층의 저항으로 실현되기 어려울 것으로 보았지만, 이런 식으로 결말이 난 것은 다소 뜻밖이다. 그러나 달리 생각하면 어차피 제대로 되지 않을 것 소모적인 정쟁이 지속되지 않게 확실하게 기득권층의 손을 들어준 헌법재판소가 '정치적으로' 슬기로웠는지도 모르겠다.

수도권 과밀 해소를 가로막는 또 하나의 걸림돌은 경쟁력 논리다. 산업과 서비스 등이 수도권에 집중해야 비용이 적게 든다는 논리다. 정부도 지역 균형 발전과 '동북아 경제 중심국가' 건설과 2만 달러 달성이라는 상반되는 논리를 어떻게 조화시킬지 뚜렷한 묘안이 없다. '지역 균형 발전'은 국가적 명분이고, '2만 달러 달성'은 강자의 이익에 가깝다. 어느 쪽이 우세하게 될지 알기 어려우나 힘은 역시 뒤쪽에 있지 않나 싶다. 5년 임기의 대통령 권력보다는 끝나지 않을 경제 논리의 힘이 더 강하기 때문이다. 그러나 과도한 지역 불균형이 국가 경쟁력을 해치고 결국 수도권의 기득권층에도 손해가 된다는 점을 그들도 깨달아야 할 것이다.

Ⅱ. 중앙 집권 정치

1. 정치권력의 중앙 집중

한국의 정치가 중앙에서 이루어진다는 것은 누구나 안다. 다시 말해 한국에서는 권력이 중앙에만 있다는 말이다. 지방은 서울을 위해 존재하거나 아예 존재하지 않는 것이 현실인데, 이런 점은 경제나 문화보다도 정치와 권력의 부문에서 더 두드러진다. 이것은 현대 한국의 특징일 뿐 아니라 조선 왕조의 특징이기도 했다. 한국의 정치사는 고려 창건자 왕건이 지방 호족들을 다스린 이후 중앙집권의 길로만 달려 왔다. 조선 사회정치의 중앙 집중화에 대해서는 많은 연구가 나와 있고, 이 책의 제2장에서도 헨더슨의 연구를 빌려 서술하였다.

이러한 중앙 집권에는 한국의 단일 사회적 조건이 매우 호의적이었다. 동질적인 사람들에게는 자연히 권력의 중심이 여러 개일 수가 없다. 비슷한 사람들이니 그 중심도 하나로 집중되는 것이 자연스럽다. 힘의 다양한 원천을 이루는 인종이나 종교나 언어와 같은 원초적인 구분도 없고, 이념도 반공주의로 획일적이니 다원적인 힘의 이념적 기반도 없다. 그러니 힘이 한쪽으로 집중될 수밖에 없는 것이다. 그리고 그 한쪽은 자연히 수도 서울일 수밖에 없다. 이런 상황이 국가주도 산업화를 거치면서 경제와 정치가 유착하고, 수도 서울은 정치-경제-문화 모두의 단일 핵심이 된 것이다. 게다가 우리는 작은 나라라 한쪽으로 집중되는 경향이 더 강하다고 할 수 있다. 나라가 작다보니 여러 개의 핵이 생기기보다는 한 핵으로 집중되기가 쉬운 것이다.

　경제와 문화가 서울에 집중된 것도 결국 이에 강력한 영향력을 미치는 정치권력이 서울에 집중되었기 때문이다. 그런데 경제-문화가 서울에 집중되다 보니, 다시 서울에 정치권력이 더 집중되게 된다. 서울 집중의 악순환이다. 이런 상황이니 정치 체제가 민주화되고 지방자치제가 도입되었지만 '자치'가 제대로 될 리 없다. 지방 자치가 제대로 되기에는 무엇보다 지방에 돈이 너무 없다. 예산이 모자라니 지방자치단체는 중앙 정부에 손을 내밀지 않을 수 없고, 그러니 중앙의 권력에 엎드리지 않을 수 없다. 이런 상황에서 권력의 지역 분산을 바라기가 어려울 수밖에 없다. 물론 분권화의 노력이 없는 것은 아니지만 중앙 집중의 구조적인 한계를 극복하기가 쉬워 보이지는 않는다.

　이러한 중앙 집권의 구조는 강력한 국가 체제에 의해 지탱되었다. 조선 왕조도 관료 중심의 중앙집권체제였지만, 근대적 중앙집권국가는 일제 강점기 때 확립되었다고 볼 수 있다. 일제는 식민국가 체제를 통해 근대 자본주의 구조를 조선에 이식하여 착취의 수단으로 삼았다. 이러한 상황이 소위 '식민지 근대화론'이라는 일제 정당화 논리를 낳았는데, 당시 관료 · 군사 국가의 형성과 자본주의 개발이 실제로 있었던 것은 사실이지만, 이것이 과연 민주화, 인간화, 문화적 발달을 포함하는 진정한 근대화인가에 대해서는 의문의 여지가 많다. 산업 개발의 측면만 보더라도 그것이 이후 한국 경제성장의 기반이 되었다는 주장은 받아들이기 어렵다. 하지만 일제가 중앙집권 국가와 철도, 교육, 법 제도 등의 물적 · 정신적 기반을 대한민국에 물려준 것은 분명한 사실이다. 그것을 제대로 청산하지 못하고 오히려 그대로 물려받은 대한민국의 사회적 · 정신적 구조가 문제일 뿐이다. 그러니 지금도 친일파의 후손들이 떵떵거리면서 큰소리 치고 있는 것이 아닌가.

어쨌든 이런 상황 속에서 국가는 이른바 '과대 성장'하고 시민사회는 발달하지 못하였다. 일제의 유산 가운데 중요한 것으로 강한 국가와 약한 사회의 전통을 들 수 있는데, 이 전통이 박정희 군사 정권에 고스란히 이어졌을 뿐 아니라 더 강화되었다. 이 상황에는 물론 북한과의 군사적 대치라는 분단 상황도 큰 역할을 하였다.

일부 군부-관료 집단에 집중되던 대한민국의 정치권력은 급기야 박정희 일인 장기집권 체제로까지 타락하게 되었다. 한국에서 일인 장기 집권 체제가 가능했던 것은, 첫째로 그만큼 권위주의 국가에 대한 시민 사회의 저항이 미약했기 때문이었고, 둘째로 집권 세력 안에서도 개인 독재자를 견제할 만한 제도적인 기반이 없었기 때문이었다. 이 두 현상이 나타난 까닭 역시 일제와 대한민국을 이어온 개인 권력 중심의 권위주의 구조와 그 결과 나타난 정치 제도의 미발달 때문이었다. 이러한 정치권력의 개인화는 1987년 군부 독재체제가 무너지고 정치적 민주화로 들어선 뒤에도 이어져서 이른바 '3김씨'가 정치와 정당을 마음대로 주무르게 되었던 것이다. 따라서 한국 정치권력의 집중성은 비단 국가나 집권 세력에 의한 권력 독점만이 아니라 더 나아가 개인 지배자가 권력을 독점하는 개인 지배 체제라는 특징을 보였다.[1]

이렇게 역사적 상황과 단일 사회적 조건들이 맞물려서 한국 사회의 권력 집중은 심화되었다. 이런 상황이 최근까지 지속되었는데,

---

1) 김영명, "동아시아 정치체제의 이론적 분석", 김영명 편, 『동아시아의 정치체제』(춘천: 한림대학교 아시아문화연구소, 1998) 참조.

요즘에는 민주화가 진행되다 보니 특정 인물이나 집단이 권력을 독점하는 현상은 많이 누그러졌다. 그런 의미에서는 한국의 집중화 현상이 다소 약화되었다고 볼 수 있다. 하지만 아래에서 볼 것처럼 또 다른 형태의 집중, 특히 부의 편재와 재벌 집중 현상이 한국 사회 집중화의 새로운 특징으로 떠오르고 있다.

2. 집중화된 정치 제도들

중앙 집권 정치는 지역적인 집중뿐 아니라 여러 정치 집단들 안에서도 보인다. 가장 눈에 띄는 경우가 정당이다. 해방 후 지금까지 한국에서 정당이 몇 개나 생겼다 사라졌는지 정당 전문가도 아마 헷갈려서 일일이 세어보아야 할 것이다. 군소 정당을 빼고 주요 정당들만 해도 그렇다. 집권당만 해도 만만찮다. 자유당-민주당-공화당-민정당. 그 뒤는 정치학자인 나도 한참 생각해 보아야 한다. 신한국당? 아니, 민자당이다. 그 다음이 신한국당, 민주당, 이렇게 되나? 그래도 독재자들이 오래 지배한 덕분에(?) 정당의 부침을 조금은 줄였는데, 민주화 이후에는 더 정신이 없다.

왜 이렇게 집권당조차 정신없이 생겼다 없어졌다 할까? 그것은 바로 권력이 한 사람에게 집중되어 있었기 때문이다. 바로 얼마 전까지, 다시 말해 김대중 대통령 퇴임 때까지, 한국 정치의 가장 큰 특징은 권력의 일인 지배에 있었다. 물론 다른 나라에도 이런 현상이 있지만, 한국도 이런 점에서는 빠지지 않는다. 그것은 그만큼 개인 권력을 견제할 반대 세력의 힘이 약했기 때문이다. 권력 내부에서도 그랬고, 외부 곧 야당이나 민간사회에서도 그랬다. 그만큼 국가 권력과 개인 지배자가 대항 세력이 미처 성장하기 전에 권력과 강압 수단을 확보했기 때문이었다. 여기에도 원초적 구분(민족, 종교, 언어 등)에 바탕을 둔 대항세력이 없었던 한국의 단일성이 상당한 역할을 했다.

어쨌든 그런 이유 때문에 한국의 정치와 정당은 이승만의 자유당, 박정희의 공화당, 전두환의 민정당이었지 그 반대는 아니었다. 마찬가지로 김대중의 국민회의였고 김영삼의 신한국당이었지 거꾸로는 아니었다. 그러니 새 권력자가 들어서면 이전 권력자의 정당을 없애고 새 당을 만드는 것이다. 마치 수사자가 암컷을 차지하면 다른 수컷에서 난 새끼들을 물어 죽여 버리는 것과 같았다. 그만큼 당이 당이랄 게 없었던 것이 한국 정치의 역사다. 이제 노무현 정부 시대에 들어서면서 군사 독재도 오래 전에 사라졌고, 이른바 '3김 정치'도 없어지니, 새로운 정당 정치의 전통이 생기나 했는데, 역시 또 다른 정당, 이른바 여당이 생겼다. 이름 하여 '열린 우리당.' 그런데 노무현 대통령은 3김과 같은 절대 권력이 없는지라 자기가 나서서 정객들을 평정하고 새 당을 만들지는 못했다. 오히려 주변 사람들이 나섰고, 자신은 아직 입당도 못하고 있다. 그만큼 노무현의 권력은 미약하다. 정당 정치의 발전을 위해서는 옳은 방향으로 가고 있지만, 과도기의 지도력 부재가 오히려 걱정거리다. 개인 권력을 대체해야 할 것은 민주제도적 권력이지 권력의 공백이 아니기 때문이다.

Ⅲ. 재벌 집중의 심화

재벌 집중의 심화와 빈부격차의 확대는 단일 사회적인 한국의 조건과 직접적인 관계가 있다고 볼 수 없을지 모른다. 오히려 현대 자본주의의 본질적 속성이라고도 할 수 있다. 그러나 부의 편재와 권력 및 지역 집중이 밀접한 관계에 있다는 점을 감안하면 그렇게만 볼 수도 없는 노릇이다. 원인은 여러 가지가 있겠지만, 한국 사회에서 부의 집중과 엘리트 집중이 점차 심화되고 있음은 부인할 수 없다. 계급 간의 격차 확대와 갈등이 한국 사회의 '단일성'을 훼손할 정도가 될지 주목거리다.

1. 기업 중심 사회

한국 사회는 점점 기업 중심 사회로 바뀌어 간다. 얼마 전까지만 해도 한국은 아주 정치 중심적인 사회였다. 정치권력이 경제와 문화 영역의 대부분을 장악하고 마음대로 주무를 수 있었다는 말이다. 해방 이후의 국가 건설 기간에는 정치가 중심 구실을 하지 않을 수 없었고, 군사 독재 시절에는 정치권력이 문화, 사회, 경제 모든 분야에 걸쳐 국민 생활을 좌우하였다. 이런 상황이 대학에도 그대로 반영되어, 예를 들어, 1950-60년대에는 서울대학교 정치학과가 가장 우수한 인재들이 가는 학과였다. 이제는 더 이상 그렇지 않은 것은 물론이고, 정치 관련 학과들은 비인기학과로서 학생 유치에 많은 어려움을 겪고 있다. 정치학이 그만큼 별로 필요 없어졌다는 얘기다. 취직하는 데 필요한 손쉬운 정보를 제공하지 못하기 때문이다. 20년 전 만 해도 대통령의 말 한마디에 재벌 총수들이 벌벌 떨었지만, 이제 내놓고는 아니지만 콧방귀를 뀌는 지경에까지 이르렀다. 그만큼 재 벌의 힘과 경제의 힘이 커졌다. 이에 비해 문화의 힘은 많이 잘살게 된 지금도 별로 커지지 않았다. 여전한 후진성의 표상이다.

민주화의 표상이라던 김대중 대통령도 그랬고, '좌파'라고 터무니 없는 공격을 받는 노무현 대통령도 기업 중심 사회를 공개적으로 표 방하고 나선다. '좌파'가 어떻게 그런 주장을 할 수 있는지 어리둥절 할 뿐이다. 러시아를 방문한 노 대통령은 거리의 한국 기업 광고들 을 보니 "기업이 곧 나라"임을 실감한다고 하면서 또 많은 과제들이 있지만 "역시 먹고사는 것이 우선"이라고 했다.[2] 먹고사는 것이 우 선임은 만고의 진리다. 그러나 우리가 지금 못 먹어서 굶고 있는가? 노 대통령의 말은 말 그대로 먹고사는 것이 문제라는 말이 아니라 기업, 재벌 중심으로 짜인 사회 구조가 더 강화되어야 한다는 말이 다. 경제의 어려움을 빌미로 재벌의 입김이 더 강해진 결과 그런 말 이 자연스럽게, 아니 의무적으로 나오게 된 것이다. 이제 정치, 문화, 사회의 모든 부문이 경제 부문의 지휘를 받는 상황이 되었음을 대통 령의 한마디에서도 느낄 수 있거니와, 언론 매체를 지배하는 논조도 진보-보수 할 것 없이 모두 마찬가지가 되었다.

정치 소식은 아직도 눈치 없이 국민들을 짜증나게 하고 신문 방송 의 첫머리를 장식하는, 아니 더럽히는 소식이지만, 사람들은 더 이 상 정치가 사회의 중심이라고 생각하지는 않는다. 중요하지도 않은

---

2) ≪한국일보≫ 2004. 9. 22.

것이 자꾸 더러운 얼굴 먼저 내밀어대니 짜증만 더할 뿐이다. 그러나 아무리 지금도 신문지상을 정치 기사들이 채우고 있다고 해도 대한민국은 이미 정치 중심 사회라고 할 수 없을 정도로 그 성격이 바뀌었다. 가까운 예로, 모든 일간지들은 섹션별로 기사를 작성하는데, 많은 분야들 중 유독 '스포츠'와 '경제'는 독립 섹션으로 분리하여 묶여진다. 다시 말해, 한국인 일상의 구분이 경제-스포츠·오락-기타 모든 분야의 셋으로 구분되는 것이다. 일상의 중요성이 그렇게 구분된다 해도 과언이 아니다. 일상의 변화에 가장 민감할 일간지들이 그런 현실을 충실히 반영하지 않을 리 없기 때문이다.

한국인의 관심과 취향이 얼마나 가볍고 천박해졌는지는 일간지에서 스포츠·오락이 매우 중요한 독립 섹션으로 다루어지는 현실에서 알 수 있다. 이효리가 얼마를 벌었느니, 김완선이 누드 화보 때문에 망했느니, 김병현이가 기자를 구타를 했느니 안 했느니 하는 것이 다른 모든 정보를 다 합친 것만큼 중요하다. 때로는 그것보다 더 중요하다. 이른바 스포츠 신문이라는 것들이 요상한 영어 이름으로 네댓 개씩 나와 이런 쓰레기 기사들로 돈을 벌고 있다. 나도 이 쓰레기 기사들을 보며 희희낙락하니 나 또한 쓰레기인지 모르겠다. 아니 가끔 쓰레기가 되며 그걸 즐긴다. 우리 삶에 쓰레기가 없을 수는 없지 않은가. 그러나 그 쓰레기가 너무 많으니 그것이 문제로다. 이것은 현대 상업주의, 소비주의의 대공세를 충실히 반영하는 현상이다. 그리고 이것은 또 하나의 중요한 우리 삶의 관심이자 목표인 경제의 중요성 증대와 밀접하게 연결되어 있다. 소비 지상주의, 물질 지상주의에 빠져 허우적대는 현대 한국인의 모습은 탈근대적 상업자본주의가 세상을 지배하는 현실을 힘차게 보여주고 있다. 스포츠·오락과 경제는 구분하기 힘든 한 몸이 되어 한국 사회의 지배 이념으로 떠올랐는데, 이는 기업과 자본이 지배하는 한국 자본주의의 현실을 충실히 반영한다.

17대 국회 들어 상당히 달라지기는 하였으나, 지금까지도 정치권력이 기업에게 정치자금을 강요하고 업자들은 뇌물을 제공한다. 그래서 얼핏 보면 여전히 정치가 경제보다 위에 있는 것 같다. 그러나 더 자세히 들여다보면 그런 정치권력과 국회의원들이 한국 대기업과 재벌의 자본주의 경제 논리를 얼마나 탈피할 수 있는지, 지극히 회의적이다. 물론 정경유착의 구조를 통해 정치와 경제가 분리할 수 없을 만큼 엉켜 있고, 거기서 비자금과 뇌물과 불법 대선 자금과 총체적인 부패가 생기는 것이지만, 한국 사회를 지배하는 논리는 이제 더 이상 민주화나 조국 근대화가 아니라 자본과 기업의 이윤 창출 논리인 것이다. 이런 의미에서 대기업은 이미 한국 사회에서 가장 힘 있는 집단이 되었다. 기업은 예전에 군부가 향유했던 권력의 힘을 점점 더 누리게 될 것이다. 물론 그런 권력 향유는 직접적인 정당 정치에의 참여를 통해서라기보다는 인맥과 위협, 그리고 자본의 말을 듣지 않을 수 없고 돈이 없으면 움직일 수 없는 경제사회 구조의 구축을 통해서 이루어질 것이다.

그런데 이런 기업 중심 사회로의 변화는 한국뿐 아니라 현대 자본주의 체제 전체의 성격이고 문제이기도 하다. 이런 현실은 특히 미국과 같은 자본주의 첨단지역에서 두드러지게 나타난다. 요즘 중국에서도 개방의 바람을 타고 돈벌이 지상주의가 온 대륙을 휩쓸고 있다고 한다. 그런데 한국에서는 이런 현실이 더 중요한데, 왜냐하면 나라는 작은 반면 재벌은 덩치가 커서 모든 분야에서 소수 재벌이 차지하는 비중이 다른 나라보다 더 크기 때문이다. 이렇게 보면 민주화 이후에 한국 사회가 다양화되는 것 같지만 그런 속에서 사실은 기업 중심 사회로 점점 바뀌어 감을 알 수 있다. 정치권력이 기업이나 자본을 통제할 수 있는 힘은 점점 약해지고, 문화, 과학기술, 교육 등 모든 분야에서 기업의 가치관이 지배하게 되고 소비주의 문화가 점점 더 강화됨은 우리가 지금 바로 목도하고 있는 현상이다. 대학도 이제 더 이상 학문의 전당도 아니고 상아탑도 아니다. 그것은 취업 준비 학교로 전락한 지 오래고, 기업들은 자기들이 금방 써먹을 수 있는 지식 위주로 학생들을 가르쳐 달라고 대학에게 위압적인 자세로 훈계한다. 그런 생각을 이해하지 못하는 것은 아니지만, 대학 교육이 그런 식으로 치달을 때 우리는 어떻게 학문과 문화의 수준을 기대할 수 있을 것인가? 21세기의 정신문명이 점점 돈으로 치장된 야만으로 치닫고 있음을 쓸쓸히 바라볼 수밖에 없는가?

2. 재벌 집중의 심화

한국의 재벌은 1950년대 후반-1960년대에 국가의 적극적인 육성 정책을 통해서 탄생했다. 산업화를 주도한 박정희 정부는 외국 기업을 유치하기보다는 국내 자본을 육성하려고 하였고, 이에 따라 외자 도입을 통한 재벌 성장이 본격화되었다. 박정희가 외국 기업을 유치하는 대신에 국내 기업을 육성하려고 한 의도는 '민족 자본'을 만들기 위해서였다고 할 수 있다. 물론 이 자본이 얼마나 '민족' 자본이었는지는 의문의 여지가 있지만, 어쨌든 외국의 다국적 기업이 한국 경제를 지배하게 하지 않고 한국 재벌들을 키운 것은 경제 주권이라는 측면에서 긍정적으로 평가할 수 있다. 박정희가 그런 노선을 선택하는 데에는 아마도 단일 민족으로서의 오랜 역사를 지닌 한국 상황에서 외국 기업들이 판을 치는 모습을 상상하기 어려운 사회-문화적 여건도 작용했을 것이다. 물론 이런 요소가 박정희의 의도에서 얼마나 큰 작용을 하였는지 밝히는 것은 쉽지 않다.

정부의 적극적인 지원 아래 한국의 재벌은 세계가 놀랄 만한 고도 성장을 주도하였다. 1970년대에는 정부의 중화학공업화 정책으로, 1980년대 이후에는 정부의 경제자유화 정책 덕분에 재벌은 빠르게 성장했고, 그에 따라 국가 경제에서 차지하는 비중이 급속도로 커졌다. 재벌은 정부가 제공한 각종 특혜와 정경유착을 통해 성장하였지만, 여기에는 물론 기업가들의 수완과 한국적 경영 문화 등이 복합적으로 작용하였다고 볼 수 있다.

국가는 오랫동안 재벌을 통제하였지만, 재벌이 성장하면서 국가기업 관계도 변하게 되었다. 1980년대만 해도 전두환 대통령이 그룹 총수가 마음에 안 든다고 국제그룹을 강제로 해체하고 재산을 다 빼앗았지만, 이제는 정부가 더 이상 그런 짓을 하지 못한다. 오히려 불법 비자금이나 뇌물 사건으로 대기업을 조사하려고 해도 '경제 안정'이나 '투자 의욕 회복'을 외치는 재벌 총수들의 입김을 의식하지 않을 수 없는 형편에 와 있다.

'압축 성장'이라는 말에서 보듯이 재벌 주도의 경제 성장이 빠른 시일 안에 급속히 이루어졌기 때문에, 노동 계급을 비롯한 민중 부문은 정치적으로 미처 성장할 시간이 없었고 기업과 정부의 억압 속에서 값싼 노동력을 제공하였다. 또 빠른 시간 안에 성장을 이루기 위해 정부가 특정 부문들을 위주로 한 성장 정책을 펼쳤기 때문에 나라 경제는 불균등하게 성장하였다. 그리하여 국가가 육성하는 부문과 그렇지 못한 부문 사이, 공업과 농업 사이에 큰 괴리가 생기게 되었고, 그것이 지금까지 이어지면서 사회 갈등의 한 축으로 작용하고 있다. 압축성장의 과정에서 한국 경제의 재벌 집중은 점점 더 심화되었다. 특히 신자유주의가 심화된 1990년대 말 이후 4대 재벌로의 집중이 심화되었을 뿐 아니라, 삼성 재벌 하나, 그 중에서도 삼성전자 하나가 갖는 국민 경제에서의 비중이 비정상적으로 커졌다. 이것은 결코 건강한 모습이 아니다.

물론 대기업의 경제력 집중이 줄어드는 추세에 있다는 보고도 있다. 예를 들어 공정거래위원회는 2003년 12월에 발표한 '2001년 시장구조 조사 결과' 자료에서 출하액 상위 100대 기업이 전체 시장에서 차지하는 비중이 2001년 기준 43.7%로 전년(44.8%)에 비해 1.1%포인트 하락했다고 밝혔다.[3] 그러나 최상위 재벌 기업들로의 경제력 집중은 심화되고 있음이 분명하다. 인간 삶에서의 경제 집중이 심화되고, 경제의 재벌 집중이 심화되며, 재벌 중에서도 선두 거대 재벌의 지배력이 심화되고 있다. 더 나아가 사회 전체의 불균등 발전과 빈부격차가 확대되고 있다. 재벌로 경제력이 집중됨에 따라 정치는 물론이고 여러 문화 활동, 사회 활동들도 재벌이나 대기업의 입김을 강하게 받지 않을 수 없게 되었다. 자본주의 사회의 가장 강력한 동력인 돈을 그들이 장악하고 있기 때문이다. 이렇게 보면 기업·경제 중심의 집중성과 사회·문화적 가치관의 획일성이 같이 가는 것을 알 수 있다.[4]

---

3) ≪한국경제≫ 2003. 12. 10.

4) 김윤태, 『재벌과 권력』(서울: 새로운 사람들, 2000), 217쪽 참조.

3. 엘리트 집중

그뿐 아니라 씨 라이트 밀스가 미국 사회를 향해 던진 '권력 엘리트'의 형성이 한국에서도 점점 더 뚜렷해지고 있다. 정계, 재계, 언론계, 관계의 권력과 부가 똘똘 뭉치고, 협소해지며, 세습되고 있다. 학연, 지연, 혼인 등으로 한국 엘리트들은 비공식 연결망을 형성하고 있다. 예를 들어, 1995년 30대 재벌 사장 695명 가운데 서울과 영남 출신이 70%, 558명 사장 가운데 서울대, 고려대, 연세대 출신이 55.8%였다.[5] 이런 추세는 날이 지날수록 더 심해져서 최근에는 서울대 한곳으로 집중되는 경향을 보이고 있다. 예를 들어 기업 임원들의 구성비를 보면 서울대 출신이 차지하는 비율이 최근 들어 더 높아지고 있다고 한다.[6]

최근에 나온 한 방송 보도는 재계-정관계-언론계로 이어지는 한국 지배층의 '얽히고설킨 혼맥'을 공개하고 있다. 그 내용을 인용해 보자.[7]

> 한국 사회의 정계, 재계, 관계, 언론계 등 기득권층이 혼맥을 통한 강고한 카르텔을 형성하고 있음을 보여주는 혼맥도가 공개됐다.
> 13일 방영된 문화방송 <피디수첩> '문제는 지도층이다' 편에서 제작진은 참여연대 부설 참여사회연구소에 의뢰해 각종 인물 데이터베이스와 문서자료, 신문에 난 인물 동정란 등을 종합적으로 분석한 결과를 내놓았다. 이를 보면, 한국사회 상류층 혼맥의 핵심은 엘지그룹이었다. 엘지그룹은 1957년 삼성그룹과 혼사를 맺으며 재벌 간 사돈 맺기의 테이프를 끊었고, 이어 현대, 대림, 두

---

5) 김윤태, 156쪽.

6) ≪문화일보≫ 2004. 3. 17.

7) ≪한겨레≫ 2004. 1. 15.

산, 한일, 한진, 금호그룹과 직접 사돈관계를 맺었다. 참여사회연구소는 엘지그룹이 실세 정치인들과도 사돈이 돼 상류층 혼맥의 커다란 줄기가 됐다고 지적했다.

참여사회연구소는 한국 사회 주요 혼맥의 두 번째 줄기는 삼성그룹을 중심으로 조선·중앙·동아 3대 일간지가 연결돼 있는 점이라고 지적했다. 이건희 삼성 회장이 중앙일보 홍진기 회장의 차녀인 홍라희 씨와 결혼했고 이 회장의 차녀는 동아일보 김병관 회장의 차남과 결혼을 했다. 삼성-중앙의 혼맥은 "노신영 전 국무총리와 현대그룹을 거쳐 김동조 전 외무장관, 엘지 허정구 회장 가문까지 연결되고 이 고리는 결국 조선일보 방상훈 사장의 장남에게로 연결된다."고 참여사회연구소는 밝혔다. 연구소는 이어 세 번째로 조선일보를 중심으로 보는 맥이 있다며 "조선일보는 태평양, 롯데, 조양상선, 김치열 전 내무부 차관, 대전피혁, 효성그룹을 거쳐 이명박 현 서울시장의 자제에게 연결돼 있다."고 밝혔다.

참여사회연구소는 60～70년대에는 재계와 정계 사이의 결혼이 대세였지만 세대를 거칠수록 재벌끼리의 혼사가 늘었으며 구제금융 뒤에는 재벌 3세대 간의 혼인이 주종을 이루고 있다고 분석했다. 재벌가의 연령별 혼인 상대를 보면 △20～30대는 정·관계 16%, 재계 60% △40대는 정·관계 14%, 재계 37% △50대는 정·관계 23%, 재계 29% △60대는 정·관계 13%, 재계 26% 등이었다. 또 재벌가 일원이 지도층이 아닌 사람과 결혼한 비율은 50대는 33%, 40대는 27%, 20-30대는 13% 등으로 나타나 재벌과 보통 사람과의 사돈 맺기가 줄어들고 있다.

지배 엘리트층의 결속은 점점 견고해지고 계층들 사이의 격차는 점차 심해지는 것이 지금 한국 사회의 현실이다. 집중화의 구조가 계급 구조에서도 점점 더 뚜렷해지고 있는 것이다.

Ⅳ. 부의 편중과 빈부 격차의 확대

최근까지 한국의 빈부격차는 그렇게 심한 편이 아니었다. 그러나 산업화가 진전됨에 따라 빈부 격차가 점차 확대되었고, 최근 들어 급격히 악화되었다. 최근의 급격한 악화는 외환 위기와 대규모 감원으로 인한 대량 실업의 여파다. 더 크게 보면 국제통화기금이 강요한 신자유주의 정책을 무분별하게 따른 결과다.

그동안 한국의 빈부격차가 그다지 크지 않았던 까닭은 ① 단일 사회로서 인종이나 민족에 따른 격차가 없었고, ② 일제 식민지로 떨어지면서 양반층이 몰락하였고, ③ 미 군정기와 대한민국 초기에 토지 개혁으로 지주세력이 몰락하였고, ④ 6.25 전쟁 때문에 부유층이 파괴되어 가난으로 평준화되었기 때문이었다. 이후 경제 개발이 진행되면서도 분배 상황이 크게 악화되지는 않았다. 특히 1990년대에 토지 거품이 꺼지면서 분배 상황이 어느 정도 개선되었으며, 빈곤층도 서서히 축소되었다고 한다.

그러나 이렇게 비교적 평등했던 사회구조는 특히 외환위기 이후 매우 불평등하게 되었는데, 이는 부의 재벌 집중 현상과 무관하지 않다. 한국개발원에 따르면 우리나라 전체 가구에서 가처분소득(총소득에서 세금과 사회보험료를 뺀 금액)이 최저생계비를 밑도는 가구의 비율, 즉 절대 빈곤율이 1996년 5.91%에서 2000년 11.46%로 4년 만에 두 배로 급증했다. 10가구 중 1가구는 절대 빈곤층이라는 얘기다. 또 소득계층 간 상대적 불평등도를 나타내는 지니계수('1'이면 완전 불평등, '0'이면 완전 평등)도 1996년 0.298에서 2000년

0.358로 상승하여, 경제개발협력기구(OECD) 30개국 가운데 멕시코 (0.494), 미국(0.368)에 이어 3번째로 불평등한 나라에 속하는 것으로 나타났다.[8] 그러나 이는 소득만을 비교한 것이다. 부동산 등 다른 재산을 모두 비교하면 불평등 지수는 더 가파르게 올라갈 것이다.

교육을 통해 사회적 이동을 이루던 것도 이제는 매우 어려워지고 있다. 서울대학교 입학생 통계를 보면 서울 강남에 사는 전문직, 부유층 자제들의 입학률이 점점 더 높아지고, 농어촌 출신 입학생들의 비율이 점점 더 낮아지고 있다. 다음은 서울대 사회과학연구원이 1970~2003학년도까지 서울대학교 신입생 출신 성분에 대해 보고한 내용이다.[9]

> 의사, 변호사 등 전문직과 교수, 간부급(부장 이상) 회사원 및 4급 이상 공무원 등으로 분류한 고소득직군 가정의 학생들과 비고소득직군 학생들의 입학 비율은 1985년에는 인구 1만 명 당 8명 대 7명으로 큰 차이가 없었다. 하지만 이후 차이가 벌어져 2000년에는 37명 대 2.2명의 비율을 보였고, 갈수록 격차가 커지고 있다. 대졸 학부모 집안의 자녀들이 고졸 학부모 집안에 비해 높은 입학률을 보였다. 지난 2000년 대졸 아버지를 둔 학생이 고졸 이하 아버지를 둔 학생에 비해 2.5배 정도 많이 들어왔다. 이번 보고서는 그동안 우리 사회에서 거의 유일한 신분상승의 수단으로 여겨졌던 일류대 진학마저 지방 저소득층 가정에게는 사실상 어려워졌다는 결과를 보여주고 있다.

부의 세습에 학벌 세습이 겹쳐 경제 사회, 학벌 사회에서 사회적

---

8) 《한국일보》 2004. 1. 7.

9) 《조선일보》 2004. 1. 25.

이동성은 점점 낮아지고 있으며, 거기에 따라 부와 권력이 한쪽으로 쏠리는 집중화 현상은 점점 더 심해지고 있다. 그런데 지금 당장 나타나는 빈부격차보다 더 큰 문제는 단기적 요인 때문만이 아니라 국가의 총체적인 정책 노선, 즉 신자유주의적 세계화 노선 때문에 장기적으로 빈부격차가 더 확대되리라는 점이다. 이에 따라 앞으로 한국에서 계급 갈등이 본격화할 가능성이 높아지고 있다. 이는 지역주의보다 훨씬 더 심각하고 근원적인 갈등의 요인이 될 것이다. 과연 계급 갈등이 한국 사회의 단일성과 그에 따른 장점 곧 사회적 안전성을 훼손할 정도로 갈지 염려스럽다. 그렇게 되지 않도록 잘 조절해야 한다. 갈등이 되도록 순화되고 폭력화되지 않도록 하기 위해서는 어떤 방법으로든 부의 편중을 완화해야만 한다. 시장 원리로 해결할 수 없는 한국 사회의 문제가 뿌리를 점점 깊이 내리고 있다.

Ⅴ. 평등주의와 대안 세력: 지나친 편중을 막는 요인

그런데 재미있는 점은 한국에는 집중성의 전통만큼 평등주의의 전통이 있다는 사실이다. 이러한 평등주의의 전통은 사회주의 이념이나 기타 다른 평등 '사상'에서 나오는 것이 아니라 한국의 단일 사회적 조건에서 나오는, 다분히 정서적인 것이다. 한국 사회의 단일성은 사회의 중심이 한쪽으로 집중되는 중요한 원인이 되었지만, 다른 한편으로 국민들 사이에서 만만찮게 표출되는 평등주의 정서 또한 단일 사회적 특성에서 나오는 것으로 볼 수 있다. 단일 사회에 비슷한 사람들이 몰려 살다 보니 서로가 너무 다르지 않고 평등하고 비슷해야 한다는 생각이 지배하기 쉽다. 그래서 한국 사람들은 특정 세력이 힘이나 부를 독점하는 것에 대한 거부감이 강하다. 이런 거부감에는 부유층이 정경유착과 부패 고리를 통해 부자가 되었다는 믿음도 크게 작용하고 있다.

이런 평등주의 성향은 집중화 경향과 서로 견제하면서 공존한다. 그래서 부의 재벌 집중이 심화되는 반면, 그 부를 재벌 구성원이 과시하는 것을 보통 사람들은 용납하지 않으려고 한다. 이를 아는 재벌 총수나 임원들은 부를 과시하기보다는 외국 부호들에 비해 비교적 검약한 생활을 한다. 재벌이나 귀족이 드나드는 특수한 상점이나 술집들도 많지는 않다. 어마어마하게 비싼 백화점이나 사립학교들도 외국에 비해서는 없는 편이다. 부를 과시하는 것은 오히려 졸부들이다. 졸부들의 추태는 어느 나라에서나 있는 것이지만, 급속 성장의 한국에서는 이런 졸부들이 많고 이들의 행태 또한 눈에 더 잘 띄게 된다.

고교 평준화 시책이나 노동조합 운동의 과격화 등에서도 평등주의를 지향하는 단일 사회 한국의 문화를 엿볼 수 있다. 비슷한 사람들이니 비슷하게 살아야 한다는 평등 지향의 의식이 한국 사람들의 마음속에 뿌리 깊게 자리 잡고 있다. 시장주의자들은 이런 현상을 경제의 효율을 해치고 기업의 투자 의욕을 꺾고 교육을 하향 평준화하는 사회주의적 발상이라고 비판한다. 노무현 정부의 인사와 각종 정책들을 그런 노선이라고 매도하기도 한다. 이는 사회 정책에 대한 이념상의 차이로서 논란이 분분할 수 있는 문제다. 어쨌든 한국 사회에 퍼져 있는 평등주의적인 분위기는 한국의 빈부 격차나 여러 종류의 다른 격차 또는 차별을 어느 정도 순화하며, 이에 따라 사회 갈등이 크게 터지는 것을 미연에 방지하는 역할을 하고 있다고도 볼 수 있다.

지나친 집중화에 대항하는 힘은 평등주의 이념에서만이 아니라 구체적인 사회 운동 속에서도 볼 수 있다. 물론 이런 사회 운동들은 평등주의 이념에 많은 영향을 받고 있다. 1980년대 후반의 정치적 민주화 이후 정치, 경제, 사회, 환경, 교육, 문화 등 다양한 분야에 걸쳐 다양한 시민운동이 태동하여 많은 성과를 거두고 있다. 이제 기업이 사회의 중심이 되긴 하였으나 기업이나 재벌들도 매번 자기들이 하고 싶은 대로 하지는 못한다. 오히려 강성 노조 때문에 기업을 제대로 할 수 없다는 푸념이 많이 들리고, 이 푸념이 상당 부분 진실을 반영하기도 한다.

재벌이 신봉하고 정부가 추종하는 경제 논리와 시장 논리가 항상 관철되는 것도 아니다. 환경 단체, 문화 단체, 인권 단체들이 환경 보존, 고유문화와 문화 주권의 보존, 인권 옹호 등의 이유를 들어 재벌의 이윤 추구 행위에 제동을 거는 경우들이 많으며, 이런 제동이 효과를 볼 때도 많다.

이런 점들을 생각해 보면, 한국 사회와 정치는 이제 많은 이익 단체나 공익 단체들, 그리고 기업, 정부 등 다양한 기관들 사이의 이익 조정과 타협이 불가피하게 되었다고 할 수 있다. 최근 한·칠레 자유무역협정 체결을 둘러싸고 일어난 정부와 농민들 사이의 진통도 그런 현실을 잘 보여주었다. 이제 독재 권력의 기침 하나로 다리를 놓고 기업을 파괴하고 하는 시대도 지났으며, 대기업 총수가 원한다고 노조 간부를 함부로 자를 수 있는 시대도 아니다. 이런 점에서는 한국에 민주화가 많이 진전되었고 권력의 집중도 감소하였다고 볼 수 있다. 그러나 다른 점에서는 여전히 부와 권력의 집중이 유지되고 있으며, 심지어 더 심화되고 있다. 따라서 집중성의 심화와 약화 두 측면이 모두 분야에 따라 진행되고 있는 것으로 보면 된다.

제5장

갈 데까지 가는 사람들: 극단성

한국 사람들은 갈 데까지 간다. 극단적인 모습을 많이 보인다는 말이다. 왜 그럴까? 기후가 못 견디게 추운 것도 아니고 못 견디게 더운 것도 아니고 사시사철 네 계절에 아름다운 금수강산에 맑은 물, 뛰노는 물고기와의 천렵, 나지막한 동산에 정겨운 시냇물, 아름답고 수줍은 강산이건만 사람들이 왜 그렇게 되었을까? 그동안 너무 많은 외침과 전쟁, 가난의 고통을 받아서 그럴까? 아마 그런 것도 작용할 것이다. 오랑캐에 짓밟히고 학정에 시달리고 못 얻어먹고 굶어죽고 맞아죽고 하다 보니 악만 남은 것일까? 그러나 요사이는 살기도 좋아지고, 좀 산다고 뻐기느라 온갖 추태를 다 부리고 돌아다니는데, 그렇게 '갈 데까지 가는' 독종이 될 필요는 없잖은가?

그러니 한국 사람들의 극단성이 그런 데서만 나온다고 할 수는 없다. 그러면 어디서 나오는 것일까? 이 책을 여기까지 읽은 사람은 답을 예상할 수 있을 것이다. 한국인의 극단적인 모습은 본질적으로 한국의 단일성과 밀집성에서 나온다. 똑같은 사람들끼리 싸우면 더 죽자사자하는 싸움이 되기 쉽다. 공산주의 종파 투쟁은 좌우 투쟁을 능가한다. '동족상잔의 피비린내 나는' 전쟁은 이민족 간의 전쟁보다 더 '피비린내 난다.' 왜 그럴까? 아마 같은 또는 비슷한 사람들이니 상대방에게 이기려면 더 독하게 할 수밖에 없기 때문일 것 같다.

다른 민족끼리는 어차피 다른 족속들이니, 적당히 이겨도 이기는 것이 확실해지니까 그렇게 미친 듯이 죽이지는 않을 것이다. 나치의 유태인 학살처럼 처음부터 민족 절멸을 목적으로 한 것이 아니라면 말이다.

밀집성이 극단성을 불러온다는 말은 더 이해하기 쉽다. 좁은 곳에서 많은 사람들이 부대끼니 행동이 과격하고 극단적으로 되기 쉽지 않겠는가? 앞에서 보았듯이 모리스가 관찰한 동물 행동, 곧 좁은 공간에서 부딪치는 동물들의 난폭하고 극단적인 행동에서 쉽게 드러난다. 인간 역시 그런 점에서 다른 동물들과 조금도 다르지 않다. 대도시 밀집 사회의 사람들이 시골 사람들에 비해 조급하고 난폭하며 극단적인 행동을 보이는 것도 자연스러운 일이다. 현대 한국은 매우 밀집된 사회이기 때문에 사람들의 행동이 극단화하기 쉬운 여건에 놓여 있다. 물론 사람의 행동이 이런 공간적인 여유의 여부에 따라 결정된다고 할 수는 없겠으나, 이런 조건들이 미치는 영향을 무시하지는 못할 것이다. 이런 단일성과 밀집성의 조건에 덧붙여 그동안 수없이 당한 외침, 그 수난의 역사 또한 한국 사람들의 극단성에 한몫해 오지 않았나 싶다. 모진 상황 속에 살아남기 위해 사람들이 독하게 되었다는 말이다.

Ⅰ. 이념과 종교의 극단성

한국의 이념과 종교는 아주 극단적인 모습을 보인다. 사실 한국의 종교들은 여러 가지가 서로 별다른 갈등을 일으키지 않고 공존하고 있다. 종교 분쟁으로 얼룩진 여러 곳이나 한 종교가 지배적인 자리를 차지하는 대부분의 나라들과는 상당히 다른 모습을 보인다. 이런 점에서 한국 사람들은 다양한 종교에 대해 매우 포용적인지도 모른다. 그런데 그와는 반대로 각 종교들의 속을 들여다보면 아주 외골수로 편협하며 극단적인 모습을 보임을 알 수 있다. 이런 모습은 옛날이나 지금이나 변함없이 나타나고 있다. 특히 예전의 유교와 요즘의 개신교에서 이런 모습이 두드러진다.

1. 나라 망친 이기 논쟁

조선시대의 유교 이념은 정말 유별났다. 유교는 보기에 따라 이념도 되고 종교도 되며 철학도 되는데, 어느 쪽으로 보든 한국의 유교는 유례없는 극단의 모습을 보였다. 최준식 교수는 조선 왕조가 전 세계사를 통틀어 가장 유교적인 국가라고 했다.[1] 사실 유교뿐 아니라 우리나라에서 사상이라고 할 만한 것들은 모두 단순하고 철저함을 그 특징으로 하지만 그 중에서도 대표적인 경우가 유교라고 할 수 있다. 조선 시대의 성리학은 교리뿐 아니라 실천에서도 철저함으로 일관했다. 17세기 효종의 어머니 조대비가 승하하였을 때 대신들이 상복을 5일 동안 입을 것이냐 3일 동안 입을 것이냐를 둘러싸고 벌어졌던 이른바 '예송 논쟁'은 물론 그것이 권력 투쟁의 명분으로 이용되기도 하였지만 성리학의 극단적인 형식화를 대표적으로 보여

---

1) 최준식, 『한국의 종교, 문화로 읽는다 1』(서울: 사계절, 1998), 169쪽.

준 사건이었다.

조선 왕조 사회가 모든 면에서 다른 어느 사회보다도 유교적이었다는 것은 더 이상 설명할 필요가 없다. 유교는 국가 지배의 이념이었을 뿐 아니라 양반 사대부들의 가치관과 행동을 지배하는 삶의 양식이었다. 물론 인구의 대부분을 차지하던 상놈들의 가치관과 삶의 양식이 얼마나 유교적이었는지에 대해서는 의문의 여지가 많고 이에 대한 연구도 없지만, 사회를 주도하는 것이 양반이었으니 그들의 가치관과 행동이 사회 전체를 이해하는 데 더 중요하다고 할 수 있다. 그런데 그러한 유교적 태도가 너무 지나쳐서 조선의 발전을 막은 것은 많은 사람들이 지적해 왔다. 때로는 이런 지적이 일본 제국주의가 날조한 식민사관의 일부라거나 조선 시대가 그렇게 완고한 체제가 아니었다는 반론도 제기되지만, 전체적으로 볼 때 조선 성리학의 이론과 실제 모두가 지나치게 경직되고 극단적으로 되어 학문과 사회의 발전을 저해했다는 사실 자체를 부인할 수는 없을 것이다.

여기서는 조선 중기 이후 지식인 세계를 지배했던 '이기 논쟁'의 사회적 의미를 한번 생각해 보기로 하자. 사실 나는 조선 성리학의 핵심이었던 이기 논쟁의 내용을 자세히 모른다. 그래서 이런 얘기를 하는 것이 주제넘은 일일 수도 있다. 그러나 성리학의 '사회적' 의미를 생각하기 위해 원전을 읽어야 한다거나 성리학 자체를 잘 이해해야 한다고는 생각하지 않는다. 내 짧은 지식으로 이해하기로는, '이'는 좀 더 추상적이고 근본적인 원리이고 '기'는 좀 더 실제적이고 물질적, 감각적인 것이 아닐까 하는 정도이다. 또 이기 논쟁은 '이'가 먼저냐 '기'가 먼저냐, 어느 것이 근본이고 어느 것이 끝자락 말단이냐. 무엇이 먼저 발현하고 무엇이 올라타느냐, 그런 논쟁이라고 알고 있다. 이것도 얼마나 정확한지는 모르겠다.

그런데 그런 이해의 정확성과는 별도로, 이-기 가운데 무엇이 근본이고 무엇이 다음인지 왜 그렇게 중요하다는 말인가? 물론 철학적인 구명으로서는 중요하다고 본다. 어느 입장에서 출발하느냐에 따라 퇴계의 교학 중시와 율곡의 실천 중시의 차이가 나타나니까 말이다. 그러나 그것이 과연 200년 이상을 매달리면서 논쟁하느라 다른 공부 다 제쳐놓을 만큼 그렇게 중요한 문제이던가? 이에 대해서는 생각을 달리 할 수밖에 없다. 서양식으로 말하자면 유물론과 유심론을 두고 온 지식인들과 정치인들이 다 모여들어 200년 동안 그것만 가지고 싸우면서 학파로 몰리고 당파로 몰려 죽이고 살리고 하는 짓과 마찬가지다. 단순하게 말하자면, 서양은 그렇게 하지 않았기 때문에 세상을, 그리고 우리를 정복했고, 우리는 그렇게 했기 때문에 망했다.

더 중요하게는, 무엇이 근본이고 무엇이 그 다음인지 어떻게 안다는 말인가? 아무런 증거가 없다. 있을 수도 없다. 현실 세계와 아무런 직접적인 연관이 없는, 순수하게 머릿속의 세포 작용으로 일어나는 순수 논리일 뿐이다. 그러니 어떻게 교묘하게 논리적으로 우기느냐에 따라 승패가 갈릴 뿐이다. 아니 아무리 그래도 승패는 갈리지 않는다. 승패를 가릴 객관적인 기준이 없기 때문이다. 아무도 증명할 수 없고 실생활에 아무런 도움이 되지 않는 이런 순수한 형이상학을 가지고, 200년, 300년을 싸웠다는 우리 조상들! 퇴계학을 세계에서 알아준다지만, 그래도 내 생각은 변함없다. 물론 퇴계는 비범한 학자이고 훌륭한 선비임에 틀림없다. 그러나 그 논쟁은 퇴계-율곡 뒤의 한두 세대에서 끝나야 했다. 그래도 미진하면 전문 학자들이 학문적으로 연구를 계속하면 된다. 그런 허망한 논쟁에 골몰하느라 우리는 진정한 학문과 진정한 과학과 진정한 기술을 아무 것도 이루어내지 못했다.

그런데 왜 우리나라에서는 유교가 이렇게 극단화되었을가? 지리상 중국에서 떨어져서 상당한 문화적 독자성을 지녔던 일본은 물론이고 유교의 본산이고 원조인 중국에서조차도 그런 일이 없었는데 말이다. 그 까닭을 살펴보면 이 또한 한국의 단일성과 연관이 있음을 알 수 있다. 단일한 민족으로 이루어진 단일한 사회 구조 속에서 한 가지 정통 이념만을 고집하게 되는 경향이 나타남은 비교적 자연스러운 일이 아닐까? 모화사상에 물들어 중국 것만을 섬기는 태도가 단일 사회적 조건 속에서 극단화된 것이라고 할 수 있다. 또 정치적인 중앙집권주의와 그 안에서의 사색 당쟁이 논쟁이 논쟁을 부르는 극단화의 길을 열었다고도 할 수 있다. 이 점 또한 앞서 본대로 단일성의 조건이 낳은 획일성, 집중성들의 한국적 속성을 반영했다고 보이며, 이런 속성들이 성리학의 극단화라고 하는 또 다른 속성과 상호작용했다고 할 수 있다.

그런데 위의 점들은 한국 사회의 구조적인 조건을 말하는 것인데, 다른 한편 옛날 사대부들의 계급적 위치도 성리학 극단화의 한 원인으로 작용했다고도 볼 수 있다. 쉽게 말해 옛날 사대부들이 그렇게 쓸모없는 싸움에 몰두한 한 까닭은 그들이 달리 별로 할 일이 없었기 때문이 아닐까? 그들은 농민들이 지은 쌀을 빼앗아 먹으며 노비들의 노동 위에서 출세 경쟁을 하거나, 어린 기생 끼고 멋있는 풍류로 노닐거나, 아니면 좀 낫다는 사람들이 이런 논리 싸움을 한 것이다. 할 일 없는 사람들의 논리 싸움은 논리 그 자체의 싸움을 극단화할 수밖에 없다. 현실의 증거는 아무 것도 없으니 그냥 논리의 흐름일 뿐이고, 그러니 그것은 극단으로까지 갈 수밖에 없다. 어차피 한가한 사람들의 형식 논리이니, 극단이 극단을 부르고, 다시 말해 지엽 말초적인 논쟁으로 치닫고, 이를 즐기는 것이 그들이 할 일이었다. 물론 여기에는 정치적인 싸움이 끼어들었다. 그래서 철학 싸움이 정치 싸움과 엉켜 붙어 조선조 200년을 헛된 싸움으로 보낸 것이다.

내 말이 너무 심한지도 모른다. 뭘 모르는 무식한 사람의 투정이라고 생각해도 좋다. 단, 이런 내 생각을 뒷받침해 주는 글을 어디서 발견하고 무척 기뻤다는 사실을 덧붙인다. 다산 정약용 선생의 말이다.

> 이기에 대한 학설은 동과 서, 흑과 백 어느 쪽으로도 될 수 있어서, 왼쪽으로 이끌면 왼쪽으로 기울고, 오른쪽으로 끌어당기면 오른쪽으로 기우는 것이니 죽을 때까지 서로 논쟁하다 자손에게 넘겨주어도 끝날 날이 없다. 인간 생활에 할 일도 많은데 당신과 나야 이렇게 할 겨를이 없지 않은가?[2]

> 지금 성리의 학문을 하는 사람들은… 세 줄기 다섯 아귀로, 천 가지 만 잎사귀로 나뉘어 털끝 하나 실오라기 하나까지 분석하여 서로 성내고 서로 배척하며 조용한 마음으로 묵묵히 연구하고 핏대를 올려 목줄기를 붉히고는 스스로 천하의 높고 묘한 이치를 다 안다고 여겨, 동쪽으로 받고 서쪽으로 부딪치며 꼬리를 잡고 머리를 벗겨서 문마다 하나의 깃발을 세우고 집마다 하나의 보루를 쌓아서 죽을 때까지 그 송사를 해결하지 못하고 대를 전해도 그 원한을 풀지 못한다. 자기편에 들어오는 사람은 존대하고 나가는 사람은 천대하며, 자기와 학설이 같은 사람은 떠받들고 다른

---

2) 다산이 문산 이재의에게 보낸 편지. 송재소, "성리학파 문학과 실학파 문학의 연속과 단절: 다산과 연암을 중심으로", 『태동고전연구』(한림대학교 태동고전연구소), 제19집, 2003, 64쪽에서 재인용.

사람은 공격하면서 스스로 자기가 근거로 삼고 있는 것이 옳다고
여기니 어찌 허술하지 않겠는가.[3]

김득황이라는 분은 성리학에 대하여서는 이황이나 이이가 정약용
보다 나을지 모르나 "학문의 해박한 점으로 양 이가 어찌 정약용에
게 미칠 수 있으며 민중 구제와 국가 건설의 이상이 양 이가 어찌
그에 미칠 수 있으랴. 정약용은 조선 중고 이래 가장 출중한 학자이
며 사상가이면서 경세가일 것이다."라고 말했다.[4] 그런 정약용이 한
말이니 믿어도 될 것이다.

2. 기독교와 김일성

이런 성리학의 극단성은 지금의 개신교에서도 비슷하게 나타난다.
세계 최대의 교회. '다방보다 많은' 교회의 숫자. 밤에 아파트 높은 곳
에서 내다보면 붉은 빛 십자가가 서울 하늘을 온통 뒤덮고 있다. 외국
인이 놀랄만한 참으로 한국적인 현상이다. 교회 일에 빠져 가정과 자
식을 내팽개치는 주부들도 허다하다. 물론 이른바 사이비 종교의 폐
해도 크지만 그렇지 않은 '정통' 교회들의 극성도 세계가 알아줄 만하
다. 예수 믿지 않으면 지옥 간다는 그 끔찍한 말을 아무렇지도 않게
지하철 옆 사람에게 내뱉으며 선교하는 맘씨 좋게 생긴 아줌마, 입에
침을 튀기면서 '악마'를 부르짖으며 쉰 목소리로 열변을 토하는 아저
씨. 한국판 개신교, 현대판 무속, 현대판 성리학의 모습이다.

---

3) 위의 글, 66쪽.
4) 김득황, 『한국 사상사』 개정 신판(서울: 남산당, 1963), 182쪽.

위에서 말한 종교학자인 최준식 교수는 한국의 개신교도들이 "조선 시대 성리학자들을 빼다 박았다."고 한다. 그들은 "오로지 자기들만이 온 우주의 진리를 가지고 있다고 주장하면서 샤머니즘, 유교, 불교 등과 같은 전통 신앙을 미신 혹은 우상 숭배로 매도해 버리고 가톨릭조차도 가짜 기독교로 치부해 버린다."는 것이다.[5] 그는 이어서 다음과 같이 말한다. "외래 종교인 개신교가 선교 100년 만에 700-800만 명의 신도를 확보한 것은 노상 정통만을 부르짖고 사상적으로는 외골수에 빠지기를 좋아하는 한국인들의 성향에 개신교가 부합되었기 때문일 것이다. 그러니 종교 간 대화를 할 때 제일 안 되는 사람들이 개신교인들이다."[6]

이런 극단성에 힘입어 한국 기독교는 급속하게 팽창했다. 그런데 많은 전문가들이 여기에는 무속의 요소가 작용한다고 한다. 위의 최준식 교수가 그렇고 김준호 박사도 마찬가지 논리를 편다. 특히 순복음 교회의 일상 행태나 일부 교회들의 부흥회 등을 보면 무속 또는 무교의 냄새가 짙다는 것이다.[7] 물론 그런 점이 많이 작용했을 것이다. 실제로 예수의 원래 가르침인 사랑의 실천보다는 개인과 가족의 복과 행운만을 추구하는 대다수 한국 기독교인들의 행태를 보면 그런 인상을 갖지 않을 수 없다. 그런데 교세의 팽창과는 또 다르게, 교리나 실천의 극단화에는 성리학의 경우와 마찬가지로 한국 민족의 단일성이 중요한 요인으로 작용한다고 보아야 한다.

---

5) 최준식, 『한국인의 종교』, 231쪽.

6) 위의 책, 232쪽.

7) 최준식, 『한국인에게 문화는 있는가』(서울: 사계절, 1997), 281-284쪽; 김준호, "한국 사회의 다종교 상황과 한국인의 현세적, 중층적 신앙", 강원대학교 사회학과 엮음, 『현대 한국 사회의 이해』(춘천: 강원대학교 출판부, 2002), 287-288쪽.

개신교와는 달리 불교는 교리가 철저하게 되거나 교도들이 극단적 행동을 보이지는 않는다. 그것은 유일신이 없는 불교 자체의 평화적이고 포용적인 성격 때문일 것이다. 그러나 불교 교단의 주도권을 둘러싸고 벌였던 폭력 사태 같은 것을 보면, 그것이 반드시 단일성 때문에 나온 극단화의 모습이라고 볼 수는 없겠지만, 그런 면모가 전혀 없다고는 할 수 없을 것 같다.

종교적 극단성의 또 다른 모습을 우리는 북한의 김일성 체제에서 본다. 물론 그것은 종교와는 다른 것이지만, 종교와 비슷한 열정과 맹목성을 보여주었다는 점에서 비교할 만하다.[8] 김일성 체제는 세계에서 유례가 없는 극단적인 전체주의 개인 숭배 체제였다. 비슷한 전체주의 체제로는 히틀러의 나치스 체제와 스탈린의 공산주의 전체주의를 들 수 있다. 이 두 체제에서는 개인숭배가 매우 심했고, 국가가 자행한 폭력과 살인은 북한보다 더 심했다. 그러나 일인 지배의 영속화와 심지어 세습 체제의 구축이라는 면에서는 북한이 훨씬 더 심했다. 물론 북한에서는 국가가 인민을 대량 학살하거나 강제 이주나 대규모 운동을 통하여 대량 죽음으로 몰아 넣은 일은 없었다. 또 체제에 대한 도전이나 저항도 히틀러나 스탈린 체제에 견주어 매우 낮았다. 히틀러는 정적들에 의해 암살 당할 뻔하였으며, 스탈린은 죽은 뒤에 매우 심하게 비판당하였고 위상도 크게 깎였다. 이런 점에서는 모택동도 정도의 차이는 있으나 비슷했다. 그러나 북한의 김일성은 그런 운명을 겪지 않았을 뿐 아니라, 그의 아들 김정

---

8) 한국의 보수 기독교단은 대표적인 반김일성(반북한) 세력이라 이 둘을 비교하는 것이 흥미로울 수 있지만 오해를 불러일으킬 수도 있을 것이다. 하지만 내 논지의 초점이 어디 있는가를 보면 그런 오해는 하지 않으리라 생각한다.

일에게 권력을 물려주기까지 하였다. 지금도 북한에서는 김일성 신격화가 식을 줄 모른다.

왜 이런 차이가 생겼을까? 이 역시 북한 사회가 단일 사회였기 때문에 그랬다는 것이 내 생각이다. 땅도 좁고 인구도 별로 많지 않은 곳에서 뚜렷한 이념을 갖춘 독재자가 독재 체제를 구축하고 유지하는 것은 땅도 넓고 인구도 많고 인종도 다양한 곳에서보다는 훨씬 더 쉽다. 그러니 김일성이 지배체제를 유지하는 것은 히틀러나 스탈린, 모택동보다 훨씬 더 쉬웠다. 여기에 덧붙여 남북한 대치와 6.25 전쟁도 유리한 조건으로 작용하였다. 단일한 민족, 단순한 사회 구성 속에서 국가 건설 직후에 있었던 정치 파벌들 사이의 권력 투쟁에서 이긴 뒤 그는 아무런 의미 있는 정치적 도전을 맞지 않았고, 이를 토대로 개인숭배 체제뿐 아니라 세습 체제도 구축할 수 있었다.

한국에서 종교가 극단화하는 현상을 말하면서 덧붙여야 하는 또 하나의 사실은, 이렇게 종교가 극단화하는데도 종교 전쟁 같은 것이 없다는 점이다. 우리나라에서는 종교가 그렇게 극성을 부려도 동시에 여러 종교들이 다양하게 뒤섞여서 큰 갈등 없이 공존하고 있다. 왜 그럴까? 그것은 간단히 말하자면 종교가 정치화되지 않았기 때문이다. 다시 말해 종교의 구분이 사회 · 경제 · 정치적 구분(계급, 인종, 지역, 언어 등)과 중첩되지 않기 때문이다. 물론 한국이라고 그런 면이 전혀 없는 것은 아니다. 예를 들어 기독교는 도시 중산층과 부유층에게 많이 전파되었고 불교는 농촌이나 교육 수준이 낮은 사람들에게 많이 퍼져 있다. 그러나 그런 차이가 의미 있는 정치적 결과를 가져올 정도는 아니다. 그래서 각 종교가 정치적인 색채를 크게 띠지 않으며, 오히려 앞서 보았듯이 대부분의 종교들이 무속처럼 되고 기복신앙으로 변질되어 닮아가는 경향마저 보인다. 그런데 이런 점에도 한국의 단일성이 작용하고 있다. 다시 말해, 종교가 한국에서 정치화하지 않은 까닭 역시 한국 민족이 단일하고 한국 사회가 동질적이라는 사실에서 많은 부분 찾을 수 있다. 종족에 따라 믿는 종교가 다르다거나 지역에 따라 섬기는 종교 지도자가 다른 곳이라면 이렇게 종교들 사이의 평화가 이루어지기 힘들 것이다. 인도-파키스탄의 분리 독립이나 보스니아의 종교-종족 전쟁에서 대표적으로 보였던 종교간 갈등도 결국 종족과 지역 간의 갈등과 중첩되기 때문에 일어나는 것이다.

이렇게 보면 한국의 단일 사회적 성격이 종교 갈등을 방지한 것으로 볼 수 있다. 개별 종교의 극단화와 종교들 사이의 평화 공존이라는 대비가 한국 종교의 흥미로운 특징인 바, 이 두 측면 모두가 한국인의 단일성에 힘입었다는 것이 필자의 생각이다.

Ⅱ. '너무 너무 힘들어요, 한국이라는 나라는':
교육의 극단성

우리가 지금 보이고 있는 교육, 아니 입시 전쟁의 극단성은 일종의 종교적 극단성으로까지 보인다. 잘못된 교육열의 극단성은 잇단 학생들의 자살에서 극적으로 드러난다. "행복은 성적순이 아니잖아요!"라는 피맺힌 절규를 토해내며 꽃다운 여고생이 스스로 목숨을 끊은 지 벌써 십 년도 훨씬 더 지났다. 이를 영화로 만들어 많은 사

람들의 눈물을 자아내고 사회 문제로 떠들썩한 관심을 끌었지만, 그
것도 잠시, 오늘도 젊은 청춘을 죽음으로 내몰고 학부모를 비탄과
절망으로 몰아넣는 잘못된 교육 현실은 조금도 나아지지 않고 있다.

작년(2003)에도 입시 공부의 압박을 이겨내지 못한 어린 청춘들이
스스로 목숨을 내던지는 일이 여러 번 벌어졌다. 이런 야만스러운
고통이 언제쯤 우리 사회에서 사라질까? 2003년 마지막 달의 어느
추운 날 전라북도 전주에서는 한 남자 고등학생이, 3학년도 아닌 2
학년 학생이 현 교육제도를 신랄하게 비판하는 유서를 남기고 세상
을 등졌다. 그는 죽기 직전 자신의 컴퓨터에 유서를 남기고 가슴에
맺힌 10대 소년의 아픔을 절절히 토해냈다.

엄마, 아빠 죄송해요.
엄마 아빠의 기대에 부응하지 못하고 이렇게 먼저 떠나게 돼서
송구스럽습니다.
너무너무 힘드네요. 고등학교 생활은.
저와 누나를 위해 고생하시는데 저는 공부도 잘하지 못하고 돈만 쓰고
성적이 잘 안 나올 때도 괜찮다,
괜찮다는 말씀하시며 격려해주신 엄마.
그리고 나를 끔찍이도 예뻐해 주신 아빠.
이 못난 아들 이렇게 한 번 더 불효하게 된 것 용서해주세요.
너무너무 힘들어요. 한국이라는 나라는.
멋있는 경찰, 선생님이 되고 싶었는데….
국사 선생님이 되고 싶은데 그 놈의 수학이 뭔지, 그리고 여러 필
요 없는 과목들은 왜 하는지.
경찰이면 도둑만 잘 잡으면 되지 왜 서울에서 김 서방 찾는 것처
럼 어려운 우리나라 수능시험에서 극상위권을 차지할 만큼 공부
해야 하는지.
우리나라 교육제도는 웃긴다.

어떤 제도 시행해도 그 밥에 그 나물이다.
학생들을 생각해서 교육제도 만드는 사람은 없으니까.
돈 때문에 독일로 가지 못하신 우리 아빠. 그리고 아빠랑 고생하
신 엄마. 날 항상 격려해 준 누나.
다음 세상에서 우린 이런 나라 말고 미국 같은 강한 나라, 스웨덴
같은 평화로운 나라에서 나중에 만나요.
그래서 힘들지 않게, 아프지 않게, 행복하게 살아요.
죄송해요.

아이들에게 '너무너무 힘든' 한국, 어쩌다 이렇게 되었을까? 잘못
된 교육열은 학생들의 자살뿐 아니라 공교육의 황폐화, 부동산값 급
등, 이민 열풍, 인력 낭비 등 심각한 사회 문제를 낳고 있다.

이러구러 한국의 극렬한 교육열은 단연 세계 으뜸이다. 일본에서
도 학벌주의와 입시 지옥, 사교육이 많다고 하지만 우리를 따를 바
아니다. 중국의 신흥 부유층이나 중산층에서도 이런 일이 벌어진다
고 하지만 중국 전체로 보면 새 발의 피다. 한국의 교육열은 가히 광
신적이고 집단 정신병 수준이다. 그리고 전 국민적이다. 왜 이렇게
되었을까? 사람들은 입시 제도의 잘못, '엘리트 교육을 포기한' 고교
평준화 문제 등등을 지적하지만 내가 보기에 그것들은 지엽적인 문
제일 뿐이다. 대학 입시 제도를 아무리 바꾸어도, 수능 시험을 쉽게
내건 어렵게 내건, 내신 성적을 반영하건 안 하건, 대학별 고사를 부
활하든 안 하든, 극단적인 입시 전쟁은 사그라지지 않을 것이다. 문
제를 단답식으로 내건 서술식으로 내건, '달달 외우게' 내든 깊이 생
각하게 내든 달라질 것은 없다. 입시 문제를 근본적으로 해결하는
길은 공부 못하는 순으로 신입생을 뽑는 것이지만, 그것은 재미로나
꿀 수 있는 꿈일 뿐이다. 단답식이면 단답식 문제 풀이, 서술형이면

서술형 문제 풀이, 논술 문제면 논술 잘 쓰기 훈련, 예체능 특기면 예체능 과외, 영어 특기면 영어 특기 과외, 모든 면에서 학원 선생들이 학교 선생들보다 한 수 위이고, 학원 선생들이 대학 교수들보다 한 수 위이다. 왜냐하면 돈이 그쪽으로 몰리기 때문이다. 돈 있는 사람들이면 무슨 수를 써서라도 대학 입시 요령과 정보를 연마하고 밝힐 수 있기 때문이다. 그러니 문제는 돈 있는 사람들이 그런 욕망을 느끼지 않을 제도를 만드는 수밖에 없다. 그런데 그게 지극히 어려운 것이 문제의 뿌리다.

한국 교육의 문제는 크게 ① 학력·학벌주의와 대학 서열의 고착, ② 입시 경쟁의 극단성, ③ 사교육의 맹목성으로 요약할 수 있다. 물론 모두 연결되어 있는 같은 현상의 여러 측면이라고 할 수 있지만, 그 중에서도 첫째 문제가 가장 근본적이어서 뒤 두 문제의 원인이 된다.

우선 학력과 학벌에 따라 사람의 출세와 지위가 좌우되고, 출신 대학에 따라 사람의 명운이 바뀌며, 그 출신 대학들의 서열이 굳게 매겨져 있는 것이 문제의 근원이다.

한국은 이미 과잉 학력 시대로 접어들고 학력 인플레가 심화되어 대학 교육이 일반 대중 교육으로 변해버렸으며, 이에 따른 국가적 낭비가 심각한 지경이다.[9] 요즘 심각한 사회 문제로 대두된 청년 실업 문제도 사실 과잉 학력과 뗄 수 없는 관계에 있다. 대학 졸업생들은 숱하게 쏟아져 나오는데, 그에 맞는 일자리는 부족하다. 대학 졸업장을 가진 청년들이 낮은 학력의 사람들이 취업해야 할 육체노동이나

---

9) 이정규는 1990년대에 이르러 한국이 고학력 사회로 진입하였다고 한다. 이정규, 『한국 사회의 학력·학벌주의: 근원과 발달』(서울: 집문당, 2003), 148쪽.

중소기업의 하급직에 취직하려 하지 않는다. 이들은 대졸 학력에 맞는다고 생각하는 번듯한 대기업이나 안정된 직장에만 취직하려 한다. 그러니 일자리 구하기가 하늘의 별 따기가 되어버린 것이다. 그 반면 중소기업이나 공장에서는 인력을 구하지 못하여 외국인 노동자에 의존하는 경우가 많은데, 그 중 불법 취업자도 많아 또 다른 사회 문제가 되고 있다. 다시 말해, 급격한 학력 인플레로 대학 졸업의 가치가 크게 떨어졌음에도 사람들의 의식 변화가 같이 오지 않아 취업 구조에 구멍이 뚫린 것이다. 이렇게 우리 사회의 학력 인플레는 투자에 비하여 소득이 적은 소모적인 학력 경쟁을 야기하고 있다.

대학 교육이 대중화되다 보니 요즈음에는 학력 자체보다 학벌주의가 더 심각한 문제로 대두했다. 지금은 사실 대학 들어가기가 20년 전에 비해 훨씬 더 쉬워졌다. 예전에 비해 대학 입학 정원이 대폭는 반면 대학 수험생들은 줄었기 때문이다. 그래서 오히려 대학들이 정원을 채우지 못하여 생존의 위기를 겪고 있는 실정이다. 그러면 그 쉬워진 만큼 학생들이 고생을 덜 해야 할 텐데, 왜 그렇지 않을까? 그것은 학부모들이 조금이라도 서열이 높은 대학으로 자식들을 보내려는 강박감에 사로잡혀 있기 때문이다. 경희대학을 가든 고려대학을 가든 그 학생의 미래가 크게 달라지지 않으리라는 생각이 있어야 하고, 실제로 그래야 한다. 그러나 실제로 그렇지 못하니 학생과 학부모들이 입시 경쟁에 매달릴 수밖에 없다. 물론 서울대학을 간 학생과 한림대학을 간 학생은 좀 차이가 나겠지. 그런 차이마저 부정할 수는 없다. 하지만 지금의 대학 서열화는 세상에 유례가 없는, 정신 나간 극단적인 구조다. 사람들은 서울대학부터 가장 낮은 대학까지 일렬로 쫙 점수를 매겨놓고 자식과 제자들을 한 점이라도 더 높은 대학에 집어넣기, 올려 끌어넣기 위해 온갖 짓들을 다 한다. 심지어 자식 과외비 마련을 위해 파출부로 나가는 애처로운 또는 정신 나간 엄마들도 있다고 한다. 이것이 병이 아니고 무엇이겠는가? 실제로 부산대학에 들어간 학생과 연세대학에 들어간 학생들의 기본 학습 능력은 그렇게 큰 차이가 없다. 대학에 들어가서 열심히 공부하면 학업 성취도는 거기서 거기다. 그런데 입시 학원들이 제시하는 학교 서열이 그것을 용납하지 않는다. 25등 학교에 들어갈 수 있는 내가 38등 학교에 가는 것은 하느님도 용서하지 못할 죄악인 것이다. 그러니 아무리 대학 들어가기 쉬워졌다고 해도 여전히 대학 들어가기는 어려운 것이다. 역설이라면 이만저만한 역설이 아니다.

역설 말이 나왔으니 또 다른 역설을 한번 얘기해 보자. 우리가 이렇게 필요 없는 서열 경쟁을 위해 많은 돈을 쏟아 붓는 것은, 누가 뭐라 해도 그렇게 쏟아 부을 돈이 있기 때문이다. 아무리 과외비 때문에 가계가 어렵다고 엄살을 부려도 밥을 굶으면서까지 자식들 과외시킬 사람은 아무도 없다. 엄마가 파출부로 나서든 아빠가 뇌물을 받아먹든 과외비가 있으니까 과외를 시키는 것이다. 우리가 못살 때에는 대학 들어가기가 더 어려웠지만 이렇게 과외 천국, 사교육 천국은 아니었다. 그럴 돈이 없었기 때문이다. 이제는 공부도, 아니 과외도 돈 놓고 돈 먹기가 되었다. 한 달에 300백만 원 쓰는 아이는 서울대학으로, 200만 원 쓰는 아이는 한양대학으로, 100만 원 쓰는 아이는 강원대학으로! 계급 격차가 학벌주의로 고스란히 이어지는 모습이 점점 뚜렷해지고 있다. '반딧불 보며' 공부한 시골 아이가 서울대학교에 들어가 사법고시를 통과하여 옛 애인 배반하고 돈과 명예를 쥐는 일은 이제 먼 옛날의 추억이 되었다. 학벌이 신분화, 세습

화되고 있는 것이다.[10]

그러면 왜 이렇게 학벌주의가 기승을 부리고 대학 서열화가 고착하게 되었는가? 많은 원인들이 있겠지만, '한국 사회의 단일성'이 근본적인 원인 가운데 하나다. 무슨 말인고 하니, 한국 사회에는 다른 종류(민족, 인종, 종교, 언어 등)의 균열 또는 계층 차등화가 심하지 않기 때문에 그 계층 차등화가 학벌을 통해 나타나게 되었다는 말이다. 이에 전제되는 것은 어느 사회에서든 사람들은, 특히 우세한 위치에 있는 사람들은 본능적으로 차등화를 원한다는 사실이다. 이는 사람뿐 아니라 모든 동물, 심지어 식물에서도 마찬가지다. 동식물의 경우는 적나라한 힘 싸움이 그 차등화 또는 계급화를 결정짓는다. 동물뿐 아니라 식물도 힘센 것이 약한 것을 죽이고 자신을 확장한다. 사람의 경우 짐승들보다 좀 나은 체 하느라고 다른 방법도 자주 쓴다. 어쨌든 그런 본능 때문에 사회적으로 유리한 위치에 있는 사람들은 무슨 기준으로든 자신과 열등한 지위의 사람들을 차등화하기를 원한다. 대학 서열화와 학벌사회의 고착은 일제 강점기 이후 전통적 계급 갈등이 해소된 뒤 이를 대체할 새로운 한국판 계급 균열로 자리 잡았다. 그 결과 좀 더 나은 대학을 가고자 하는 열망이 온 국민의 일상을 지배하게 되었지만, 이제 좋은 대학 입학생은 점점 더 상층계급 출신으로 좁아져서, 경제적 계급과 학벌 계급의 결합체가 한국의 지배계급으로 굳어가고 있다.

한편 대학 서열화가 고착되고 학벌주의가 사회를 지배하니 자연히 입시 경쟁은 극단화할 수밖에 없다. 학벌 사회의 고착이 한국 사

____

10) 이정규, 『한국 사회의 학력 · 학벌주의: 근원과 발달』(서울: 집문당, 2003), 163쪽.

회에서 단일성에서 나왔다면, 그것이 극단적으로 심해지는 것은 우리 사회의 '밀집성'에 그 원인이 있다고 할 수 있다. 다시 말해 좁은 곳에서 비슷한 사람들이 부대끼고 경쟁하다 보니 입시 경쟁도 극단적으로 흐르게 되는 것이다. 입시 경쟁의 맹목성과 극단성은 인구밀도가 큰 단일 사회 한국에서 나타난 병리 현상이다. 똑 같은 사람들이 좁은 곳에서 부대끼다 보니 경쟁도 심해지고 스트레스도 많아진다. 생존경쟁의 법칙을 넓은 나라에서보다 더 절감하게 된다. 이런 점에서 교육열이 우리에 못지않다는 이스라엘 또는 유태인들의 사정을 우리와 비교해 보는 것도 의미 있는 일이 될 것이다.

입시 경쟁의 극단화는 맹목적인 사교육 열풍으로 이어진다. 맹목적이고 극단적인 입시 경쟁은 다른 사교육으로도 번져가서 비단 대입 경쟁만이 아니라 다른 종류의 사교육도 맹목적이고 극단적으로 만든다. 조기 유학, 영어 열풍, 예체능 과외 등에서 마찬가지 현상이 나타난다. 갑자기 불어 닥친 영어 교육열은 어린아이의 혀를 잘라내는 비정하고 무식한 '교육'열로 이어진다. 그러나 그것은 전혀 교육이라고 할 수 없는 반교육적인 일이다. 아무리 세계화 시대에 영어가 중요하다고는 하나 우리처럼 이렇게 갑작스럽게 영어 열풍이 불어 닥친 나라도 찾기 어렵다. 중국이나 대만에서 일부 그런 현상을 볼 수 있다고는 하나, 온 국민이 영어 스트레스를 받고 또 마땅히 받아야 한다고 생각하는 나라는 아마 대한민국이 유일하지 않나 싶다. 세상이 변하니 교육의 내용도 바뀌고 배워야 할 것도 변하겠지만, 지금 우리가 보이는 행태들 대부분이 필요에 따른 것이라기보다는 '나는 안 하고 싶은데 옆집 수한이 엄마가 하니 안 할 수 없는' 집단 쏠림 현상이라고 아니 할 수 없다. 따라서 이런 현상은 비단 극단성

일 뿐 아니라 우리의 또 다른 속성인 조급성-냄비근성의 표현이라고도 할 수 있다.[11]

　사교육뿐 아니라 해외 유학생도 급격히 늘어나고 있다. 학벌주의는 이제 나라 안에만 국한된 것이 아니라 바야흐로 외국으로까지 확산되어 나가고 있다. 교육인적자원부 통계에 따르면 10년 전까지만 해도 8만 명 대에 머물던 유학생이 2003년 9월 말 현재 16만 명으로 늘어났다. 여기에 초·중고 조기유학생 1만여 명과 신고 없이 떠난 학생들까지 합치면 해외 유학생은 20만 명에 육박하리라고 한다. '기러기 아빠'라는 신조어가 화제가 되는가 했더니, 어느새 우리 주변에도 조기 유학생을 가진 가정이 많이 생겨났다. 유학지가 북미 지역과 오스트레일리아, 뉴질랜드 등 영어권이 대부분인 것을 보면, 이들은 역시 영어에 목을 매고 있음을 알 수 있다.[12]

　지금까지 본 교육 문제들은 궁극적으로 우리 사회를 지배하는 경쟁 이데올로기가 부추기고 있다. 최근 20-30년 동안 창궐한 경쟁 이데올로기는 신자유주의라는 새로운 국면에 들어선 세계 자본주의 체제의 작동 이념이라고 볼 수 있다. 따라서 한국뿐 아니라 거의 모든 나라들이 국가 경쟁력을 올리기 위한 나라 안팎에서의 투쟁에 몰두하고 있다. 하지만 그런 점을 감안하더라도 우리나라에서 보이는 경쟁 이데올로기의 창궐은 그 격을 달리 하는 감이 있다. 왜 그럴까?

---

11) 한국의 사교육비 지출은 OECD 회원국 최고 수준이다. 한국교육개발원의 조사에 따르면, 2003년 현재 전국 초중고교 학생 중 72.6%가 학원 수강과 과외 등 사교육을 받으며, 이들의 연간 사교육비는 13조 6천485억 원에 이른다. 이는 한 사람 당 한 해 285만 원에 해당하는 것인데, 이런 사교육비 규모는 2003년 교육부 예산(24조 9천36억 원)의 54.8%에 이르는 것으로 추정됐다. ≪연합뉴스≫ 2003. 12. 19.

12) "지평선", ≪한국일보≫ 2003. 12. 16.

그 답 또한 우리 사회가 단일 사회이고 밀집 사회이라는 점에서 찾을 수 있다. 단일 사회의 획일적 집단주의가 맹목적 경쟁과 서열화를 부추기고 사회의 밀집성이 그 경쟁을 격화시킨다는 말이다. 이런 상황에서 경쟁 이데올로기를 누그러뜨리고 참다운 교육을 통해 사람을 거듭나게 하려는 시도는 참으로 힘없어 보인다.

사정이 이러니 교육 문제의 해결은 교육인적자원부가 해결할 수 있는 범위를 넘어섰다. 대학입시제도를 이리저리 고친다고 될 일도 아니고 수능 시험을 어렵게 또는 쉽게 낸다고 될 일도 아니다. 근본적으로 우리 사회의 두 조건, 곧 단일성과 밀집성이 해결되어야 한다. 그런데 단일 · 밀집 사회의 성격은 인위적으로 해결될 게 아니다. 하지만 그렇다고 포기할 수는 없지 않은가? 우리의 주어진 조건을 바꾸기가 어렵다면 그 조건 아래에서라도 해결책을 찾아야 한다. 그러면서 그 조건 자체도 완화시키려고 노력해야 한다. 교육 문제를 해결하기 위해서는 구체적으로 대학 서열화를 해소하고, 경쟁력 이데올로기를 균형 발전 이념으로 바꾸며, 국민 의식 수준을 높이는 일을 해야 한다. 그러기 위해서는 우선 국가 철학부터 개조해야 한다. 교육부를 '교육인적자원부'로 바꾸는 철학으로는 교육 문제를 해결하기는커녕 오히려 심화시킬 뿐이다. 그 철학은 돈벌이 경쟁을 지상목표로 삼기 때문이다. 돈벌이가 아니라 몸과 마음, 정신과 물질의 균형 잡힌 발전을 추구하는 문화 국가의 이념을 정착시켜야 한다. 정부는 지방대학을 포함하여 대학들 간의 균형 발전을 도모하고 세칭 일류 대학들이 대학원 대학으로 전환하도록 유도해야 한다. 그리고 과외를 못하는 저소득층에 대한 혜택을 대폭 확대해야 한다.

동시에 일류 대학들은 각성하고 이기심을 억제하여 과열 과외를 억제할 방안을 모색해야 하며, 시민 차원에서는 과외 추방과 참된 교육을 위한 운동이 제대로 자리 잡아야 할 것이다. 이런 일들은 모든 근본적인 개혁들이 그렇듯이 말 하기는 쉬워도 실천하기는 어렵다. 현 체제의 모순에서 이득을 보는 기득권층이 조금도 양보하려고 하지 않기 때문이다. 서울대학교 총장은 서울대학교의 이익만 생각하고 연세대학교 총장은 연세대학교의 이익만 생각하는 것을 우리는 서울대 법인화니 기여입학제니 교교 등급제니 하는 말들에서 분명히 볼 수 있다. 그러면서 그들은 언제나 그들의 주장이 한국 대학 교육의 질을 높이기 위한 것이라고 한다. 그렇게 해서 대학 교육의 질이 얼마나 높아질지는 따로 연구해 보아야 하겠지만, 그런 시비를 떠나, 기득권자들이 기득권을 어느 정도 양보하지 않는 한 한국의 교육 문제는 결코 해결될 수 없으리라는 점은 분명하다.

빨리빨리 정신:
조급성

한국을 좀 아는 외국인에게 한국인의 특징을 말해 보라고 하면 어김없이 '빨리빨리'를 든다. 이는 스위스에서 온 최고경영자건 방글라데시에서 온 불법 체류자건 입을 모아 얘기하는 한국인의 특성이다. 이들이 모두 이렇게 말하는 걸 보니 빨리빨리의 조급증은 부인할 수 없는 현대 한국 사람들의 특징인가 보다.

그러면 왜 우리는 이렇게 '빨리빨리 사람들'이 되었을까? 우리가 배운 선조들의 삶은 전혀 그렇지 않았다. 여유와 관조, 은근과 끈기, 삶의 지혜, 이런 것들이 우리가 소싯적부터 학교에서 배워 온 우리 선조들의 삶이 아니던가? 그것이 거짓말이었단 말인가? 그렇지는 않을 것이다. 그런데 더 생각해 보면, 이런 멋진 것들은 일 안 하고 놀고먹었던 양반들 얘기고, 국민의 절대 다수였던 상것들의 삶은 여유와 관조도 아니고 은근과 끈기도 아니고 절박함과 악다구니 아니면 살기 위한 서로 돕기였을 것 같다. 어쨌든 그 어느 쪽이라고 해도 빨리빨리나 조급함과는 거리가 있다. 우리 조상들이 사시사철 때 맞춰 농사짓느라 조급하게 살게 되었다는 설도 있기는 하나, 나는 농경 사회가 농사일 때문에 조급한 문화를 만들었다는 말을 믿기 힘들다. 이런 가설이 설마 정설이라고는 믿을 수 없다. 오히려 농경 사회는 정체되고 조용한 정적인 사회가 아니던가? 또 설사 농사일 때문에

우리가 조급해졌다면 다른 일모작 농경사회도 다 마찬가지가 되어
야 할 텐데, 이는 사실과도 어긋나거니와 만약 그렇다면 이는 결코
우리의 독특한 특징이 될 수 없을 것이다. 그러니 우리의 조급증은
다른 데서 그 원인을 찾을 수밖에 없다.

Ⅰ. 조급성의 기원

우리 조급성의 기원을 찾기 위해서는 우선 그것이 옛날부터 있던
것이 아니라 현대에 와서 나타난 현상이라는 점을 말해야 한다. 특
히 1960년대부터 본격화된 개발 시대 이전에는 한국 사람들에게서
조급성이나 그것과 밀접한 짝인 역동성을 찾아볼 수 없었다. 이전에
는 오히려 우리가 너무 느리거나 역동성이 없는 것이 문제였다. 조
선 시대가 정체된 사회였다는 주장이 많았는데, 이러한 정체성론을
사람들은 일제의 식민사관이라고 한다. 그러나 일본 사람들이 자신
의 지배를 정당화하기 위해 우리를 게으르고 정체된 민족이라고 비
하한 것은 사실이지만, 그렇다고 하더라도 거꾸로 조선시대가 역동
적인 변화의 시대였다고는 아무도 말할 수 없을 것이다. 오히려 정
체 사회에 가까웠다는 것이 필자의 판단이다. 사실 이런 점은 산업
혁명을 겪기 이전의 어느 사회에서나 비슷하지 않겠는가?
조선시대의 한민족은 느긋하고 여유 있거나, 게으르고 더럽거나,
둘 다이거나였다. 어느 쪽이었든 빨리빨리의 조급성이나 변화무쌍의
불안정 또는 역동성과는 거리가 멀었다. 한마디로 한국에서 조급성

이나 역동성은 일본 사람들이 우리를 '게으르고 더러운 조센징'이라고 멸시했을 때까지는 나타나지 않았다. 그 뒤 해방되고 전쟁을 거치고, 그리고 재건 부흥한다고 '조국 근대화'를 시작하면서부터 우리의 조급성이 나타나기 시작했다. 경제 성장과 '조국 근대화'를 빨리 이루기 위한 조급성이, 또 거기서 나타난 치열한 생존 경쟁과 그것을 부추긴 개발지상주의 이데올로기가 우리 사회를 여유 없는 경쟁 사회로 만들고, 우리 국민들을 느긋하지 못한 조급하고 허둥대는 국민으로 만들었다.

이에 대해 산업화를 이룬 곳이 어디 한국뿐이냐고 반문할 사람이 있을 수 있다. 물론 한국뿐 아니라 급속한 산업화를 겪는 곳에서는 어느 정도든지 조급성과 빨리빨리 문화가 나타난다. 만만디의 나라로 알려진 중국도 대도시에서는 그런 면모를 볼 수 있다. 한국 대도시 못지않은 조급성과 자본주의 소비문화의 홍수를 볼 수 있다. 하지만 이런 현상은 일부 계층과 일부 지역에 국한된다. 나라 전체로 보면 한국에 비할 바가 아니다.

그런데 이런 급속한 변화가 어느 정도 꼭짓점에 이르고 산업화의 단계를 넘어 사회가 안정되면 사람들의 행동에 여유가 생기게 된다. 지금 선진국의 모습이 그렇다. 먹고 살만하기 때문에 더 빨리 움직여서 소득을 더 올리고 싶은 욕망이 사람들에게 크지 않기 때문이다. 그들은 오히려 느긋한 생활에서 삶의 질을 추구한다. 하지만 선진국에서도 대도시에서는 빨리빨리 서두르는 모습을 볼 수 있다. 예를 들어 미국 뉴욕의 맨해튼 거리 사람들은 서울 사람 못지않게 빨리 걸어 다닌다. 바쁘고 할 일이 많기 때문이다. 쪼아대는 상사의 매부리코와 날선 눈이 머릿속에서 사라지지 않기 때문이다. 그곳 역시 밀집사회인 대도시 사람들의 조급한 특징들이 나타난다.

선진국과는 반대로 산업화가 본격화되지 않아 사회가 정체되어 있을 때에도 사람들은 빨리 움직이지 않는다. 그럴 필요가 없기 때문이다. 빨리빨리 해치워야 할 일이 없기 때문이다. 그래서 느긋하게 된다. 지금 후진국의 모습이다.

우리는 지금껏 빠른 산업화를 겪었기에, 그것도 세계에서 유례가 없는 급속한 사회 변화를 겪었기에 행동과 마음도 세계에서 유례가 없을 정도로 빨리빨리가 되었다. 게다가 한국 사회는 세계에서 드물게 사람들이 조밀하게 모여 사는 사회다. 전체 인구밀도도 그렇지만 수도권 집중의 밀집화는 세계 제일이다. 그러니 빨리빨리 문화가 다른 산업화 나라에서보다 더 진하게 나타날 수밖에 없었다. 게다가 여기에 단일성의 요소가 가미되어 현대 한국의 빨리빨리 문화가 더 촉진되었다. 우리는 단일한 민족이고 비슷한 사람들이기 때문에 뭘 해도 더 단합하여 빨리빨리 할 수 있다는 말이다. 이렇게 압축 산업화와 밀집성, 단일성의 요소들이 결합하여 한국 사람들을 세상에서 유례없는 빨리빨리 족속들로 만든 것이다.

Ⅱ. 일상생활

한국 사람들이 조급하다고 하지만 사실 현대 도시 생활 자체가 여유나 느긋함과는 거리가 멀다. 이런 점은 현대 문명의 선두주자인 미국 문명의 한 단면이기도 하다. 효율성과 속도를 강조하는 기술 문명이 현대인의 일상생활에 깊숙이 스며 있다. 교환 학생으로 미국에 다녀 온 어느 학생이 빨리빨리 문화의 원조가 한국이 아니라 사실은 미국이라는 점을 재미있게 지적한 바 있다.[1]

> 예전에 언젠가 한국의 유명한 사람이 한국의 빨리빨리 문화를 비판하면서 에스컬레이터에서 걷는 사람은 한국밖에 없다는 예를 든 적이 있다. … 시카고나 뉴욕 같은 미국의 대도시에서는 에스컬레이터 위를 뛰어 다니는 사람을 흔하게 볼 수 있다. 어떤 사람은 또 한국의 빨리빨리 문화를 비판하면서 이런 예를 든다. 한국 사람은 식당에 가서 음식을 시키면 잠시 기다리는 것을 못 참아서 "아줌마 빨리빨리 주세요!" 한다고. 하지만 그 기다리는 시간을 못 참아서 패스트푸드점을 만든 사람들은 다름 아닌 미국사람들이다. 한국 사람들은 그나마 패스트푸드점을 안 만들 정도로 기다리는 것을 참을 수 있다는 말이다. 빨리빨리 문화의 선구자는 바로 미국이었다.

한국 사람들은 그렇게 빨리빨리를 외치면서도 햄버거나 샌드위치같이 빠른 음식은 발명하지 못했으니, 이 점에서는 미국에 뒤진다고 하겠다. 그러나 어쨌든, 빨리빨리 문화 또는 인스턴트 문화의 모국이 미국인 것이 사실이라고 하더라도, 평균 한국 사람들의 평소 행동이 평균 미국 사람들보다 더 '빨리빨리'인 것은 부인 못할 사실이다. 그 모습을 몇 가지 들추어보자.

---

1) 김기범의 글. 김기범, 『미국 뒤집어보기』(서울: 동인, 1999). 이 인용문은 현남섭, "'설익은 지식인'이 국어를 보는 눈을 살펴보기", 『한글 새소식』(한글학회) 제344호에서 재인용한 것임.

1. 식당에서

한국 사람들은 식당에 들어가면 잠시도 참지 못하고 빨리 달라고 성화를 부려댄다고 한다. 외국에 가보면 음식 빨리 달라고 재촉하는 사람은 꼭 한국 사람들이라는 것이다. 글쎄, 나는 외국에서는 직접 경험해 보지 않았지만, 한국 사람들이 식당에서 좀 못 기다리는 것은 사실인 것 같다. 내 어릴 적 기억을 말해 보자면, 그때는 왜 중국집에서 그렇게 음식이 늦게 나왔는지 모르겠다. 평소에 간식이나 군것질을 많이 하지 못할 시대였으니, 끼니때가 되면 곧잘 허기가 지곤 했다. 그러니 가끔 가는 중국집에서 자장면 기다리는 시간은 정말 길게 느껴졌다. 면을 기계로 빼는 요즘과는 달리 손으로 빼었으니 실제로 시간이 많이 걸린 것도 사실이다. 그러나 지금은 그때와는 반대로 중국집에서도 음식이 매우 빨리 나온다. 한식집도 마찬가지다. 일식집도 마찬가지다.

그런데 여기서 한 가지 주목할 점이 있다. 우리나라 식당에서는 본 음식이 나오기 전에 심심풀이로 깨작거릴 전채 요리나 반찬이 나오지 않는다. 본 음식과 같이 나온다. 그러니 음식 기다리는 시간이 길어질 수밖에 없다. 외국 식당에서는 대개 본 음식 나오기 전에 음료나 술이 나오고 조그만 보조 음식 접시들이 나온다. 본 음식이 나올 때까지 성화대지 말고 느긋하게 먹으면서 기다리라는 신호다. 그런데 우리나라 사람들은 식당에서 주린 배를 움켜쥐고 자장면이나 설렁탕 나올 때까지 보리차나 마시면서 아니면 단무지나 한 입 베면서 기다려야 하니, "여기 빨리 좀 주세요."라는 소리가 저도 모르게 나오는 것이 아닐까? 그런 것이 버릇이 되어서 외국 식당에 가서도

"여기 빨리…!"를 절규하는 것이 아닐까?

어쨌든 요즘은 한국 식당들에서도 본 음식 전에 전채 음식 비슷한 것이 나오는 경우가 많아졌고, 기계화가 많이 되어 음식 나오는 속도도 빨라졌다. 그만큼 음식 빨리 달라고 아우성치는 모습도 많이 없어졌다. 이렇게 보면 '음식 빨리빨리'도 결국은 배고픈데 시킨 음식은 빨리 안 나오는 우리 식당의 현실이 만든 한국인의 모습이라고 할 수 있다.

하지만 물론 이런 점 때문만은 아니다. 여기에는 앞에서 보았듯이 압축 성장에 따라 사람들의 심성이 조급해진 점, 밀집사회의 부대낌 때문에 여유가 없어진 점 등 한국 사회의 밀집사회적 조건이 작용하고 있음을 부인할 수 없다. 이는 아래에서 얘기할 교통 문화에 대해서도 똑같이 말할 수 있다.

2. 교통 문화

외국인들이 한국에 와서 아주 불편해 하는 것 가운데 하나가 '무서운' 교통 문화다. 한국 사람들은 교통신호도 무시하고 죽자사자 무조건 쌩쌩 달린다는 것이다. 서울의 교통 무질서는 정말 심각한 문제다. 한국의 교통사고 사망률은 세계 최고 수준이다. 역시 '극단적'인 한국의 한 모습이다.

대도시와 근교 도시 사이를 심야에 다니는 총알택시라는 것이 있는데, 그야말로 총알 같이 달려서 승객을 불안과 공포에 떨게 만든다. 나도 춘천에서 살 때 서울에서 교통편이 끊기면 어쩌다 총알택시를 탈 때가 있었는데, 다행히 내가 탔을 때는 그렇게 무섭게 달리지는 않았다. 어쨌든 한 번 탔을 때, 그때의 운전기사는 나이가 조금 든 사람이었는데, 그 사람 가라사대, "여기 총알택시 하던 젊은 사람들 여럿 있었는데 모두 밥숟갈 놓아버렸지요." 했다. 모두다 총알택시 운전하다 사고로 죽었다는 뜻이다.

왜 그런 짓을 할까? 왜 미친 듯이 운전할까? 왜 죽음을 무릅쓰고라도 택시를 총알로 만들고 싶어 안달이 날까? 왜 한국 사람들은 운전을 그렇게 무질서하고 무섭게 할까? 근본적으로는 한국인의 조급성에 그 원인이 있지만, 더 구체적인 까닭을 생각해 보면 다음과 같음을 알 수 있다. 첫째, 우리나라 사람들이 운전한 지 얼마 되지 않아 운전 문화가 정착되지 않아서 그렇다. 자가용 승용차가 보편화된 것이 이제 20년쯤 되었으니 말이다. 자가용 문화가 우리보다 더 정착되지 않은 중국 도시인들의 운전이 우리보다 더 엉망인 것을 보면 내 말이 이해가 될 것이다. 둘째, 우리는 급속히 변화는 산업화 사회, 특히 밀집사회에서 부대끼며 사느라고 모두가 정신의 여유가 없어지고 조급해져서 그렇다. 미국은 선진국이지만 뉴욕의 교통 문화는 만만찮다. 부대끼며 사는 도시인들이기 때문이다.

난폭한 운전 문화의 원인이 그런 것들이라면, 특히 첫째 이유라면 그것은 시간이 지나면서 많이 고쳐질 것이다. 실제로 난폭한 운전 문화는 상당히 고쳐지고 있다. 밀집사회에서도 교통 문화가 좋아질 수 있다는 증거다. 그러면 왜 운전 문화가 나아지고 있을까? 첫째, 이제 우리나라 사람들도 운전한 지 꽤 되었다. 건전한 운전 문화가 생길 때가 되었고 실제로 차츰 생기고 있다. 둘째, 한국 사람들이 여전히 조급한 것은 사실이지만, 이제 그들도 미친 듯이 운전하는 것이 인생살이에 별 도움이 되지 않는다는 사실을 깨닫기 시작했다.

더구나 요즘은 문명의 이기가 발달하여 도로 곳곳에 무인 감시 카메라가 지키고 있어 운전을 조심하지 않을 수 없게 되었다. 기계에게 감시당하는 것은 기분 나쁘지만 사람 목숨을 살리기 위해서는 감수해야 할 대가다. 그래서 요즘 우리의 운전 문화는 그래도 예전보다는 조금 나아지고 있는 것 같다. 물론 아직도 교통사고율이 높고 음주 운전은 여전하지만 말이다.

그러니 이 부분에 있어서도 너무 비관만 하지 말자. 차를 많이 운전하다보면 여유가 생기고 난폭 운전의 오명도 차츰 벗어날 수 있다. 시간이 걸리겠지만 말이다. 그리고 불평하는 당신부터 먼저 얌전히 운전하는 모범을 보이자.

교통 문화와 비슷한 문제점이 주차 문화에서도 나타난다. 자동차는 급속도로 증가하고 주차 공간은 부족하다 보니 주차 질서가 제대로 지켜지지 않는다. 대단지 아파트의 경우는 주차장 시설이 모자라나마 되어 있기 때문에 덜한 편이다. 하지만 여기서도 주차하기가 쉽지는 않다. 이런 모습에서도 한국인의 참지 못하고 조급한 성격을 엿볼 수 있다. 아파트가 아닌 단독 주택이나 연립 주택들의 경우들은 주차 공간이 더 부족하여 주민들 사이에 곧잘 다툼이 벌어지곤 한다. 주차 전쟁이라는 말이 어색하지 않을 정도로 사람들은 신경을 곤두세우고 차 세울 공간을 확보하기 위해 갖은 노력을 기울인다. 문명의 이기가 문명의 스트레스가 되는 대표적인 경우다. 이는 밀집 사회 한국에서 사람들이 살아가는 방식이기도 한데, 차고지 증명제를 도입하여 제도적으로 해결하지 않는 한 방법은 없어 보인다. 하지만 자동차 산업을 먼저 생각하는 정부 정책 때문에 차고지 증명제는 도입되지 않을 것 같고, 따라서 주차난이 해결될 전망도 별로 보이지 않는다.

Ⅲ. 대형 참사

　조급성은 대가를 치러야 한다. 그리고 우리는 지금까지 그 대가를 섭섭지 않게 치러 왔다. 수많은 대형사고, 인재, 참사들이다. 얼마나 그런 것들이 많았으면 그 부르는 이름들도 이렇게 다양할까.

　와우 아파트 붕괴(1970)에서 시작된 그 많은 우리의 대형 사고들. 최근 기억나는 것들만 들어보자. 가수 하춘화를 업고 뛴 코미디언 이주일이 유명해진 이리역 폭발 사고, 김영삼 대통령의 유명한 한탄 "우째 이런 일이!"를 탄생시킨 성수대교 붕괴와 삼풍백화점 참사, 그리고 참사 위의 참사, 참사의 절정을 장식한 대구 지하철 참사 (2003). 이 외에도 한 해가 멀다하고 계속되는 인재와 대형 사고들. 이렇게 하여 우리는 사고 왕국이라는 오명을 쓰게 되었다. 이 모든 것들이 빨리빨리 대충대충, 공기 단축 달성, 목표액 초과 달성에 눈이 먼 실적 위주, 업적 위주의 어리석은 조급성과 개발 지상주의에서 나왔다. 한국의 경제성장이 눈부실수록 그에 수반된 사고 기록 또한 눈부시다. 그리고 거기서 희생된 수많은 사람들의 넋은 가엾기만 하다.

　이런 현상들은 우리나라뿐만이 아니라 다른 나라들에서도 일어난다. 특히 나라가 덜 발전할수록 이런 대형 사고들을 더 많이 일어난다. 그렇지만 우리의 대형 참사들이 우리나라가 후진국이기 때문에,

또는 아직 선진국이 못 되었기 때문에 일어나는 현상이라고만 할 수 있을까? 물론 근본적으로는 그런 면이 있지만, 거기에 덧붙여 우리의 빨리빨리 조급성 그리고 빨리빨리 역동성의 결과임을 부인하지 못하리라. 우리는 다른 나라에 비해 개발도 역동적이고 사고도 역동적이다. 이 모두가 우리의 특징이라고 일컬어지는 조급성의 필수적인 부산물이다.

대형 참사들이 줄을 잇는 것은 기본적으로는 밀집사회 한국에서 살아야 하는 우리들의 조급성에서 오는 것이지만, 더 구체적으로 보면 몇 가지 다른 까닭들을 생각해 볼 수 있다. 우선 자본과 안전 의식이 모자라는 상황에서 지나치게 빨리 성장을 하다 보니, 챙겨야 할 마무리 손질까지 꼼꼼하게 챙기지 못한다. 금방 눈에 띄는 성과가 중요한 것이지 그 내용물이 얼마나 충실한지는 크게 문제가 되지 않는다고 생각한다. 그래서 빨리빨리가 '대충대충'과 '괜찮아요!'로 이어지고, 초과 달성, 공기 단축이 안전성이나 미관보다 더 중요한 가치와 목표가 된다.

그리고 자본이 부족하기도 하지만 업자와 관료, 정치인들이 유착하여 이리저리 빼먹다 보니 그나마 있던 돈이 더 없어진다. 그러니 꼼꼼히 여러 가지 안전장치들을 확보할 수가 없다. 공무원의 뇌물 사건은 오늘도 어제도 끊임없이 텔레비전 화면을 장식한다. 언제쯤 안 보게 될까. 아니 언제쯤 '덜' 보게 될까. 공무원 뇌물 사건을 얘기하다 보니 오히려 공무원들에게 미안한 마음까지 든다. 정치인들의 뇌물(이름하여 정치자금)부정은 비교도 되지 않을 만큼 어마어마하다. 그런데도 5백만 원 받아먹은 말단 공무원은 징역을 살고 50억 받아먹은 국회의원은 정치자금이라고 큰소리친다. 이리 빼 먹고 저리 받아먹는 습관이 고쳐지지 않는 한 우리나라에서 대형 사고는 사라지지 않을 것이다.

게다가 한국 사람들은 전통적으로 꼼꼼한 마무리를 하는 데 서투르다. 서투를 뿐 아니라 이를 우습게 보는 전통마저 있다. 우리의 옛 불상이나 전통 조형물들을 보면 마무리가 대충 되어 있다. 일본의 그 차갑고 완벽한 직선미와는 다른 부드러운 곡선이 대충 마무리되어 있다. 이것이 한국적인 미라고 칭찬하는 사람들도 많다. 거기서 여유와 관조의 아름다움, 그리고 따뜻하고 포근함을 느낄 수 있는 것도 사실이다. 하지만 이것이 사람들의 안전 문제가 되면 얘기가 달라진다. 이런 '대충의 자연미'는 사람 목숨이 달려 있는 건조물에서는 결코 미덕이 될 수 없다.

이런 대형 사고들은 국민소득이 높아지면 자연히 줄어드는 경향이 있다. 다시 말해 특정 발전 단계에서 나타나는 보편적인 현상이라고 볼 수도 있다. 앞으로 우리 사회가 모든 면에서 더 발전하게 되면 공기 단축보다 안전성을 더 중시하는 문화가 정착될 수 있을 것이다. 하지만 우리의 경우 다른 나라보다 더 밀집된 사회적 조건이 여유나 안전보다는 속도를 중시하는 풍토를 부추긴다. 거기다 꼼꼼하거나 미세하기보다는 풍류나 신명의 기질을 더 가진 우리의 기질적 특징도 불리하게 작용한다. 이런저런 요인들을 고려하면, 우리의 '역동성'과 빨리빨리 근성의 체질화는 그렇게 쉽게 사라지지는 않을 것 같다. 따라서 대형 사고도 앞으로 조금은 더 겪어야 수그러들지 않을까 우려된다.

Ⅳ. 냄비 근성

　조급성의 폐해는 안전사고에 국한되지 않는다. 이른바 냄비 근성과 정신적 얄팍함도 한 부분이다. 위에서 말한 조기 영어, 조기 유학 열풍, 유행에 넋을 뺏기는 청춘들도 다 마찬가지다.

　2002년도의 월드컵 축구 대회는 한국인의 역동성과 냄비 근성을, 그 장점과 단점을 고스란히 그리고 너무도 적나라하게 보여준 대표적인 행사였다. 한국 축구팀은 네덜란드의 거스 히딩크를 새 감독으로 영입하고 사상 처음으로 월드컵 16강에 진출하겠다는 목표를 세웠다. 하지만 대회가 시작하기 전의 히딩크 '사단'의 성적은 시원치 않았고, 언론은 예외 없이 히딩크를 때려댔다. 그러나 막상 월드컵이 시작되자 한국 축구단은 기대 이상으로 선전하여 생각지도 못하던 4강에까지 올랐다. 그러자 온 국민과 언론은 다음과 같이 '오버'하기 시작했다. 인터넷 글을 뒤지다 옮긴다. 필자를 밝히지 못해 미안하다.

　한국이 월드컵 16강 진출에 실패하면 언론의 '히딩크 죽이기'가 시작된다. 하지만 16강에 오르면 히딩크 귀화설이 나돌기 시작하고, 8강에 오르면 한글로 된 히딩크 위인전이 나온다. 4강에 오르면 히딩크와 정몽준이 '축구당'을 만들어 정계에 진출, 제1당이 된다. 결승에 오르면 히딩크파가 정몽준파를 제압, 1당 독재가 시작되고, 우승하면 히딩크교가 전국을 휩쓸고 한국은 제정일치의 전제군주제 사회가 된다. 지난 월드컵 기간 동안 네티즌 사이에서 유행했던 유머 시리즈의 한 토막이다. 쉽게 웃어넘길 수만은 없는 이 '가상 시나리오'는 우리 국민의 '냄비근성'을 따끔하게 꼬집고 있다.

월드컵 기간 내내 한국은 일종의 집단 마취 상태를 보여주었다. 그 열광과 희열은 단군 이래 최대가 아니었는지 모르겠다. 이에 비길 만한 것으로는 아마 1945년 8월 15일의 해방이 유일한 것이었을지도 모른다. 우리는 2002년 한 해를 월드컵으로 시작하여 월드컵으로 끝냈다. 12월에 있었던 대통령 선거도 그만한 국민적 관심을 끌지 못했다. 월드컵 4강 진출이 곧 대한민국과 한민족의 국운을 트이게 한 것처럼 축구인뿐 아니라 온 언론과 정치인과 지식인들이 흥분하고 날뛰었다. 그러나 그 뒤는 과연 어땠는가? 다시 인터넷 글이다.

> 월드컵 기간에 보여준 축구에 대한 우리의 뜨거운 사랑은 바람에 날리는 풍문처럼 소리 없이, 자취 없이, 정처 없이 언제인지도 모르게 사라져버렸다. 몇 달이 지나지 않아 월드컵에 사용된 구장들은 썰렁해졌다. 월드컵 대회 이후 속행된 K리그엔 예상대로 뭉게구름 같은 관중이 모였다. 도하 매스컴들은 월드컵 축구의 붐이 K리그로 이어져 '한국 축구의 황금기가 오다'라고 크게 다루었다. 그러나 이러한 뭉게구름 관중은 채 한 달이 못 가서 차츰 양떼구름처럼 엷어지더니 리그가 막판에 이르면서 월드컵 축구 대회 이전의, 그저 한 경기에 수천 명에 지나지 않는 새털구름 관중으로 회귀하고 말았다. … 식어도 너무 빨리 식는 냄비란 말이 옳을 듯하다.

축구는 또 그렇다고 하자. 사회 전체가 그 떠들썩한 축제의 열기가 어디 있었냐는 듯이 끝나기가 무섭게 썰렁해져 버렸다. 한 신문에 실린 논설위원의 한탄이다.[2]

---

2) 김학순 논설위원의 글. ≪경향신문≫, 2003. 6. 6.

그 후 불과 1년. 우리들의 지금은 어떤 모습인가. 뭉게구름 위에서 꾸던 단꿈은 어딜 가고 떠올리기조차 끔찍한 악몽만 남아 있다. 가는 곳마다 너도나도 히딩크 리더십을 배우겠다던 구호는 잊힌 지 오래다. 기초를 다지자. 정실은 없다. 원칙을 지키자. 체육인들은 더 말할 나위 없고 정치권도, 경제계도, 문화인들도, 심지어 보통시민도 한 목소리로 합창을 했었다. 하지만 '다 같이 한마음'은 다시 '각자 제멋대로'가 됐다. 정치는 통합과 희망의 복음이 아니라 분열과 갈등의 절망감을 가중시켰다. 새 엔진을 단 경제자동차가 가파르고 험난한 길도 씽씽 달릴 줄 알았지만 어쩐지 수렁에 빠져버리고 말았다. 25조 원이네 32조 원입네 하던 월드컵 경제효과는 온데간데없어 보인다. … 어떤 이는 "88 서울 올림픽 직후에도 그랬어." 한다. 냄비근성이 어딜 가느냐고 자조하며 타박하는 것이다.

옳은 지적이긴 한데, 내 생각은 조금 다르다. 한탄이 뭔가 방향을 잘못 잡았다는 말이다. 애당초 월드컵 가지고 그렇게 미친 듯이 날뛰었던 것 자체가 우스운 일이었다. 세계 어느 나라도 월드컵 축구 가지고 우리만큼 흥분하거나 미치지는 않았다. 일본은 처음부터 우리보다 차분했다. 그래서 그랬는지 우리처럼 4강까지 가지 못하고 16강에서 멈추었는데, 그게 정상이다. 그만큼 우리보다 사회가 성숙했고 축구 말고도 잘하는 게 많고 신경 쓸 게 많다는 얘기다. 우리의 과도한 열광은 그만큼 대외적 열등감, 비이성적인 열정, 이리저리 쏠리는 집단 쏠림 등의 정신적 미숙함을 드러낸 일이었다. 또 그런 정신적 미숙함은 나라 발전의 단계가 선진국 또는 일본보다 그만큼 뒤졌다는 사실을 반영한다. 축구 세계 4강에 오른 것은 경축하고 흥분할 만한 일이지만, 도대체 축구가 세계 4강이 된다고 나라가 잘되리라는 보장이 어디에 있었단 말인가? 그러면 축구 최강국인 브라질, 아르헨티나는 제일 잘 사는 나라게? 애당초 저렇게 흥분하는 것 자체가 잘못 되었고, 설사 그렇다고 하더라도 축구를 축구로 보지 못하고 "우리 배달민족의 명운이 걸린 역사적인 사건"으로 내세운 것 자체가 말이 안 되는 일이었다. 축구와는 아무런 관계없는 학자나 지식인들이 나와서 "아, 대한민국의 명운이여, 한민족의 미래여!" 하고 되지도 않는 어설픈 감격을 쏟아놓을 때부터 알아봤다. "저거, 얼마 못 가지, 아마." 왜? 축구는 축구일 뿐이기 때문이다.

물론 여기서 필자가 그때 우리가 보인 민족적 열기의 대단한 분출을 과소평가하려는 것은 아니다. 그것이 바로 한국, 한국인의 역동성이고 무슨 일이든 할 수 있는 우리의 저력을 보여준 일이다. 그런 면에서 나는 수많은 월드컵 예찬론자나 흥분자들과 생각을 같이 한다. 단지, 내가 그들과 다른 점은, 그렇다고 하더라도 축구는 축구일 뿐이고 축구 잘한다고 또는 월드컵 행사 잘 치른다고 우리가 갑자기 정치도 잘하고 경제도 잘하게 되는 것이 절대로 아니라는 점을 처음부터 알고 또 느끼고 있었다는 점이다. 다른 사람들도 아마 알기는 했겠지만, 감격이 지나쳐서 미처 '깨닫지' 못했을 뿐이었을 것이다.

그러니 위에서 말한 논설위원의 한탄은 방향 자체가 빗나간 것이다. 냄비 근성을 비판하려면, 그렇게 월드컵 난리 치다가 갑자기 축구 열기가 뚝 떨어진, 아니 더 정확하게 말하여 정상으로 돌아간 그 냄비 근성을 비판할 일이다. 또 외국인들 앞에서 그렇게 조심조심 질서 유지 잘 하다가 우리들끼리가 되니 언제 그랬냐는 듯이 갑자기 평소의 우리 모습으로 돌아온 그 냄비 근성을 비판할 일이다. 그럴 일이지 왜 월드컵은 잘 해 놓고 지금 정치나 경제는 못하는가 하고 비판할 일이 아니다. 정치나 경제는 원래 우리가 하던 대로 죽 하고 있는 것이고, 축구를 갑자기 실력 이상으로 잘 했을 뿐이었다. 그리고 그 과정에서 우리 사회가 지닌 평소 실력 이상을, 아니면 잠재된 능력을 외국인들에게 보여주었을 뿐이다. 그리고 다시 정상으로 돌아온 것이다.

이렇게 생각해 보면, 월드컵 축구에 대한 열광과 그 급속한 소멸만이 아니라, 축구 경기에 우리의 명운이 걸린 것처럼 과잉 반응하던 뭇사람들의 생각과 행동 자체 또한 냄비근성의 발로라고 하여 지나친 일은 아닐 것이다.

V. 졸속 행정

이런 냄비 근성 또는 조급성은 우리 정부의 정책이나 행정에서도 여지없이 나타난다. 특히 박정희 정권이 본격적으로 뿌리내린 개발지상주의에 힘입어 뭐든지 "할 수 있어, 부수고 지어!" 철학이 온 사회를 지배하게 되었다. 그래서 빨리빨리 뭐든지 부수고 짓게 되었지만, 언제나 졸속 행정의 꼬리표가 따라 다닌다.

군사 독재 시절에는 권력자가 자신이 생각한 개발 계획에 따라 뭐든지 명령하고 아랫사람들은 일사불란하게 움직였다. 새마을 운동이 그랬고 경부고속도로 건설이 그랬고 현충사 성역화가 그랬고 전국에 걸친 개발제한구역(그린벨트) 지정이 그랬다. 그래서 잘된 일도 있고 잘못된 일도 있었다. 잘 되었든 못 되었든 공통된 것은, 해당 사안에 대해 심사숙고하고 미래의 장기적인 효과나 부작용을 생각하지 않고, 오히려 이를 사치쯤으로 생각하고 '하면 된다' 하면서 밀어붙인 것이다. 그래서 하면 되기도 했지만, 또 그것이 해서는 안 되는 짓을 많이 낳기도 하였다.

그런 버릇은 군사 독재가 끝나고 민간 민주 정부가 들어선 지금도 변함없이 유지되고 있다. 말만 '하면 된다'에서 '개혁 정치', '성장과 복지, 환경의 조화'로 바뀌었을 뿐 하는 행태는 '하면 된다'의 졸속 행정에서 별로 앞으로 나아가지 못했다. 하루가 다르게 바뀌는(그래도 정말 하루 만에 바뀐 적은 없으니 그나마 다행이랄까?) 교육 정책, 부동산 정책, 도시 개발 정책, 문화 정책 등등 전시 행정, 졸속 행정의 습관이 고쳐지지 않는다. 깊이 고민하고 장기적으로 구상하는 것은 아직 우리의 체질에 맞지 않는 것처럼 보인다. 그러니 아침이 다르고 저녁이 다르다. 더 갈 것 없이 지금까지 우리 관청의 이름들이 얼마나 많이 바뀌었는지 한번 생각해 보라. 너무 자주 너무 많이 바뀌어 행정학 전공자들이 옆에 관청 이름 사전을 끼고 있어야 할 정도다. 그렇게 바꾼다고 우리 행정이 얼마나 더 나아졌는가? 오히려 행정의 졸속성을 상징하고 있을 뿐이다. 하지만 어제도 오늘도 우리 관청의 이름들은 바뀌고 있는 중이다.

정책이 오늘 다르고 어제 다르다 보니, 관련된 사람들에게는 웬만하면 버티는 것이 처세의 기본이 되었다. 언제 바뀔지 모르니 관에서 안 된다고 해도 일단 버티는 것이다. 그러면 언젠가는 될 때가 온다. 그러니 아무도 먼저 나서서 잘못된 것을 고쳐나가려고 하지 않는다. 2000년의 의약 분업 사태나 2003년 부안 방사선 폐기물 처리장 사건을 보면, 정부가 얼마나 준비 없이 덤볐고, 그 결과 국민들이 얼마나 쓸데없는 고통을 받아야 하는지를 잘 알 수 있다. 이해 당사자들은 끝까지 버티고, 호기 있게 시작했던 정부 관료들은 버티고 싸우는 이해 당사자들 앞에서 길을 잃고 허둥대다가 결국 용두사미에 국민만 손해 보는 결과를 낳고 말았다.

김영삼 정부는 많은 전문가들의 반대를 물리치고 영어 조기 교육을 밀어붙였는데, 그것은 세계화 시대에 영어가 중요하다는 종교 교리 같은 믿음 하나 때문이었다. 영어가 중요하면 얼마나 중요하며, 그것이 초등학교 영어 교육과 어떤 관계에 있으며, 전체적인 교과 과정과는 어떤 관계에 있고, 사교육에 대한 영향은 어떨 것이며, 준비는 되어 있는지, 안 되어 있으면 어떻게 준비할 것인지에 대해 아무런 생각도 없이, 그냥 김영삼이 좋아하던 '감'으로 밀어붙였다. 가장 중요하게, 초등학교 조기 영어 교육이 어떤 성과와 문제점을 낳을 것인지 아무런 전문적인 연구도 해보지 않은 상태로 그저 "영어 필요해, 해 버려, 내 임기 안에!" 하고 밀어붙인 것이다. 참으로 무식한 짓이다. 영어의 중요성을 우리보다 훨씬 일찍부터 강조하던 일본이 왜 아직 초등학교 영어 수업을 밀어붙이지 않고 한국이 어떻게 될지 관망하고 있는지 한번 생각해 보아야 한다.

2004년 7월 1일 자로 전격 단행된 서울시 버스 노선 개편 작업도 마찬가지다. 무질서한 노선 체계를 바로잡고 버스 운용의 효율을 올린다는 명목으로 노선 체계를 대폭 바꾸었지만, 사전에 시민의 의견을 충분히 듣고 연구하는 과정을 생략했다. 시민들에게 충분한 홍보나 교육도 하지 않고 날짜 하나를 잡아 갑자기 시행을 하니, 익숙하지 못한 시민들이 우왕좌왕하고 분노할 수밖에 없다. 시 당국자들은 시간이 지나면 익숙해질 것이니 별 문제가 아니라고 강변했다. 그러나 세상에 시간이 지나면 익숙해지지 않는 일이 어디에 있는가? 만주족은 민족 자체가 없어져 버렸지만 다 익숙해졌다. 일제 강점기 때 지식인들이 상황에 익숙해져서 친일 부역 행동을 하다가 예기치 않게 일제가 망하는 바람에 지금도 불명예를 뒤집어쓰고 있다. 익숙해지는 게 문제가 아니라 '얼마나 빨리 얼마나 쉽게' 익숙해지느냐가 문제다. 버스라고는 타고 다니지 않는 사람들이 승객의 입장을 전혀 모르니 졸속 행정을 펼칠 수밖에 없다. 여기에는 조급성과 더불어 시민을 우습게 보는 비민주적인 관리의 습성이 도사리고 있다.

중요한 정부 정책의 많은 부분이 이런 식으로 이루어진다. 이 시대를 사로잡는 세계화 정책 선언도 1994년 김영삼 당시 대통령이 아시아 태평양 정상회담에서 돌아오던 비행기 안에서 전격적으로 이루어졌다지 않는가. 물론 김영삼이 군부의 하나회를 해체하는 등 전격적인 "깜짝 놀랬재?" 정책으로 이룬 것도 없지는 않다. 기득권층의 반발을 이기고 개혁을 이루기 위해서는 깜짝 정책도 때로는 필요할 것이다. 하지만 나라의 방향에 영향을 미칠 정책들이 대부분 이런 식으로 이루어지니 실패와 혼란이 끊이지 않는 것이다.

현대 한국인의 특징으로 외국인들이(내국인들도?) 가장 많이 거론하는 조급성, 이것은 무엇보다 한국이 빠른 변화를 겪은 밀집사회라는 조건에서 탄생했다. 한국 사회가 세계에서 가장 밀집된 사회라는 점 때문에 우리의 조급성이 쉽사리 사라질 것으로 보이지는 않는다. 그러나 이런 성격 또한 상당한 부분이 발전 단계에 관련된 것이기도 한다. 우리 사회가 이미 고도성장의 단계를 지나고 중성장 시대로 들어선 만큼 사회 변화의 속도도 줄어들 것이고, 이에 따라 사람들 행동의 속도도 줄어들 가능성이 있다. 그리고 그렇게 되는 것이 바람직하다. 우리 사회가 처한 밀집성이라는 피하기 어려운 조건 때문에 다른 나라에 비해 상황이 더 어렵지만 그렇더라도 노력을 포기할 수는 없다. 수도권 분산과 지역 균형 발전, 그리고 남북한 관계 개선과 궁극적인 통일을 통해 장기적으로 덜 밀집되고 더 여유 있는 사회를 이루기 위해 노력해야 한다. 동시에 사회 각 부문들이 어느 정도라도 균형 발전하고 사람들이 좀 더 느긋하게 사고하고 생활할 수 있는 문화적 토대도 마련해 나가야 한다. 이를 위해서는 지금과 같은 경제 지상주의와 배금주의를 탈피하고 정신적 성숙을 이루어야 하는데, 지금 한국을 지배하는 정신 상황을 볼 때 낙관적이지만은 않아 보인다.

제7장

요동치는 나라: 역동성

그런데 위에서 지적한 조급성과 냄비근성을 뒤집으면 바로 우리의 장점인 역동성이 된다. 한국 사회가 매우 빠르게 변하는 것은 한국인들이 지닌 역동성 때문이다. 한국에 비해 변화의 속도가 느린 일본인들은 이렇게 빨리 변하는 한국 사회에 감탄하기도 하고 불만을 토로하기도 한다. 한 일본인이 느낀 한국의 변화를 보자.[1]

> 필자가 한국에서 생활을 시작한 것은 서울 올림픽이 끝난 지 3년 후인 1991년인데 그 당시에 녹화한 영상을 다시 재생시켜 보면 대체 어느 시대의 영상인지 혼란에 빠진다. 90년대가 아닌 80년대의 영상 같은 느낌이 들기 때문이다. 몇 년 전 한국의 텔레비전에서 방영된 서울의 거리 풍경이나 사람들의 패션, 그리고 헤어스타일이 10년-15년 전쯤의 것 같은 느낌이다. … 이유는 무엇일까? 그만큼 한국 사회가 변했다는 뜻이라고 말할 수 있다. 그런 변화의 속도는 일본 사회와는 비교할 것이 못된다. 감각적으로 볼 때 세기말로 접어든 지난 10년 동안의 한국은 일본의 20년 동안의 변화에 해당하는 듯하다.

이렇게 빠른 변화는 많은 문제를 낳기도 하지만 다른 한편 한국에

---

1) 고하리 스스무 지음, 고영욱 옮김, 『한국과 한국인』(서울: 이지북, 2001), 머리말의 첫 두 쪽.

특유한 역동성의 표상이기도 하다. 많은 사람들이 지적하듯이 우리에게는 신명이 있고 '끼'가 있고 '기'가 있고 미친 듯한 열정이 있다. 다른 말로 역동성이다. 그래서 사고도 많이 치지만, 또 그래서 남들이 못 이루는 '기적'을 많이 이루기도 한다. 이른바 한강의 기적, 리비아 사막(대수로 공사)의 기적, 월드컵 4강의 기적, 외환위기 극복의 기적(까지는 아니더라도…) 등등 기적 같은 일들을 우리는 정말 기적같이 이루어내기도 한다. 우리나라가 지닌 모든 문제들을 다 인정하더라도 한 가지 사실만은 확실하다. 그리고 그 한 가지 사실은 우리가 정말 자랑스럽게 생각하고 긍지를 가질 일이다. 그것은 후진국 중에서 선진국 문턱의 경제 발전을 이루고 민주주의까지 이룬 나라는 아직 우리밖에 없다는 사실이다. 대만이 또 다른 후보이지만, 대만은 민주주의에서 아직 우리나라에 뒤진다. 무엇이 우리의 이런 성과를 이루게 했는가? 우리에게 잠재한 역동성이다.

그러면 이 역동성은 어디서 왔는가? 이 역시 조급성의 경우와 같이 단일 사회, 밀집 사회의 조건과 산업화의 과정에서 온 것으로 볼 수 있다. 이런 역동성을 우리에게 원래 있던 것으로 보이는 신바람, 신명, '끼' 등으로 설명하기도 한다. 이런 설명도 일리가 있지만, 그런 끼가 왜 그동안에는 나타나지 않다가 이제 와서 나타났는지를 설명하기 위해서는 역사적 상황의 변화를 거론할 수밖에 없다. 다시 말해, 원래 있던 우리의 역동적 기질이 역사의 압박(유교의 압박, 식민화와 전쟁) 때문에 억눌려 있다가 유리한 상황(산업화와 고도성장)이 주어지자 폭발적으로 나타난 것이다. 한민족 특유의 기질이 산업화 과정에서 단일성-밀집성의 한국적 조건들과 상승 작용하여 폭발적으로 나타났다고 할 수 있는 것이다.

Ⅰ. 빨리빨리 예찬

남들이 아무리 한국 사람의 빨리빨리 행태를 욕한다고 해도, 빠른 것은 느린 것보다 좋다. 자장면을 시켜 놓고 30분 기다리는 것보다 5분 안에 나오는 것이 훨씬 더 좋다. 30분 기다린다고 자장면 맛이 6배로 좋아지는 것도 아니다. 아니 0.1배라도 더 맛있으리라는 보장은 전혀 없다. 우리가 그렇게 뭐든지 빨리빨리 하지 않았으면 어떻게 세계에서 제일 가난한 나라가 사상 유례없는 고도성장을 구가하여 지금과 같이 선진국의 문턱에 들어섰겠는가? 30년 안에 산업화를 달성한 우리가 50년이 지나도 못하고 있는 인도보다 훨씬 낫다.

어느 미국인의 빨리빨리 한국 예찬론을 들어보자.[2]

> 나는 한국에서의 토요일을 좋아한다. 컴퓨터를 끄고 텔레비전을 켠 뒤 느긋한 마음으로 내가 가장 좋아하는 중국집인 흥부각으로 전화 다이얼을 돌린다. 흥부각 사람들은 내가 누군지 잘 알고 있어서 뭘 시키고 싶은지 말을 할 필요도 없다. 그냥 "여기 소만 마을 9단지…" 하면 아파트 동·호수를 말하기도 전에 "알겠습니다." 하며 걸걸한 여자의 목소리가 전화선을 타고 전해온다. 그리고 몇 분만 지나면 오토바이 헬멧을 쓴 배달부 아저씨가 우리 집 문 앞에서 초인종을 누른다. 자장면 값 2,500원을 건네며 '도대체 어떻게 이렇게 빨리 올 수 있지?' 하고 속으로 중얼거리면 채 생각을 접기도 전에 배달부는 벌써 가고 없다.
> 더 좋은 점은 맛있는 자장면을 후루룩거리며 먹고 난 후 빈 그릇을 설거지 할 필요도 없이 문 밖에 내놓고 텔레비전을 보며 꾸벅꾸벅 졸고 있으면 배달부가 다시 와서 달그락거리며 그릇을 챙겨

---

2) 웨인 드 프레머리(서울대 국제지역원 석사), "경이로운 빨리빨리 자장면", ≪한국일보≫, 2003. 5. 22.

간다는 것이다. 이런 서비스는 미국과 비교하면 거의 축복에 가깝다. 요즘 나는 다음 달에 캘리포니아에서 있을 결혼식 준비로 바쁘다. 음식을 주문한 케이터링 업체 주인, 사진사, 그리고 꽃집 주인과 협상을 하고 있다. 그들과 얘기를 나눌 때마다 나는 느릿느릿 움직이는 공항의 무빙 벨트를 탔거나 모래사장을 뛰어가고 있는 느낌이 든다.

한 예로 음식 주문업체 사람과는 얘기를 시작한 지가 1년이나 된 듯한데도 아직도 우리 계획을 마무리 짓지 못했다. 그들은 지금까지 수많은 결혼식을 치렀다고 선전하면서도 끊임없는 질문들로 나를 귀찮게 만든다. "애피타이저는 무엇으로 하시겠습니까?", "어떤 식으로 음식을 차릴까요?", "디저트와 샐러드가 포함된 풀 세팅을 원하십니까, 아니면 포크와 나이프만 하시겠습니까?" 미국에서는 이처럼 모든 것이 오래 걸린다. 이 모든 과정이 멋진 결혼식으로 이어지기를 바랄 뿐이다.

하지만 내가 정말 원하는 건 젓가락 한 쌍과 "알겠습니다." 하는 흥부각에서 일하는 여자의 걸걸한 목소리일 뿐이다. 그리고 헬멧을 쓴 배달부들이 나타나 음식을 차려주면 우리는 맛있는 면을 재빨리 먹어치우는 것이다. 마지막으로 나와 나의 신부가 첫 번째 노래에 맞추어 춤을 추는 동안 배달부들이 다시 와서 빈 그릇들을 모두 되가져 가 주었으면 좋겠다.

Ⅱ. 고도성장의 역동성

무엇보다도 우리나라가 30년 남짓한 세월에 지금과 같은 경제 성장을 이룬 것은 빨리빨리 정신의 덕분이 크다. 근면함과 조급함, 그리고 공기 단축의 강박감 같은 우리의 정신 상황이 역동적인 산업 발전을 가능하게 했다. 중동 건설, 독일 간호사 파견, 경부고속도로 건

설, 포항제철 건설, 전국으로 퍼져간 대규모 아파트 단지들, 그 모습
들에서 대한민국의 역동성을 볼 수 있었다. 수많은 정책들이 졸속 처
리되고. 공사 도중에 망가지고, 공사 뒤에도 금방 고장 나고 훼손되
고, 그러면 수리하고, 그러면서 건설과 개발을 해 왔다. 많은 사건,
사고, 부작용, 인명 피해들이 있었고 숱한 사람들이 어디 가서 하소
연도 못하는 억울한 일들을 당하기도 하였지만, 어쨌든 그런 조급함
이 한국의 빠른 사회경제적 성장을 가능하게 했음을 부인할 수 없다.

박정희 정부는 경제개발5개년 계획을 입안하고 집행하면서 언제
나 '조기 달성' '초과 달성'을 목표로 내세웠다. 그럴 바에는 처음부
터 아예 기간을 더 짧게 잡고 목표량을 더 크게 잡을 것이지, 왜 원
래 목표보다 더 빨리, 더 많이 달성하려고 했는지 참 의아스럽지만,
여기에 바로 군사 정권의 '하면 된다', '시키는 대로 해', '안 되면
되게 해'의 무지막지한 밀어붙이기 정신이 있었던 것이다. 그런 무
식한 정신은 실제로 효력을 발휘하여, 우리는 경제개발5개년 계획을
4년 반에 마쳤다느니 어쩌느니 하는 얘기들을 숱하게 들었다. 그 와
중에 떨어져 죽고 기계에 끼어 죽고 불타 죽고 손목 잘리고 발목 잘
린 불쌍한 노동자들이 숱하게 많았지만, 어쨌든 그런 아저씨, 아가
씨들의 피땀과 노고 위에서 우리는 지금 선진국의 문턱에서 들어가
느냐 떨어지느냐 하면서 아등바등하고 있다.

경제 개발을 하면서 느긋하게 공자 왈 맹자 왈 했거나 자연과의
교감이 어쩌고 하고 앉아 있었으면 멋있었을지는 모르나 경제적으
로 윤택하게 되지는 못했을 것이다. 우리는 아직도 후진국이나 개발
도상국의 꼬리표를 단 채 외국의 원조를 받아먹고 굶주린 사람들이
거리에 득실대고 있을 것이다. 그러니 뭐든지 빨리 이루려는 우리의

조급증이 물질생활의 발전에 원동력이 되었음은 틀림없다. 이런 압축 성장을 군사 정권과 관료들과 재벌들이 서로 손잡고 부정 저질러 가면서 정경유착의 고리를 이용하여 빠른 시일 안에 이룩하였다. 그것이 낳은 성과만큼 수많은 모순과 불행도 낳았다. 그리고 그 고속 성장의 과정 자체가 사람들 사이의 경쟁과 탐욕을 부채질하여 삶이 정말 더 행복해졌는지 불행해졌는지 아리송하게 만들고야 말았다. 조급성이 밀집성을 부추기고 사회의, 도시의, 공장의 밀집성이 사람들을 더 조급하게 만들고, 더 조급해진 사람들이 서로 부대끼고 싸워가면서 더 빠른 성장 경쟁을 해 온 것이다.

그리고 애당초 국가 주도의 경제 개발 계획들이 씨가 먹히게 된 것에는 한국이 단일 사회라는 사실이 많은 작용을 했다고 볼 수 있다. 서로 크게 다를 것 없는 같은 족속들이니 군사 정권이 이렇게 가자 하고 한번 크게 내지르면 큰 이견이나 갈등 없이 그쪽으로 가게 되는 것이다. 만약 우리들 사이의 인종 구조나 문화적 배경이 매우 달랐다면 그런 일사불란한 국가 발전의 길이 이루어지기 어려웠을 것이다. 이런 점은 지금 바로 이 순간에도 수많은 다인종 개발도상 국가에서 우리가 보고 있는 현상이다. 이들 사회에서 보는 인종 갈등, 종교 분쟁과 이를 수습하고 국가 통합, 국민 통합을 이루려는 노력과 그에 따른 희생을 보면 우리는 정말 다행이라는 느낌을 갖지 않을 수 없다. 물론 우리도 이념에 따른 동족상잔의 비극이 있었지만, 이는 국제 권력 정치의 희생물이었을 뿐, 구성원들 사이의 원초적 갈등에 따른 것은 아니었다. 우리가 지닌 단일 민족의 획일적 성격, 이것이 이른바 발전주의 국가의 개발 목표에 잘 호응하여 압축 성장을 이룰 수 있게 했던 것이다.

Ⅲ. 지식 정보 산업과 빨리빨리 정신

더구나 앞으로는 지식정보 산업 시대라고 하는데, 여기에 우리의 빨리빨리 문화가 매우 유리하리라는 전망을 많은 사람들이 내고 있다. 예를 들어 1985년에 이미 벤처기업인 (주)메디슨을 창업하여 벤처 사업계의 대부 격으로 인정받는 이민화 회장은 다음과 같이 말했다.[3]

전 세계가 빠른 속도로 정보화 사회로 변하고 있습니다. 과거 산업화 시대의 변화 속도와 강도에 비해 20~30배 빠르고 강합니다. 따라서 1년을 어떻게 쓰느냐에 따라 엄청난 차이가 납니다. 이 때문에 세계 각국이 서로 앞서기 위해 지식 전쟁을 벌이고 있는데 그 결과는 무섭습니다. 산업 사회에서는 10등만 해도 차지할 것도 있고 살아남을 수 있었지만 정보화 사회에서는 3등 안에 들지 않으면 차지할 것이 없어 살아남기 힘듭니다. 지식 전쟁의 전사들이 바로 벤처기업가들인데, 그 벤처 근성이 우리 국민에게는 있습니다. '빨리빨리 문화'와 '냄비근성' 때문에 지난 4년 동안 전 세계에서 우리나라 벤처기업이 가장 발전했고 앞으로도 발전할 겁니다.

경영 자문가인 윤은기 박사도 "21세기는 '속도의 경제'가 지배하는 세상이다. 빠르면 살고 느리면 죽는 시간전쟁의 시대인 것이다. 오죽하면 빌게이츠가 '생각의 속도'를 강조하겠는가! 물론 '빨리빨리'만을 강조하면 졸속이 된다. 그러나 '빨리빨리' 정신을 살리되 '미리미리'라는 예방책을 접목시키면 한국인의 경쟁력은 큰 위력을 갖게 될 것이다."라고 주장한 바 있다. 그는 더 나아가 "필자는 21세기 정보화 사회는 바로 한민족의 시대라고 생각한다. 그동안 정보화

---

3) 『신동아』 2000년 3월호.

사회를 연구해보니 정보화 사회야말로 한국인의 체질이나 기질에 딱 들어맞는 사회라는 생각이 들기 때문이다."라고 주장했다4) 그러면서 그는 그 이유 중 가장 대표적인 것으로 한국인의 조급하고 다혈질적인 성격을 들었다.

신문 보도에 따르면 정보통신 산업이 한국 산업에서 차지하는 비중이 1/3이나 된다고 한다. 삼성전자가 한국에서 가장 큰 기업이 된 것은 벌써 오래 전의 일이다. 이제 한국 경제는 반도체 산업을 위시하여 정보통신 산업을 빼고는 생각할 수 없게 되었다. 이렇게 된 것은 물론 세계 경제의 흐름이 지식정보 산업 위주로 재편되기 때문이기도 하지만 여기에 적합한 한국인의 성격이 크게 작용하고 있음을 부인할 수 없다. 정보 통신 산업이 한국인의 체질에 어울린다는 사실은 세계 최고 수준의 인터넷 보급률과 휴대폰 사용률을 보면 명백하게 드러난다. 젊은 한국인들이 인터넷에서 움직이는 그 열기는 세계 어느 나라에도 뒤지지 않는다. 인터넷 매체의 신속성과 즉흥성과 자유로움이 한국인의 기질에 맞는 것이다. 물론 여기에는 초고속 인터넷망의 구축이 쉬운 대규모 아파트 단지가 주거 생활에서 차지하는 큰 비중이 중요한 원인이 되기도 한다. 하지만 그것만으로는 설명이 다 되지 않는다. 춤과 노래를 좋아하고, 규격보다는 파격을 좋아하며, 즉흥성의 예술 정신을 가진 한국 사람들의 기질이 인터넷 문화에 어울리는 것이다. 거기다 빨리빨리를 좋아하는 한국인의 조급성 역시 빼놓을 수 없다.

그런데 여기서 한 가지 더 지적하고 싶은 것은 우리가 한글이라는

---

4) 국민연금관리공단 누리집(웹사이트). 2003. 12. 29 열람.

위대한 자산을 가졌다는 사실이다. 인터넷과 휴대폰 문자 메시지가 그렇게 빠른 시간 안에 그렇게 많이 보급되는 것은 한글의 기계화가 세상 모든 글자들 가운데 가장 쉽기 때문이다. 한글은 한국인의 빨리빨리 정신에 쏙 들어맞는 것이다. 한글 자모는 모두 24자이다. 이 글자들로, 약간의 변형을 가하면, 세상의 수많은 소리들을 거의 다 표기할 수 있다. 이에 비해 로마자 알파벳은 28자다. 그만큼 더 복잡하다. 더욱이 한국어는 표기가 간단하여 표기가 더 복잡한 영어나 다른 서양말보다 쓰거나 글쇠로 치는 시간이 덜 든다. 이 두 가지 사실이 결합되면, 한글 글쇠로 한국어를 치는 시간이 로마자 글쇠로 영어를 치는 시간보다 더더욱 단축된다. 그러니 한글 한국어는 로마자 영어보다 기계화가 훨씬 더 간편하고 소통하는 시간이 훨씬 덜 걸린다. 한국어정보학회의 진용옥 경희대 교수가 실험한 바에 의하면 그 속도가 한글의 경우 영어의 1.5배 정도 된다고 한다. 그러니 한국 여중생들의 휴대폰 메시지 사용이 미국 여중생의 경우보다 많지 않을 수 없는 것이다. 이런 점이 우리의 정보 통신 산업 발전에 어떤 영향을 미칠지는 더 자세히 연구해 보아야 하겠지만, 적어도 긍정적일 것이라는 점은 상식에 속하지 않겠는가?

이렇게 보면 한글의 신속성과 편리함, 그리고 과학성은 한국인의 기질에도 잘 맞는 것 같다. 물론 앞에서 본 것과 같이 세종 임금이 한글을 창제했을 당시 우리 조상들의 기질은 조급성과는 거리가 멀었다. 그러니 당시 양반들은 쉽고 빠른 한글을 창피하게만 생각하고 사용할 생각을 안 했던 것이다. 글은 뭔가 어렵고 진득하고 알쏭달쏭하고 거창해야 하지 않겠는가, '듕귁'의 진서야말로 그런 것이 아니겠는가 하는 것이 우리 양반 조상들의 어리석은 생각이었다. 그렇게 홀대받던 한글이 이제 정보화의 시대에 오니 물고기 물 만난 듯, 선녀 옷 입은 듯 활개 치고 날아다니기 시작했다. 이렇게 보면 세종 대왕이 정보화 시대를 예견한 것은 아니었겠지만, 마치 그런 것처럼 어떻게 이렇게 정보화에 어울리는 글자를 만들었는지, 신기하고 고맙기만 하다.

그러나 역시 문제가 있다. 우리가 아무리 인터넷 강국이라고는 해도, 다시 말해 초고속 인터넷 보급률이 세계 최고라고는 해도 그 가상공간에서 과연 우리가 무슨 짓을 하고 있는지가 문제인 것이다. 주로 어린아이나 청소년층의 게임이나 잡담 아니겠는가? 아무리 고속도로가 잘 닦여 있어도 거기에 폭주족이나 질주하고 있으면 무슨 소용이겠는가 말이다. 그러니 역시 정보화의 알맹이(콘텐츠)가 문제가 되지 않을 수 없는데, 우리는 이런 점에서 만족할 만한 수준이라고 할 수 없다. 정보화의 알맹이를 개발하는 것은 조급성이나 역동성의 영역이 아니다. 그것은 문화 수준의 문제이고 국민의 교양 수준, 인문학적·자연과학적 상상력의 영역이다. 그리고 여기에는 빨리빨리의 역동성보다는 오히려 느긋한 느림과 사색의 문화가 더 중요하게 작용한다. 문화적 깊이의 문제라는 말이다. 여기서 우리는 정보 사회와 문화 국가의 목표가 조화를 이루어야 함을 다시 한 번 느낀다.

Ⅳ. 월드컵과 한국인의 역동성

앞에서 나는 우리가 월드컵 대회에서 보여준 얄팍한 흥분과 냄비 근성을 비판했다. 그러나 그렇다고 그 엄청난 열기가 우리의 역동성을 유감없이 보여주었다는 사실을 부인하지는 않는다. 월드컵 뒤의 '냄비 근성' 자책에 대해 한 네티즌은 다음과 같이 썼다.

우리는 냄비근성의 나쁜 면만을 지나치게 부각시키고 있는 것은 아닐까? 월드컵 기간 동안 노르웨이인 친구와 많은 메일을 주고받았다. 한국의 경기가 있었던 다음 날이면 그 친구는 어김없이 축하 메일을 보내주었다. 그 친구의 메일엔 놀라움과 부러움이 가득 묻어 있었다. 한국을 잘 안다고 자부하던 그 친구는 이번 월드컵을 통해 두 가지 사실에 놀랐다고 털어놓았다. 하나는 한국인의 뜨거운 응원 열기였고, 다른 하나는 IT 역량이었다. 외국인들의 시선을 단번에 사로잡은 이 두 가지의 공통분모는 무엇일까? 그것은 다름 아닌 '냄비근성'이라는 게 내가 내린 결론이다. 초고속 인터넷과 휴대폰 열풍이 빚어낸 작품, IT 강국 코리아. 과연 그 '냄비근성'이 우리에게 없었더라면 꿈이라도 꿀 수 있었을까? 초고속인터넷 가입자가 올 연말쯤 1,000만 명에 달할 것으로 예상되고, 휴대폰 보유자 역시 3,000만 명을 넘었다고 한다. 산술적으로 보면, 전국 방방곡곡 집집마다 초고속 인터넷을 사용하고 있으며, 국민 10명 중에 6명은 휴대폰을 사용한다는 얘기가 된다.[5] 잠재되어 있던 에너지를 분출해 낼 모멘텀만 마련되면 마치 활화산처럼 폭발해 버리는 놀라운 저력. 그것이 바로 그동안 우리가 비난해왔던 '냄비근성'의 힘이었다.

---

5) 2002년 11월 20일 당시였으니 지금은 그보다 훨씬 더 많아졌을 것이다. 2004년 현재 인터넷 이용자는 3,000만 명을 넘어섰다. 인구당 초고속 인터넷 가입률은 이미 세계 최고가 되었다.

우리는 그때 우리의 등록상표인 냄비 근성의 위대한 힘을 유감없이 발휘했다. 우리의 저력을 온 세상에 남김없이 보여준 것이다. 어찌 보면 그것은 40년 동안의 압축 성장을 한 달 동안에 다시 압축하여 재현한 사건이었다고도 할 수 있다. 그만큼 열기와 강도가 농밀했고, 그것이 끝났을 때의 허탈함도 그에 비례했다. 마찬가지로 40년의 압축성장이 끝난 지금 우리는 고도성장의 향수를 떨치지 못하고 허탈해 하고 있다. 단, 그 두 허탈함의 정도가 기간의 차이만큼 차이가 나기는 하지만 말이다. 그러나 우리는 월드컵의 열기도 일시적이고 압축 고도성장도 일시적이라는 사실을 잊지 말아야 한다. 우리는 월드컵 이후의 정상 생활에 적응해야 하듯이 고도성장이 끝난 뒤의 정상-안정 발전에도 적응해야 한다. 그렇지 못하면 우리는 비현실적인 목표를 향한 헛된 꿈에 사로잡혀 한때의 흥분과 희열의 환상에서 벗어나지 못할 것이다. 그리고 그 결과는 참담한 환멸뿐일 것이다.

Ⅴ. 민주화와 시민사회의 활성화

1. 민주화 운동의 역동성

우리나라는 후진국 가운데 산업화와 민주화를 다 이룬 드문 경우다. 적어도 지금까지는 말이다. 우리는 압축 성장이라는 말이 상징하듯이 온 국민의 역동적인 기를 결집하여 고도 산업화를 이루었다.

이에 비해 정치의 민주화는 산업화 추진의 명목 아래 오랫동안 미루어지고 억압당하였다. 맨 처음 한국의 민주화 물결은 이승만의 개인 독재가 깊어가면서 거세어져서 마침내 4·19민중 의거로 나타났지만, 당시에는 민주 역량이 부족하여 군부 쿠데타에 무릎을 꿇고 말았다. 그 뒤의 개발 독재 과정은 정치적으로는 침체와 억압, 경제적으로는 건설과 생산이라는 대비되는 모습을 보였다. 하지만 중산층의 성장과 민주적 열망의 성숙으로 마침내 민주주의는 억압의 병뚜껑을 터뜨리고 터져 나오고야 말았다. 1987년의 민주 시민 봉기와 그 뒤의 민주화 투쟁은 한국 민주주의의 머릿돌을 놓은 거대한 사건이었고, 뒤를 이은 학생-시민세력의 민주화 투쟁은 한국 민주주의의 기반을 다지는 기틀이 되었다. 지금 우리 정치가 부패와 당파 싸움의 늪에서 빠져나오지 못해 많은 사람들을 실망시키고 있지만, 그러나 민주주의의 역동성은 아직도 사그라지지 않았다. 정당들의 당파 싸움 또한 좋게 보아주면 민주주의가 자리를 잡아가는 과정에서 벌어지는 치졸하기는 하나 그래도 활기 있는 싸움박질이라고 보아줄 수 있다.

한국 정치는 요즘도 요동치고 있다. 민주화 과정의 그 역동은 여기서 일일이 서술할 필요도 없지만, 이제 민주주의가 정착되어 차분해질 만도 하건만 아직도 한국 정치는 청년기의 '질풍노도'를 벗어나지 못하고 있다. 최근의 정국을 보아도 마찬가지다. 아니 노무현 정부가 들어선 뒤 오히려 그 질풍노도가 더 심해진 감마저 있다. 대통령 탄핵 사태와 헌법재판소의 위헌 판결, 행정 수도 건설을 둘러싼 공방, 그밖에 수많은 사안들을 둘러싸고 일어나는 여당과 야당 간의, 또 정부와 시민 간의 충돌은 한국의 정치 사회가 아직도 안정과는 거리가 멀다는 사실을 잘 보여준다. 이것이 민주화의 과정이고 개혁 과정이라고 볼 수도 있지만, 많은 사람들이 이에 염증을 느끼는 것도 사실이다.

상황이 이렇게 된 근본적인 원인은 아직도 우리 정치가 풀어야 할 과제들을 풀지 못하고 있기 때문이다. 보수 일변도의 정치 상황에서 과거의 잘못을 묻어버리고 겉으로의 민주 절차만 운용해 나가면 정치와 사회가 조용해지리라 생각해 볼 수도 있다. 그러나 그러기에는 우리의 현대사에 너무 문제가 많았고 해결해야 할 문제가 너무 많다. 따라서 그런 조용한 정치는 지금으로서는 불가능하다. '과거 청산'도 그렇고 '개혁'도 그렇고, 너무 많이 들어서 식상하고 때로는 짜증도 나지만, 그 자체가 아직도 우리가 과거 청산을 못하고 개혁을 못하고 있다는 증거다. 개혁을 원하지 않는 세력과 원하는 세력 사이에 힘의 우열이 나지 않고 결판이 나지 않기 때문에, 우리는 이 문제를 가지고 10년이 넘게 씨름하고 있다. 그러니 정치가 안정될 수 없다. 어떤 의미에서는 안정되어서는 안 된다. 청산할 것을 조금이라도 청산하지 않고 무마하거나 묻어버리는 것은 가능하지 않다. 그렇다고 깨끗하게 다 청산하는 것도 불가능하다. 정치 세력의 역학 관계로 봐서 그렇다는 말이다. 노무현 정부의 가장 큰 문제는 개혁의 의지가 얼마나 있는지의 여부가 아니라, 제대로 하지도 못하면서 말로만 큰 소리를 쳐서 반대편의 저항과 악감정만 키운다는 데 있다. 그것은 정치적인 서투름이다. 개혁이라는 명분 또는 도덕적 우위로 정치적 서투름을 만회할 수는 없다. 그러한 서투름이 오히려 개혁을 방해하고 사회를 불안하게 만든다는 사실을 집권세력이 아는지 모르는지 궁금하다.

하지만 우리 정치에 대해 긍정적으로 생각할 수 있는 것은 역시 그 역동성이다. 지금의 갈등은 민주주의와 사회 개혁을 향해 발돋움하는 과정에서 생기는 정치·사회 갈등이고 그 힘 싸움이다. 그런 힘 싸움은 앞으로도 계속될 것이다. 그 과정에서 싸움의 규칙과 제도가 정착되어야 하고, 또 그렇게 될 것이다. 한국 정치를 비관하지 않아도 좋다. 무기력한 조용함보다는 활기찬 싸움이 그래도 낫다. 그 싸움이 제도권의 규범 안으로 수렴될 수 있다면 말이다. 그렇게 만드는 것이 정치인뿐 아니라 모든 국민의 과제다.

2. 시민 사회의 역동성

민주주의가 다시 살아난 뒤로, 한국 사회는 너무 무질서하다 싶을 정도로 꿈틀대고 있다. 보수 인사들은 이런 꿈틀댐을 불안과 걱정으로 한탄하고 비난한다. 나라가 어찌 되려고 이 꼴인가? 북한 공산도배들이 한국 사회 구석구석을 채우고 있다. 김수환 추기경의 말씀(2004년)에 따르면 이제 많은 사람들이 북한이 아니라 미국을 주적으로 삼는 지경에 이르렀다. 김정일과 손잡은 무리들이 대통령의 주변에 좍 깔려 있다. 노동자가 노동은 안 하고 제 배 불리기에만 급급하다. 그러니 외국 자본들이 속속 떠나고 한국 경제는 파산 지경에 이르렀다. 위기다. 위기다. 한국 경제는 곧 망한다. 북한이 또 쳐들어온다. 아니 북한에 나라를 팔아먹게 생겼다. 위기다. 위기다.

그러나 정말 그런가? 노조가 귀족화되어 생트집을 잡는 부분도 있을 것이다. 노조조차 결성 못하는 중소기업 노동자들, 비정규직 노동자들, 실직자들, 빈민들, 그리고 태풍에 수해에 가뭄에 냉해에 조류 독감에 돼지 콜레라에 구제역에 광우병에 시달리고 자살하는 농민들, 이 사람들이 진짜 불쌍한 사람들이다. 이 사람들의 이익은 제대로 대변되지 못하고 거대 기업에서 잘 조직된 노조들의 힘은 무시할 수 없게 되었다. 하지만 그것 때문에 한국 경제가 위기에 처했다고, 대기업 상속 2세, 아니 3세 회장들이여, 정말 그렇게 말할 수 있겠는가?

그 못 배우고 무식한, 아니면 철없는 젊은이들이 '노사모'니 무슨 연대니 낙선 운동이니 하면서 몰려다니니, 억누르고 호령하는 데만 익숙하던 보수 권위주의 세력이 못마땅하고 더 나아가 위기감을 느끼는 것도 어쩌면 당연한 노릇이다. 그러나 바로 이런 것이 우리 사회가 건강하다는 증거다. 젊은 사람들이, 또 못 사는 사람들이 하는 짓들 중에서는 말도 안 되는 짓도 있을 것이고 정말 '국익'에 어긋나는 것도 있을 수 있다. 그러나 그렇다고 나이 많고 돈 많은 사람들이 원하는 것이 정말 '국익'에 부합한다고 누가 자신 있게 말할 수 있나? 다 기본은 자기 이익에서 출발하는 것이다. 젊은 사람들은 젊은 사람들의 이익을, 못사는 사람들은 못사는 사람들의 이익을 추구하고, 잘 사는 사람들은 또 자기들 이익을, 나이 든 사람들은 나이 든 사람들의 이익을 추구하는 것이 정상이다. 젊은 사람들이 더 설치는 이유는 점잖게 하기에는 너무 혈기방장하기 때문이기도 하지만 점잖고 조용하면서도 강력하게 밀어붙일 통로가 없기 때문이기도 하다. 돈 많은 사람들이 조용하게 행동하는 것은 설치기에는 나이 들어 근육 힘이 없기 때문이기도 하지만 다 조용히 뒤에서 처리할 수 있기 때문이다. 돈과 돈으로 산 권력과 돈으로 산 언론으로 말이다.

여러 종류의 다양한 시민운동이 활발해진 것은 누가 무어라고 해도 한국 사회가 활발하고 역동적인 사회라는 것을 증명한다. 우리도 이제 시간이 좀 지나 어떤 방향으로든 정리되면 그 활력과 역동성이 줄어들게 되어 있다. 그것이 선진국으로 가는 길일 수도 있고 침체의 길로 가는 길일 수도 있다. 아니 앞의 것이다. 왜냐하면 침체의 길에 빠지면 그냥 조용할 수는 없고 엄청난 계급투쟁에 빠질 수 있기 때문이다.

"국회가 자른 예산 국민이 채웠다." 얼마 전 많은 언론이 보도한 내용이다. 민간단체인 민족문제연구소가 친일인명사전을 만들려고 정부 보조금을 신청하였는데, 국회에서 이를 누락시켰다. 이에 분노한 시민들이 불과 며칠 사이에 원래 예정액 5억 원을 훨씬 넘는 돈을 모았다. 이 사태가 무엇을 보여주는가? 두 가지다. 하나는 정부와 국회와 더 나아가 우리 사회 지배층에 깔린 친일 잔재이고, 다른 하나는 국민들의 역동성이다. 그리고 인터넷의 힘이다. 미군 탱크가 여중생 두 명을 깔아 죽인 사건 때문에 터진 촛불 시위, 노무현 대통령을 당선시키기 위해 모인 노사모 운동, 2000년 총선에서 벌어졌던 낙선운동, 1998년 나라 경제가 망하게 생겼다고 하니까 너도나도 줄이어 참여했던 금 모으기 운동. 이 모두가 우리 국민과 우리 사회의 활력을 보여주는 일들이다. 이것이 단편적이 아니라 계속되니 한국 사회의 한 특징임에 틀림없어 보인다.

그런데 이런 일들을 보고 과연 우리가 흐뭇한 미소만 지을 수 있을까? 정치적인 이해관계나 판단은 제쳐두고, 이 일들을 달리 보면 아직 우리 사회가 성숙하지 못한 증거로 볼 수 있다. 한마디로 정부가 못하니까, 아니면 정해진 절차와 제도가 없으니까, 임기응변으로 시민들이 하는 일인 것이다. 그만큼 사회가 덜 발달했다는 증거다.

게다가 이런 현상은 남이 하면 우르르 따라 하는 우리 국민들의 집단 쏠림을 보여주기도 한다. 국민들이 금 모은다고 우리 경제에 얼마나 도움이 되었겠는가? 정부가 이를 주도했다면 국민 단합을 위한 일종의 심리 전술이었고, 누군지 머리 잘 썼다. 친일인명사전 만들기를 싫어하고 방해까지 하는 정부와 국회, 돈이 없어 만날 국민들에게 성금 내라고 강요하는 정부와 방송, 제도권에서 못 하니 불법을 무릅쓰고 나서는 시민운동가들, 또 이를 비난하는 기득권층. 한국 사회의 활력과 역동성을 달리 보면 한국 사회와 국가의 미숙함 바로 그것이라고 할 수 있다. 그만큼 아직도 한국 사회는 갈 길이 멀고 그만큼 제 길을 찾기 위해 요동치고 있다고 할 수 있다.

3. 급격한 변화도 역동성?

한국 사회가 역동적인 변화를 겪고 있는 또 다른 모습을 한번 보자. 가족 관계의 급격한 변화인데, 전통 문화의 눈으로 한국을 보는 쪽에서는 아직도 우리 사회를 대가족 사회이고 가족주의가 지배하는 사회인 것처럼 묘사하지만 그렇게 규정하기에는 우리 사회가 너무 많이 바뀌었다. 이제 한국에서 대가족을 찾기는 쉽지 않아졌고 부모를 모시고 사는 가정도 보기 어렵게 되었다. 핵가족으로 가족 구성이 변한 지는 이미 오래고, 더 나아가 아예 가족 자체를 이루지 않고 홀로 사는 독신자들이 크게 늘었다.

게다가 가파르게 치솟는 이혼율과 가파르게 내려가는 출산율은 예전의 압축 성장만큼이나 숨 가쁘다. 젊은이들은 점점 더 결혼하지 않고, 하면 이혼하고, 이혼 안 해도 애 안 낳고…. 이게 지금 한국 사회의 유행병처럼 되었다. 서양식 사회 구조와 가치관이 유입했기 때문인데, 처음이라 그런지 도가 지나쳐서 선생님인 서양을 능가할 지경이 되었다. 물론 이런 변화는 가치관의 변화만이 아니라 사회적 상황에서 나오기도 했다. 예를 들어 이혼율의 급격한 증가는 외환사태 뒤에 경제가 어려워진 탓이라고 한다.

출산율 저하의 속도는 특히 놀랍다. 2002년 한국의 출산율은 1.17명으로 세계 최저였다고 한다. 아이를 덜 낳는 것이 세계적인 추세이기는 하나 한국의 경우는 변화의 속도가 너무 빠르다. 노령화 사회로의 진입 기간이 프랑스 156년, 영국 92년, 일본 36년에 견주어 우리나라는 26년에 불과하다고 한다.[6] 세계 최고의 속도다. 압축 성장에 뒤이은 '압축 노령화'다. 얼마 전까지 정부에서 산아 제한 캠페인 하느라고 '둘만 낳아 잘 기르자!' 하더니, 언젠가는 '아들 딸 구별 말고 하나만 낳아 잘 기르자'로 바뀌고, 이제는 제발 애 좀 낳아 달라고 자연분만비를 지급하겠다고 선심 아닌 선심을 쓴다. 그러나 어느 여자가 자연분만비 때문에 아이를 낳고 안 낳고 하겠는가? 여성의 사회 진출이 급속히 늘어나고, 탁아 시설, 육아 시설이 그만큼 따라주지 못하니 출산율 저하는 어쩔 수 없다. 아기는 안 나오고 늙은이는 점점 안 죽으니, 우리 사회의 노령화는 정말 빨리 찾아온다. 이 사태를 어떻게 해결할지 뾰족한 수가 없는 것이 우리 모두의 고민이다.

이런 걸 봐도 우리는 뭐든지 빨리빨리 하는 민족인가 보다. 경제 성장만 빨리 하는 줄 알았더니, 가족 해체나 노령화 사회로의 진입도 매우 빠른 속도로 '성취'한다. 사실 이 두 현상은 서로 뗄 수 없

----

6) ≪한국경제≫ 2004. 3. 20.

는 관계에 있다. 경제 성장이 빠르니 사회 구조의 변화가 빠르고 가치관도 빨리 바뀐다. 또 그러니 예전의 전통사회적인 성격이 급격히 사라지고 산업사회도 넘어 탈산업사회의 성격이 나타나고 있는 것이다. 짧은 시간에 일어나는 변화이다 보니, 이 세 모습이 뒤섞여 한국 사회를 매우 다양하게 만들고 있다. '한국적 획일성'에 대비되는 '한국적 다양성'의 한 모습이라고 할 수 있다.

Ⅵ. 역동성과 느림의 문화

역동적인 것은 좋다. 그러나 조급성은 나쁘다. 그런데 조급함과 활력은 동전의 양쪽이라는데, 어떻게 한쪽만 취하면서 살 수 있겠는가? 어떻게 동전이 한쪽으로만 떨어지게 할 수 있겠는가? 그렇다고 동전을 모로 세워 놓을 수도 없지 않겠는가?

다시 말해, 우리가 어떻게 조급성의 좋은 면만 취하고 나쁜 면을 버리며, 역동성에 대해서도 마찬가지로 할 수 있을 것인가? 금방 나올 수 있는 답은 '중용'이다. 그러나 중용이 무엇이란 말인가? 중간이란 말인가? 공자가 말한 중용은 상당히 그런 것 같다. 이쪽 끝과 저쪽 끝의 중간이 좋은 때가 많다. 비겁할 때도 많지만 정말 바람직하고 지혜로울 때도 많다. 그러나 조급성과 역동성의 중간이라는 것은 도대체 무엇인가? 활력이 많지도 않고 적지도 않고 급하지도 않고 느리지도 않고…. 그저 그렇게, 밋밋하게, 물에 술을 타거나 술에 물을 타거나 그냥 그렇게…. 경제 성장을 중간 정도로 하고 환경 보호도 중간 정도로 하고 월드컵 입상도 중간 정도로 하고 출생률도 사망률도 이혼율도 중간 정도로…. 생각해 보니 그것도 그런 대로 좋겠다.

그러나 그것이 우리의 목표가 되기는 아무래도 너무 ‘중간적’이고 밋밋하다. 많은 부분에서 우리는, 한국은 중간 또는 중용을 택할 필요가 있다. 동전을 세워두는 것에 해당한다. 그러나 동전을 세우기가 어려운 것과 마찬가지로 중간을 가는 것도 어렵다. 동전을 세우기 위해서 탁자를 조금 파는 작위적인 짓을 해야 하는 것처럼 중간을 지키기 위해서도 여러 가지 작위적인 짓을 많이 해야 한다. 특히 한국 사회의 구조나 한국 사람들의 속성을 볼 때 중간을 가기는 적어도 지금은 동전 세우는 것처럼 어렵다. 그러니 조급성과 역동성을 그대로 인정하고 그 장점을 최대한 이용하는 수밖에 없다.

다시 말해 역동적이고 조급하게 할 것은 그렇게 하고, 그렇게 하지 말아야 할 것은 천천히 느긋하게 하자는 말이다. 또는 그렇게 노력하자는 말이다. 역동성의 반대는 ‘침체’이니, 이를 목표로 삼을 수는 없다. 그러니 조급성의 반대인 ‘느림’에 대해 생각해 보자.

한국인뿐 아니라 현대인이면 대부분 뭐든지 빨리 하는 것이 가치 있는 일이라고 생각한다. 나도 이 글을 되도록 빨리 마치고 싶다. 그러나 다른 한편 그러다가 뭔가 망치지 않을까 하는 생각도 든다. 그래서 빨리 쓰되 최대한 묵혀가며 쓰고 싶다. 그래서 빠름과 느림의 조화를 생각한다. 그것은 결코 빠름과 느림의 중간은 아니다. 오히려 그 공존이다.

느림이 중요하다는 사실은 두 가지 면에서 볼 수 있다. 하나는 흔히 생각할 수 있는 것으로, 현대 사회가 너무 각박한 경쟁 사회이니 조금 느긋하게 살자 하는 것이다. 흔히 느림의 미학이니 느림의 철학이니 하는 것들이 이런 것이다. 좀 더 깊이 들어가면 현대 기술 문명 전체에 대한 회의를 깔고 자연과 함께 하는 삶, 관조하는 삶을 이상화한다. 불교의 가르침, 명상, 깨달음, 생태주의, 이런 사상들이 이에 해당된다. 매우 소중한 삶의 사상이고 철학임에 틀림없다. 그러나 여기서 드는 생각이 있으니, 그것은 다음과 같다. 이런 삶과 사상이 아무리 소중하고 고매하다고 하더라도 결국 이들은 사회와 사람 삶을 이끌어가는 추동력은 아니지 않을까 하는 생각이다. 아쉽든 아니든 사회와 삶을 이끄는 추동력은 과학기술과 경제에서 나온다. 이를 줄여 그냥 '현대 문명'이라고 하자. 현대 문명을 거부하고 산 속에 들어가는 사람은 자신의 행복을 찾을 수는 있으나 현대 문명 자체를 바꾸지는 못한다. 현대 문명이 사회를 지배하는 힘도 없애지 못한다. 보통 사람들의 삶의 모습도 바꾸지 못한다.

순수한 가정이지만, 산중 거사들이나 깨달음지기들의 숫자가 매우 많아져서 인류의 다수가 되었다고 해보자. 그러면 사람들은 네팔의 수도승 같은 생활을 하게 될 것이고, 거기서 행복을 느낄 것이다. 그러면 사회는 변하지 않고 사람들의 생각도 변하지 않을 것이다. 사회나 생각은 언제나 제자리에, 그 행복한 자리에 머물 것이다. 부처의 가르침이 바로 이런 것이 아니겠는가? 그러나 이런 일이 가능할까? 수도자의 숫자가 땅별(지구) 사람들의 다수가 되는 일도 불가능하지만 설사 그런 사회가 온다고 해도 그 '행복한 사회'가 변하지 않고 '그대로 있는' 것이 가능한 일일까? 동물 사회와 같이 말이다. 절대로 불가능하다. 그러면 어떻게 변할 것인가? 무엇이 변화를 일으킬 것인가? 이에 대해 불교를 위시한 깨달음의 철학이 할 수 있는 대답은 없다. 다시 말해 이런 사상들이 문명의 생성이나 변화에 대해 말할 수 있는 게 없다는 말이다. 그러니 깨달음의 철학이나 생태 사상들은 언제나 현대 문명을 견제하는 철학이고 대안 사회를 꿈꾸는 가르침일 수밖에 없다. 과학기술이 주도하는 현대 문명이 사람을 덜 속박하도록, 덜 착취하도록, 번뇌를 덜 주도록 해주고, 그래서 사람들이 느리고 느긋하고 번뇌 없이 살며, 이윽고 자기 자신까지 잊어버리도록 만들어 주는 정신의 치료약이고 보약인 것이다.

느림이 소중한 다른 측면은 바로 현대 문명에 관한 것이다. 느림은 현대 문명을 견제할 뿐 아니라 그 추진력이 되기도 한다는 사실이다. 아니 여기서는 거창하게 현대 문명까지 들먹일 필요가 없고 그냥 일상생활이라고 해도 좋다.

『시간』이라는 책을 쓴 가이슬러는 다음과 같이 말했다.[7]

> 느린 것, 신중한 것은 중요한 생산력이다. 우리가 포기할 수 없는 많은 것들, 생명체의 핵심 요소와 생명체의 발전은 느림을 통해서 그리고 느림으로만 보호되고 촉진될 수 있다. 이것만이 사고의 자유, 질문의 자유와 의식의 발전(사람들은 아주 느리게만 의식한다)을 가능하게 한다.

이해하기 쉬운 구절은 아니다. 하지만 대충 이런 말이 아니겠는가? 천천히 생각해라. 천천히 판단해라. 꼼꼼히 잘 보아라. 신중히 살펴라. 서두르면 망친다.

느린 사람이 성공한 보기를 한번 보자. 20세기 전반 북극 항로를 개척한 영국의 존 프랭클린은 아주 느린 사람이었다. 동무들과 공놀이도

---

7) 칼하인츠 A. 가이슬러, "느림", 『열린 지성』 제8호(2000, 가을 · 겨울), 236쪽.

할 수 없을 만큼 느렸다. 너무 느려서 그는 언제나 동무들을 위해 줄을
잡고 있는 구실을 맡았다. 몇 시간이고 나무처럼 한 자리에 서서.

> 이미 열 살이었지만 아직도 공을 받지 못할 정도로 느렸다. 그는
> 다른 아이들을 위해 줄을 들고 서 있었다. 그 줄은 나무의 가장
> 낮은 가지에서부터 그의 높이 쳐든 손까지 선을 그리고 있었다.
> 그 역할이라면 그는 나무에 못지않아서 경기가 끝날 때까지 팔을
> 낮추지 않았다. 스필스비에서, 아니 심지어는 전 링컨샤이어를 통
> 틀어도 줄잡이로서 그만큼 적절한 아이가 없었다. 시청의 창문을
> 가로질러 쳐다보며 서기가 그 사실을 인정하는 듯 시선을 던졌다.
> 어쩌면 영국 전체를 뒤져봐도 한 시간 이상을 줄곧 부동자세로
> 줄을 지탱할 수 있는 인물은 없으리라. 그는 무덤의 십자가마냥
> 요지부동으로 마치 기념비처럼 솟아 있었다.[8]

어릴 적 프랭클린은 얼마나 놀림을 받았겠는가? 그러나 이런 느림
과 끈기가 있었기에 그는 수많은 인명피해를 무릅쓰고 끈질기게 노
력한 끝에 북극 항로를 개척할 수 있었다.

느림이 소중하다는 것은 느림 그 자체를 위해서가 아니다. 느림과
같이 가는 조심성, 인내심, 침착함, 심사숙고, 노련함, 그리고 끈기가
소중하다는 것이다. 무엇보다 느림을 통해서 우리는 깊이와 여유,
그리고 지혜를 얻을 수 있다. 바삐 서두르면서 깊이 생각하고, 촐싹
대면서 여유 있고, 서두르면서 지혜로운 것을 우리가 생각할 수 있
는가? 결국 느림은 성숙함을 의미하기도 한다. 성숙한 사람은 느리
면서도 제 할 일을 다 한다. 성숙한 사회도 마찬가지다. 그러면 우리
사회는 어떤가? 성숙과도 거리가 멀고 느림과도 거리가 멀다. 노무

---

8) 스탠 나돌니 저, 유종휘 옮김, 『느림의 발견』(서울: 푸른 물결, 1998), 15쪽.

현 대통령, 이명박 시장, 노사모, 기타 등등을 볼 때 우리가 어떻게 '성숙', '여유', '느림' 이런 낱말을 떠올릴 수 있겠는가?

결국 문제는 어떻게 성숙하면서도 활력 있는 사회를 일굴 것인가에 있다. 우리는 지금까지의 조급성·역동성을 완화시키고 여유와 활력을 조화시킬 방도를 찾아야 한다. 과학기술과 경제를 물론 진흥해야 하지만 이를 사회 구성원의 정신적 성숙과 같이 가는 방향으로 모색해야 한다. 그것이 문화 국가를 창조하는 길이다.

김구 선생은 일찍이 "나의 소원은 문화 국가"라고 하였다.[9]

> 나는 우리나라가 세계에서 가장 아름다운 나라가 되기를 원한다. 가장 부강한 나라가 되기를 원하는 것은 아니다. 우리의 부력은 우리의 생활을 풍족히 할 만하고, 우리의 강력은 남의 침략을 막을 만하면 족하다. 오직 한없이 가지고 싶은 것은 높은 문화의 힘이다. 문화의 힘은 우리 자신을 행복하게 하고 나아가서 남에게 행복을 주겠기 때문이다. 인류가 현재에 불행한 근본 이유는 인의가 부족하고 자비가 부족하고 사랑이 부족하기 때문이다 이 정신을 배양하는 것은 오직 문화뿐이다. 나는 이 나라가 이러한 높고 새로운 문화의 근원이 되고 목표가 되고 모범이 되기를 원한다. 홍익인간이라는 우리 국조 단군의 이상이 바로 이것이라고 믿는다.

빈약한 우리 현대 사상에서 단물과 같은 참으로 귀중한 말씀이다. 물론 그 사상이 충분히 발전하지는 못하였지만, 국민들에게 준 영향을 볼 때 소중한 가르침임이 분명하다. 그는 나라의 부강함도 중요하지만 그것은 외침을 막고 삶을 안전하고 여유 있게 만들 정도면 충분하다고 하였다. 그보다 더 중요한 것은 문화의 힘이 온 나라에

---

9) 김구, 『백범 일지』 속의 "나의 소원".

뻗쳐서 사람들이 모두 아름답고 여유로운 삶을 살 수 있는 것이다. 우리는 지금까지 안보와 국방을 강조하는 군사 국가, 그리고 산업 생산과 교역을 통한 부의 축적에 골몰하는 통상 국가의 목표만 추구해 왔다. 우리는 그 목표들을 상당히 이루었지만 그에 따른 부작용의 고통도 받고 있다. 그러나 부작용보다 더 무서운 것은 이러한 물질적 목표의 추구에 끝이 없다는 사실이다. 땅을 최대한 많이 차지하기 위해 죽을 때까지 걷다가 결국 빈손으로 저 세상으로 간 톨스토이의 바보 이반 이야기가 꼭 남의 이야기일까? 한국뿐 아니라 세상 모두가 이런 바보 같은 삶을 마치 인류가 추구할 최상의 목표인 것처럼 매달리고 있다.

이제 우리는 여기서 한 발 더 나아가 국가와 국민이 한 단계 높은 문화적 이상을 추구할 '문화 국가'의 건설을 목표로 삼아야 한다. 그러기 위해서는 성장과 속도와 물질력에만 치중하는 물질주의 소비철학에서 정신과 물질의 조화, 중앙과 지방의 공존을 추구하는 '더불어 삶'의 철학으로 국가 철학을 개조해야 할 것이다. 하지만 그러한 개조가 쉬워 보이지는 않는다. 엘리트, 대중 할 것 없이 모두 경제 중심 사고에서 한 치도 벗어나지 못하고 있기 때문이다. 수십 년 전부터 황금만능주의를 경계하는 말들이 많았지만, 그 황금만능주의는 수그러들기는커녕 요즘 들어 오히려 도덕적인 힘마저 얻고 있는 듯한 느낌이다. 국가 경쟁력, 시장 존중, 개방 따위의 구호를 벗기고 들어가면 결국 황금만능주의의 견고한 철학을 만날 수 있다. 그렇지 않은 '국가 경쟁력'을 얻을 수 있는 방법은 없을까? 문화 국가의 길이 그것이지만, 여기서는 주제에서 벗어나므로 더 이상 논의하지 않기로 한다.

제8장

단일 사회의 변화

지금까지 우리는 한국 사회와 한국 사람들의 특징에 대해 비교적 상세히 알아보았다. 이제 드는 의문은, 그러면 이러한 한국적 특징들은 언제나 고정되어 있고 변하지 않는 것인가 하는 점이다. 만약 한국의 특징들이 고정된 것이라면 우리가 거기에 대해 할 수 있는 일은 별로 없다. 그렇다면 이렇게 장황하게 특징을 찾아내고 설명하는 일 또한 별로 뜻 있는 일이라고 할 수 없을지도 모른다. 아니면, 그렇지 않고 한국의 특징들이 바뀔 수 있고 또 바뀌는 것이라면, 어떤 것을 버리고 어떤 것을 더 발전시켜 우리의 미래를 밝게 할 수 있을 것인지, 또 어떤 방법으로 그렇게 할 것인지를 생각해 보아야 한다.

결론부터 말하면, 한국의 특징들은 매우 완강하기는 하나 변하지 않는 것은 아니다. 사람들의 가치관, 사고방식, 인간관계, 사회 구조는 모두 변하며, 이런 점에서 한국도 예외가 될 수 없다. 하지만 어떤 것은 쉽게 바뀌고 어떤 것은 잘 바뀌지 않는 것도 사실이다. 우리가 제시한 요인들을 보자면, 한국의 '조건들' 곧 단일성과 밀집성은 바뀌기 어렵지만, 우리의 '속성들'은 그보다는 바뀔 가능성이 많다. 이는 '속성'들이 '조건'들에 의해서만 결정되지는 않는다는 점을 의미하기도 한다.

지금까지의 한국론이 지닌 큰 약점 가운데 하나는 한국인의 고유한 특징이 마치 고정 불변의 것인 양 말해 왔다는 점이다. 그러나 한국 사회와 한국인은 변하고 있다. 우리의 조건과 성격은 언제나 변해 왔고 앞으로도 변할 것이다. 그 변화의 속도는 근대 산업화 사회로 진입한 뒤 더 빨라졌고, 변화의 폭도 더 넓어졌다. 그러면 한국·한국인의 특징은 얼마나 바뀔 수 있을 것인가? 다른 말로 하면, 그 특징들은 언제까지 얼마나 더 한국의 독특한 특성으로 지속될 것인가?

이를 해명하기 위해서는 몇 가지 단계로 나누어 생각해 볼 필요가 있다. 우선 한국의 특수한 조건인 단일성과 밀집성이 얼마나 유지되거나 바뀔 것인가를 생각해 보아야 한다. 그 다음으로는 단일성, 밀집성이 유발한 조급성과 역동성 등의 바로 그 속성들 때문에 한국 사회 변화의 폭과 속도가 어느 나라에 비해서도 크고 빠른 점을 고려해야 한다. 또 그러한 변화가 한국인의 단일성에 어느 정도 변화를 준다는 사실 또한 참작해야 한다. 한국에서 단일 사회의 본질은 유지될 것이나 이완될 것이고, 그에 따른 사회와 구성원의 성격도 달라질 것이다. 세 번째로, 또 다른 요소로, 한국 사회는 초기 발전 단계가 지나 성숙 발전 단계로 접어들고 있기 때문에, 이에 따라 한국의 다섯 가지 속성에도 많은 변화가 온다. 마지막으로 한국과 한국인의 속성들이 세월의 흐름에 따라 자연스럽게 바뀌기도 하지만 그에 못지않게 변화를 이루고자 하는 인위적인 정책과 노력도 중요하다는 점을 지적해야 한다.

Ⅰ. 단일성·밀집성의 변화

우선 말해 두어야 할 사실은 한국 사회와 한국 사람의 단일성은 기본적으로 계속 유지될 것이라는 점이다. 한국인의 단일 민족적 속성은 본질적으로 변하지 않을 것이다. 그러나 앞으로 외국인 노동자가 더 많이 유입될 것이고, 외국인의 출입이 지금보다 더 많아질 것이다. 그런 점에서 사회 구성원의 단일성이 지금보다는 흐려질 것이다. 더구나 남북한이 통일된다면 '단일 민족'의 단일성을 주장하기 어려울 정도로 남북한 출신 주민들 사이의 이질성이 클지도 모른다. 물론 그렇다고 남북한 주민이 단일 민족이 아니라는 말은 아니지만, 지역적 이질성이 중요한 사회적 특성으로 등장할 것이라는 말이다. 그러나 여기서는 일단 이 문제는 제쳐놓고 남한 안에서의 변화만 고려하기로 하자.

앞으로 한국에서 사회 구성원의 민족적 단일성('조건')은 계속 유지된다고 하더라도, 문화·정치적 획일성('속성')은 줄어들고 다양성이 지금보다 높아질 것이다. 서양에서 나타난 다양한 가치관과 이념들이 이미 한국에 많이 들어오고 있다. 이전의 유교적 전통은 점차 엷어지고 서양의 다양한 근대적·탈근대적 가치들이 유입되어 한국 사회는 점차 다양해지고 있다. (신)자유주의, 개인주의, 다원주의, 생태주의, 여성주의 등등 다양한 가치들이 한국 사회에 침투하여 상당한 힘을 발휘하고 있다. 세계화의 공격 앞에서 '폐쇄적인 한국'이라는 이미지도 차츰 엷어질 뿐 아니라, 오히려 지나칠 정도로 자기 것을 깔보고 외국 것을 숭상하는 신사대주의적 경향마저 커지고 있다.

네 차례에 걸친 일본 문화 개방에서 보듯이 문화적 개방성의 정도도 점차 커지고 있다. 길거리에는 영어 간판들이 한글 간판 못지않은 숫자로, 그보다 더 휘황찬란한 위용을 뽐내고 있다.

이런 사회·문화적 다양화에는 정치 경제적인 성장도 큰 역할을 한다. 계급, 이념, 가치관의 면에서 사람들이 다양해지고 있다. 부유층은 잦은 해외여행과 자녀들의 외국 유학, 외국 유명 상품 구입과 유행 추종으로 미국과 서양 풍물에 젖어들고 있으며, 중산층 역시 이런 소비 풍조에 뒤따라가는 경향이 뚜렷이 나타난다. 특히 외환위기 이후로 중산층이 엷어지고 빈부격차가 심해져서 계급 사이의 경제·문화·정치적 차이가 점차 뚜렷해지고 있다. 게다가 지금 정부가 추진하고 있는 지역 분권 작업도, 각 지방의 특성화를 통해, 어느 정도는 단일성의 요소를 줄이는 데 이바지할 것이다. 이렇게 볼 때, 한국의 단일 사회적 요소는, 여전히 다른 나라에 비해서는 강하지만 차츰 줄어들고 있다고 할 수 있다. 더 정확하게 말하자면, 단일 사회의 원초적인 요소(대표적으로 '단일 민족')는 지속되더라도 사회·문화적 획일성은 크게 줄어들고 있다고 볼 수 있다.

이에 비해 한국 사회의 밀집성은 줄어들 가능성이 별로 없어 보인다. 지금 한국에는 밀집성을 근본적으로 해소할 요인이 없다. 좁은 땅, 많은 인구의 특징은 해외 이민으로 해결될 수 없다. 출산율이 낮아져서 인구 증가가 둔화되었지만, 그렇다고 이것이 밀집사회의 속성을 바꿀 정도는 아니다. 남북한이 통일되고 지역 분산이 이루어지면 밀집성은 상당히 해소할 수 있다. 하지만 그것이 반드시 실현될 수 있을지 장담할 수 없을 뿐 아니라, 통일이 오히려 서울·수도권의 밀집성을 더 악화시킬 수도 있다.

이런 여러 점들을 고려하고 내릴 수 있는 결론은, 한국 사회의 독특한 조건인 단일성과 밀집성은 어느 정도 약화될 수 있지만 기본적으로 유지될 것이라는 사실이다. 이렇게 한국 사회의 단일 사회적 조건이 유지된다면, 이 조건의 결과 나타나는 한국·한국인의 속성들도 기본적으로 유지된다고 볼 수 있을 것이다. 그러나 중요한 사실은 우리의 속성들이 우리의 자연 조건과 인구 조건, 곧 단일 사회적 특성에 의해 '결정'되는 것은 아니라는 사실이다. 위에서 보았다시피 한국·한국인의 속성이 형성되고 변화하는 데에는 단일성, 밀집성의 조건뿐 아니라 다른 요인들도 중요한 구실을 하기 때문이다.

Ⅱ. 단일성·밀집성 때문에 오는 변화

그런데 단일성과 밀집성이라는 조건 때문에 한국 사회가 크게 변했다는 사실을 알아야 한다. 단일 사회적 성격 덕분에 한국 사회는 다른 어느 사회에 비해서도 빠르고 큰 변화를 겪었다. 특히 밀집사회의 결과 나타난 우리의 조급성과 역동성의 특징들이 한국 사회의 빠르고 역동적인 변화를 불러왔으며, 이런 변화는 지금도 계속되고 있다. 예전에는 성리학의 명분론 때문에 서구 문물에 대한 저항이 컸지만, 일단 그 선(임계점)이 무너진 뒤, 서구 문물의 수용과 변화(근대화, 세계화)의 추구가 다른 어느 나라보다 빠르고 크다. 전통의 해체도 다른 어느 사회에 비해서도 과격했으며, 새것으로 옛것을 바꾸는 속도도 또한 다른 어느 나라에 비해서도 빠르다. 조급하고 역동

적인 한국인들의 특징 덕분이다. 한국 사회를 급격하게 변모시킨 압
축 성장도 바로 그런 측면, 곧 한국의 단일성-밀집성의 발현이라고
할 수 있다. 그러한 급속한 변화는 우리가 제시한 다섯 가지 속성에
서도 물론 나타난다. 그런데 이에 대해서는 다음 항에서 살피도록
하고, 여기서는 전통 파괴라는 측면을 한번 보도록 하자.

지금 우리는 우리의 전통 의상인 한복을 거의 입지 않는다. 이런
점은 일본, 아프리카, 아랍, 중국 등 세계 어느 지역과 비교해 보아
도 두드러진다. 한복은 일상생활에서는 물론 사라졌고 예복으로도
점점 안 입는다. 얼마 전까지만 해도 설·추석 같은 명절이나 결혼
식 같은 잔치에서 한복을 입곤 하였지만, 이젠 이마저도 찾아보기
어렵게 되었다. 신랑 신부 폐백 들일 때나 설, 추석 때의 의례적인
것을 빼고 텔레비전에서 한복 입은 모습이 보일 때는 바보 연기할
때뿐이다. 이제 한복은 텔레비전 코미디의 영구, 맹구, 옥동자와 같
은 바보 천치나 입는 옷이 되었단 말일까? 개량 한복 또는 생활 한
복이라는 것이 나와서 한때 꽤 인기를 끌었으나, 요즘은 자주 보기
힘들다. 이 생활 한복은 일부 '운동권' 인사들이 애용한다. 그만큼
비주류, 저항의 상징이 되었다. 17대 국회에 진출한 민주노동당 의
원들 가운데 한두 명이 한복이나 개량한복을 입고 등원한다. 그 자
체가 커다란 변화임에는 틀림없다. 그러나 주류 엘리트층에서 생활
한복이든 전통 한복이든 입고 바깥에 나가는 사람은 없다. 이제 한
복은 고루한 전통의 상징일 뿐 아니라 한국의 주류 사회에 편입되지
못한 저항적 소수자의 복식과 삶을 반영한다.

한복뿐 아니라 한옥도 일반 건물로는 거의 없어졌으며 일부 음식
점이나 호사가들의 별장으로만 존재한다. 건물뿐 아니라 한국의 도

시에서 전통적인 요소를 찾기는 매우 어려워졌다. 전쟁으로 많은 것이 파괴되었기 때문이기도 하겠지만, 그보다 더 중요한 까닭은 우리가 처음에는 근대화, 뒤에는 세계화를 내세우면서 전통적인 것을 부정하였기 때문이다. 박정희가 자신의 권력을 공고히 하기 위해 1970년대에 전통 사상과 문화를 진작했지만, 근대화 물결이 가져온 전통 파괴를 막지는 못했다. 전통 거리로 알려져서 외국인이 많이 찾는 서울의 인사동을 보라. 거기에 한옥이 있나 한복을 찾아볼 수 있나. 국제 도깨비 시장 같은 곳에 몇몇 고서화점과 전통 찻집들만 있다고 전통 거리가 되는 것이 아니다. 그곳에서 문화적인 정취를 느낄 수 있는 것은 사실이나, 이런 거리가 대표적으로 한국적인 거리가 된 현실이 안타까울 따름이다. 선진국은 말할 것도 없고 체코, 터키, 중국, 타이 등등 우리보다 국민소득이 낮은 나라들이 얼마나 자국의 문화를 많이 보존하고 외국인에게 볼거리를 제공하는지 살펴보라.

어느 날 한 미국인 일본 전문 학자와 이런저런 대화를 나누다가 다음과 같은 질문을 하였다. "도쿄와 서울은 많이 비슷하지요?" 나는 대답이 당연히 그렇다고 나오리라고 생각하고 던져본 말이었다. 지금의 서울이 도쿄를 많이 모방하였고, 서양식으로 현대화한 도시들은 대개 비슷비슷하기 때문이었다. 그런데 그가 뜻밖의 대답을 하여 몹시 놀랐다. 단호히 "아니요."라고 대답하는 것이었다. 그래서 왜냐고 물었더니, 그의 대답인즉, 서울보다 도쿄에 전통적인 것이 훨씬 더 많이 남아있다는 것이었다. 나는 한동안 작은 충격을 느꼈다. 그러면서 생각해 보니 과연 그의 말이 맞았다. 나는 도쿄에서 잠깐 살기도 하였고 여러 번 다니기도 하였는데, 나리타공항에서 비행기를 타고 김포공항에(요즘엔 인천 공항에) 내려 올림픽 대로를 타고 서울로 들어오다 보면 눈부시게 뻗은 도로와 번쩍이는 현대식 건물들이 나리타-도쿄 거리보다 훨씬 더 현대적이고 화려했다. 그래서 이것이 한국 발전의 상징인양 흐뭇해하곤 했다. 그런데 다시 생각해 보면 한국이 얼마나 일본에 비해 전통을 가벼이 여기고 부수고 짓는 것에만 몰두해 왔는지를 상징하는 일이기도 하다. 정말 도쿄에서는 거대한 황궁이 위용을 뽐낼 뿐 아니라 전통 가옥, 전통 음식점들이 서울보다 훨씬 많고, 기모노 입은 모습들을 거리에서나 집안에서나 서울에서 한복 입은 모습보다 훨씬 더 많이 볼 수 있다.

서울이 얼마나 전통을 잃어버린 국적 불명의 도시인지는 어느 원로 언론인도 잘 지적하였다. 사람들은 이런 서울의 모습을 보고 세계화되어 간다고 좋아할지 모르나, 이는 정말로 세계화가 무엇인지 모르고 문화가 무엇인지를 모르는 사람들의 생각이다. 대표적인 사람이 부수고 파헤치는 게 직업인 건설회사 사장 출신의 서울 시장 이명박 아니겠는가. 그는 서울을 세계화한답시고 온 서울에 'Hi Seoul'을 대문짝같이 써 붙이고 있다. 과연 이런 엉터리 영어가 외국인 관광객이나 투자자를 얼마나 더 끌어 모을 수 있다고 생각하는지, 결코 수준 높은 행동은 아니다. 말이 조금 새었는데, 어쨌든 그 원로 언론인의 한탄을 들어보자.[1]

> 예전에 가장 서울다운 거리, 한국다운 곳은 광화문에서 종로 네거리에 이르는 거리였다. 그 뒷골목에서는 언제든 이상의 시 세계가 살아 있었고, 김유정의 소설 속 주인공들의 목소리를 들을 수 있었다. 지금에 와서는 서울의 이끼 낀 역사며 정서를 일깨워 주는

---

1) 홍사중, 『한국인, 가치관은 있는가』(서울: 사계절, 1998).

것은 아무 데서도 발견되지 않는다.

요새 보이는 것은 국적도, 멋스러운 개성도, 전통의 아름다움도 찾아볼 수 없는 풍경뿐이다. 반평생을 한국에서 산 어느 프랑스인 교수가 이렇게 쓴 적이 있다. "서울에 사는 젊은이들은 일상생활 속에서 한국의 전통 문화에 접하기란 쉽지가 않다. 파리에서는 한 발짝만 나오면 오늘의 거리에서 어제의 프랑스를 발견할 수 있다. 서울에서는 그렇지 않다."

파리만이 아니다. 유럽의 어느 도시를 찾아 봐도 제각기의 개성이 살아 있으며 오랜 전통의 무게를 느끼게 하고, 또 어느 광장이나 국적 있는 문화를 느끼게 한다.

서울은 매력만 없는 게 아니다. 국적마저 잃고 있다. 그래서 외국 관광객들의 발길이 멀어지기만 한다. 그들은 물가가 비싸다고 투정하면서도 여전히 일본에 몰려든다. 그것은 일본의 어디를 가나 일본다운 맛을 즐기고 사진 찍을 것도 많기 때문이다. 그들은 또 홍콩, 타이, 인도네시아, 말레이시아 등으로 몰린다. 서양에 물들지 않은 동양다운 이국 정서를 만끽할 수 있기 때문이다.

그러나 우리가 지금 가장 염려해야 할 것은 외국인에게 보여줄 게 많지 않다는 데 있지 않다. 한국의 새 세대에게 자랑스러운 역사를 일깨워 주는 것이 없다는 사실이다. 다시 말해서 생활 속에 살아 있는 전통 문화가 없어져 가고 있다는 것이다. "나는 현대의 (한국의) 젊은이들이 자기 나라 전통을 사랑하지 않게 된 것은 그릇된 행정의 탓이라고 단언할 수 있다." 이렇게 그 프랑스 교수는 말하기도 했다. 그러나 우리가 국적을 상실하고 문화 전통을 등지게 만든 것을 정부 탓으로만 돌릴 수는 없다.

서울에는 정말 외국인에게 보여줄 한국 것이 없다. 경복궁, 덕수궁, 남대문 등 몇몇 옛 건물들이 거대한 이류 미국 도시에 외로이 드문드문 서 있을 뿐이다. 창피한 일이다. '600년 고도'라는 말이나 하지 말았으면 좋겠다. 서울뿐만 아니라 한국 전체에 한국을 내세울 만한 고유문화가 별로 없다. 경주, 안동 등에 일부 남아 있다고 하나, '오천 년 역사'를 자랑하는 한국의 문화유산이 그 정도밖에 안 남아 있다는 사실은 부끄러울 따름이다. 수많은 외침으로 파괴되었다고 하지만 정작 더 파괴한 사람들은 바로 우리들이다. 이런 우리는 결코 문화 민족이라고 자부할 수 없다.

한국과 중국, 일본을 모두 잘 아는 한 조선족 지식인의 지적을 보자.[2]

> (한국인들은) 시대가 변하면 전대의 문화를 철저히 박멸하였기에, 전통을 차곡차곡 축적하는 축적 사상이 결여되어 있다. 이 때문에 반만년의 역사와 전통을 소리 높여 자랑하지만 따지고 보면 그 실속은 너무 빈약하기 짝이 없지 않은가!
> 국제적으로 돌아보아도 한국 같이 자랑할 만한 전통 문화가 빈약한 나라가 어디에 있으랴. 한국인 스스로가 목이 쉬도록 외치는 것만큼 세계가 인정하는 한국적인 전통은 많지 않은 것이 사실 아닌가. 너무 빈약하기에 스스로 많다고 외치는 것이 아닐까.

우리는 우리 것을 보여주어야 외국인들이 많이 보러 온다는 기본 상식을 무시하고 그저 외국인을 모방해야만 관광 수입을 올리는 것으로 착각한다. 그래서 관광을 위해 영어 구사자를 늘리고 영어 안내판을 늘려야 한다는 생각밖에 하지 못한다. 그런 것이 영어권 관광객들을 조금 편리하게 만들지는 모르나, 관광객 유치하는 데에는 그야말로 지엽적인 일일 뿐이다. 도대체 영어가 통하는지 안 통하는지를 가지고 관광지를 결정하는 사람이 몇 퍼센트나 되는가? 다 그곳의 독특한 풍물이나 볼거리, 놀거리, 살거리를 보고 간다. 한국을 알리고 한국에 많은 사람들을 끌어들이려면 외국에 없는 한국의 독

---

2) 김문학, 『한, 중, 일 3국인, 여기가 다르다』(서울: 한일문화교류센터, 2002), 116쪽.

특한 풍물이나 장점을 극대화시켜 제공해야 한다. 전통 문화는 그 중 빠질 수 없는 요소다. 물론 현대 한국의 장점들, 예를 들어 정보 통신 기술 같은 분야를 내세우는 것도 한 방편이 될 수도 있겠지만 말이다. 이런 전통 파괴는 무엇보다도 자기 것을 업신여기거나 부끄럽게 여기는 주변부 엘리트들의 대외적 열등감에서 나온 야만적인 행위인데, 우리의 경우 극단성, 조급성이 발동하여 그 속도와 폭이 매우 크다고 할 수 있다.

Ⅲ. 발전 단계에 따른 변화

전통의 부당한 파괴가 급속한 변화의 나쁜 측면이라면 고도성장, 압축 성장은 그 좋은 면이다. 압축 성장과 전통 파괴는 같은 길을 걸었다. 전통을 보존해 가면서 고도성장을 하기에는 정신적으로나 물질적으로 우리가 성숙하지 못했다고 할 수 있다. 하지만 지금부터라도 그 전통 보전과 물질 성장을 조화시켜 나가야 한다.

압축 고도 성장의 결과 사회 구조와 사람들의 의식이 많이 바뀌었다. 이제 한국 사회는 더 이상 초기 산업화 단계에 있지 않으며, 후기 산업화, 정보산업화의 단계로 돌입하였다. 이에 따라 이 책에서 우리가 제시한 다섯 가지 한국적 속성에 상당한 변화가 오게 되었다.

우선 획일성의 변화를 보자. 이것은 다섯 속성들의 변화 가운데 가장 눈에 잘 띄는 것이라고 해도 좋다. 물론 아직도 한국 사회는 획일적 성격이 강하지만 이제 도시의 길거리를 걷다보면 서양, 동양,

한국이 마구 뒤섞여 있는 모습을 어렵지 않게 볼 수 있다. 신촌이나 대학가 주변을 가면 젊은이들이 흠뻑 빠져 있는 미국풍 문화가 거리와 술집(이제 이름도 미국식으로 클럽으로 바뀌었다)을 뒤덮고 있다. 그런가 하면 영등포구 가리봉동에는 중국 간자체의 식당 상호들이 조선족과 중국인들을 향해 입을 벌리고 있다.

우리는 악수하면서 동시에 절하는 기묘한 인사 습관을 체득하였는데, 이런 '짬뽕 문화'가 인사 습관뿐 아니라 우리의 모든 행동과 생각에 번지고 있다. 우리말은 한국어와 영어가 날이 갈수록 뒤섞이고 있으며, 우리글은 한글과 로마자와 한자가 뒤섞이고 있다. 이는 결코 바람직하지 않은 '다양화'이지만, 어쨌든 우리 사회와 문화의 다양성 증대를 또는 그 부작용을 웅변으로 증명하고 있다.

획일성의 약화와 다양성의 증대는 우리의 가치관 변화에서도 마찬가지로 볼 수 있다. 우선 이제 더 이상 개발 위주의 목표가 국민의 사고를 지배하지는 않는다. 물론 외환위기 이후 경제 중심적 사고가 신자유주의적 세계화의 물결을 타고 한국을 주름잡고 있지만, 이에 못지않게 생태주의나 여성주의 등의 대안 사상들이 무시하지 못할 세력으로 부상하였다. 이런 모습은 20년 전과도 판이하며 불과 10년 전하고도 많이 다른 모습이다.

둘째, 한국 사회가 초기 발전 단계에서 성숙 발전 단계로 갈수록 사회의 역동성과 변화의 속도는 눈에 띄게 줄어들 것이다. 경제성장률도 더 이상 고도성장의 수치를 보일 수 없다. 어린이가 청소년기까지 쑥쑥 자라다가 나이가 들면서 자라는 속도가 줄어드는 것과 마찬가지다. 사회가 그만큼 단순하지 않고 복잡해지기 때문이다. 예를 들어 박정희 식의 '하면 된다', 부수고 짓고 밀어붙이기 식이 더 이상 통하지 않는다. 대통령 말 한마디로 하루아침에 정책이 결정되고 없어지고 하는 것도 더 이상 일어나기 어렵게 되었다. 김영삼의 "깜짝 놀랬재?"도 더 이상 통하기 어렵게 되었다. 대규모 관제 조직이 펼치는 속도전은 박정희의 새마을 운동이 마지막이었고, 개혁의 역동적 속도전의 마지막은 군대 안의 하나회 해체였다. 더 이상 이런 식의 속도전은 불가능하다. 사회가 복잡해지는 만큼 돌아보아야 할 것도 많고 타협해야 할 것도 많아지기 때문이다. 그래서 지도자 또는 독재자의 일인 쇼가 더 이상 불가능해지고 많은 것들이 제도와 절차를 통해 이루어져야 하게 되었다. 그래서 제도와 절차를 합리적이면서도 효율적으로 잘 만드는 것이 중요한데, 이런 점에서 아직도 우리 사회는 과도기에 있다. 말하자면 '인치'에서 '법치'로 넘어가는 과정에 있는 셈이다.

새만금 사업이나 교육 정보화를 둘러싼 정부와 시민단체 또는 이해 당사자들의 대립은 우리 사회도 이제 정부가 속전속결로 무엇이든 밀어붙이는 것이 불가능한 단계에 접어들었음을 잘 보여준다. 이런 현상은 부안 핵 폐기장 건설을 둘러싸고 벌어진 투쟁과 그 결과 결국 정부가 결정된 정책을 철회할 수밖에 없었던 데서 가장 잘 드러났다. 이런 갈등을 일부에서는 집단이기주의의 난무와 정부의 행정력 또는 정치력 부재라고 우려한다. 물론 그런 점도 있다. 하지만 달리 생각하면 이 갈등은 그만큼 우리 사회가 다원화·민주화되었다는 증거이기도 하다. 또 그만큼 사회가 복잡해지고 따라서 역동성과 일의 속도가 줄어들었다는 증거이기도 하다. 문제는 이런 속도 늦춤이 행정력의 마비나 사회적 침체로 이어지지 않도록 하여 사회와 정치의 활력을 유지하도록 하는 일이다. 속도 늦춤이 마비가 아니라 여유로, 역동성의 줄어듦이 무기력이 아니라 성숙함이 될 수 있도록 하는 것이 우리의 과제다.

셋째, 이런 점은 조급성의 면에서도 마찬가지다. 빨리빨리 일을 이루는 것은 점점 더 어려워지고 점점 더 부적합하게 된다. 이제 더 이상 달리는 차를 만드는 것이 목표가 아니라 편안하고 고급스러운 차를 만드는 것이 목표가 되었기 때문이다. 하면 된다고 밀어붙이는 것은 도로 건설에서는 되었지만, 컴퓨터 반도체 생산에서는 통할 수 없다. 고속도로는 일단 지어놓고 땜질 또 땜질해도 되지만 반도체를 그렇게 했다가는 회사는 하루아침에 망하고 나라는 일 년에 망한다. 혼자 독불장군으로 명령하는 체제가 먹히지 않고 제도와 절차를 따져야 하니 모든 것이 시간이 더 걸릴 수밖에 없다. 그리고 그만큼 안전하고 안정된 절차와 결과를 추구하게 된다.

일상생활의 조급증에 대해서도 마찬가지 말을 할 수 있다. 밀집된 한국 사회는 여전히 성숙하지 못하고 발전 도상에 있기 때문에 사람들의 조급한 마음과 행동이 하루아침에 없어지지는 않을 것이다. 그러나 사회 구조의 변화 속도가 줄어드는 만큼 사람들의 행태 또한 조급함이나 속도가 조금씩 줄어들 것이다. 자동차 문화도 서서히 정착되어 가고 있으며, 한국인의 대표적인 특징이라고 하는 식당에서의 "빨리 주세요!" 절규도 차츰 사라져간다. 아직은 아니지만 조금씩 여유 있는 모습으로 바뀌어 가리라고 확신한다.

넷째, 조급성과 마찬가지로 극단성도 사회가 성숙할수록 줄어들 것이다. 물론 모든 분야에서 극단성이 곧 해소되리라고 보는 것은 순진한 일이다. 예를 들어 교육 문제의 극단화는 단시일 안에 해결될 것 같지 않다. 하지만 이 또한 시간이 지나면서 서서히 자리를 잡아가지 않을까 기대해 본다.

다섯째, 우리 사회가 더 발전하고 다양해지면 집중성도 약화될 수 있다. 그러나 이는 매우 시간이 걸릴 것이며, 반드시 그렇게 된다고 보장할 수도 없다. 다시 말해 우리의 다섯 속성들 중 집중성의 완화가 가장 어렵고 시간이 걸릴 것으로 보인다. 물론 경제성장이 진전됨에 따라 집중성이 자연히 줄어드는 경향도 있다. 경제성장의 초기 단계에서는 인구가 집중되지만 교통과 통신이 발달함에 따라 지리적 근접성이 덜 중요해진다는 연구도 있다. 소득 수준이 올라가면 도시의 복잡한 삶을 피하고 싶어지기도 하며 또 굳이 복잡한 도시에 살지 않더라도 도시적인 직업을 가질 수가 있게 된다. 이런 점에서 볼 때 경부고속철도의 개통이 인구 집중을 완화시킬지 악화시킬지 흥미로운 관찰거리다.

발전 단계가 올라감에 따라 한국의 집중성이 낮아질지는 분명하게 예측하기 어렵다. 특히 계급 격차나 부의 집중이 완화되리라고 기대하기는 어려울 것 같다. 이는 한국 사회의 고유한 조건보다는 현대 자본주의의 속성과 관계있는 것이며, 그 속성상 계급 격차가 완화되기는 어렵기 때문이다.

어쨌든, 지금까지 살펴보았듯이 우리가 제시한 한국의 두 가지 조건과 다섯 가지 속성들은 정도의 차이가 있으나 모두 어느 정도 변화를 겪으면서 동시에 본질적으로는 유지되리라고 예상할 수 있다. 하지만 많은 부분에서 변화가 와야 한다. 변화는 위에서 보았듯이 자연스럽게 올 수도 있지만, 거기에는 한계가 있다. 그러므로 자연스러운 변화를 무작정 기다릴 수는 없고, 인위적인 변화를 위해 노력해야 한다.

Ⅳ. 인위적인 변화

한국의 변화는 자연적 조건이나 발전 단계에만 달린 것이 아니다. 자연 조건이나 발전 단계는 변화의 큰 테두리를 형성할 뿐이다. 세세한 것은 인위적인 노력으로 바뀐다. 이런 관점에서 우리가 제시한 한국·한국인의 속성 다섯 가지를 어떻게 바꾸어 나가야 할지를 생각해 보아야 한다.

먼저 획일성의 경우를 보자. 시간이 지남에 따라 획일성이 줄어들고 다양성이 커지는 것은 사회 변화의 자연스러운 추세이지만, 여기서 인위적인 정책도 중요한 구실을 한다. 실제로 정부나 지방자치단체들의 정책은 느리나마 점점 문화적·이념적 다양성을 인정하는 방향으로 가고 있다. 일반 국민들의 의식도 마찬가지다. 물론 우리는 권위주의와 단일 민족의 획일적인 모습을 아직도 간직하고 있어서, 다양성으로의 변화가 어느 정도까지 갈지는 단언하기 어렵다. 다른 한편 다양성으로의 변화가 한국인으로서의 정체성을 잃고 무조건 외국 것을 추종하는 방향으로 가는 문제를 보이기도 한다. 대체로 볼 때, 지금까지는 정부와 국민 할 것 없이 힘없는 외국인·외국 문화를 억압하고 힘센 외국인·외국 문화를 숭상하는 억압-사대-획일의 문화를 보였다. 하지만 이제부터는 그 반대로 다양한 외국인·외국 문화를 공정하게 인정하는 자유 지주-다양성의 문화로 나아가도록 정책 방향과 의식 구조가 바뀌어야 한다. 그것이 바로 '열린 민족주의'며 진정한 세계화다.[3]

---

3) 김영명, 『우리 눈으로 본 세계화와 민족주의』(서울: 오름, 2002) 참조.

둘째, 획일성과는 달리 고도로 쏠려 있는 한국 사회의 편중·집중 구조는 시간이 지남에 따라 더욱더 심해지고 있다. 따라서 이를 완화하기 위해서는 인위적인 정책이 매우 중요하다. 그러면 어떻게 하면 한국의 과도한 집중성을 완화할 수 있을까?

수도권 집중의 예를 들어보자. 수도권 과잉 집중을 해소하기 위해서는 무엇보다도 권력과 돈을 분산해야 하며, 이를 위해 지방 분권을 강화하고 지역 균형 발전을 추진해야 한다. 이런 점에서 노무현 정권의 국토 균형 발전 계획은 방향을 바로 잡았다. 하지만 문제는 실천인데, 이는 매우 어렵다.

실천이 어려운 가장 중요한 까닭은 기득권 세력이 수도권 집중에서 이득을 보기 때문이다. 이런 현상은 서울시와 수도권 자치단체들의 행정수도 건설 반대 운동에서 대표적으로 나타났다. 행정 수도 건설이 수도권 집중 완화에 과연 효과가 있을 것인지, 그것이 자아내는 부작용이 더 크지 않을 것인지 따위의 현실적인 문제들보다는, 기득권층의 저항 때문에 그것이 과연 실현될지가 더 눈앞의 관심거리였는데, 역시 불가능한 것으로 판명되었다. 수도권에 바탕을 둔 기득권 세력이 정치·경제적 힘을 장악하고 있는 이상 국토 균형 발전은 매우 어렵다. 이런 점은 지금까지의 역사가 증명한다. 역대 모든 정부들이 수도권 과밀 해소와 지방 분산을 외쳤지만, 상황은 호전되기는커녕 점점 더 악화되었다. 그동안 수도권 세력은 학연, 지연 기타 인맥과 산업, 교육 구조의 수도권 정착으로 그 세력을 넓혀왔을 뿐이다. 따라서 지방 분산은 이론이나 정책 입안만으로는 되지 않고, 그 정책을 실행할 수 있는 힘이 집결되어야 이루어질 수 있다. 결국 정치적인 힘의 대결이 될 수밖에 없다. 어떻게 중앙 기득권을

깨고 지방 분산, 지방 분권을 이룰 것인지가 관건인데, 이를 위해서
는 일종의 시민 혁명이 필요하다. 지방 분산을 이루고 학벌주의를
타파하며, 재벌 일가의 경영권 장악과 빈부격차의 세습 등을 깨뜨릴
전 국민적인 시민운동이 일어나 집중화를 다원화와 균형 발전으로
바꿀 정치세력을 키우고 그러한 정권을 지지해야 한다. 그것밖에는
달리 길이 없다.

셋째, 획일성이나 집중성과는 달리 극단성, 조급성, 역동성은 주로
문화적인 문제이고, 개개인의 심성 또는 행태에 관한 문제다. 앞에
서 보았듯이 이런 한국인의 속성들은 앞으로 상당히 줄어들겠지만,
그렇다고 해서 우리가 갑자기 여유 있고 느긋한 문화 민족이 되지는
않을 것이다. 그런 방향으로의 변화 추세가 없는 것은 아니지만, 이
를 마냥 기다리고만 있을 수는 없다. 정부나 여론 주도층, 그리고 국
민 모두가 우리의 얕고 천한 문화를 극복하고 성숙한 문화 사회를
이루기 위해 다양한 노력을 기울이는 것도 반드시 필요한 일이다.
필자가 이끌고 있는 한글문화연대도 작으나마 그런 노력을 기울이
고 있다. 문제는 아직도 정부나 여론 주도층이 경제지상주의에 빠져
성숙한 문화 국가 건설의 필요성을 제대로 느끼지 못하고 있다는 점
이다. 이렇게 볼 때 한국의 주류 여론 주도층 자신이 계몽의 대상이
되어야 하며, 바로 그 점이 한국 사회가 한 단계 도약하는 데 커다란
걸림돌이라고 할 수 있다.

V. 한국의 갈등 구조

최근 들어 한국에 갈등이 많다고 걱정하는 사람들이 많아졌다. 겉으로 나타나는 현상을 보면 정말 갈등이 많은 것 같다. 그러나 사실이 꼭 그렇지는 않다. 정말로 갈등 많은 사회에 비해 한국에는 별로 갈등이 없는 편이다. 게다가 사회는 안전한 편이며, 치안도 잘 유지되는 편이다. 단일 사회적 조건 때문이다. 그렇다고 단일 사회에는 갈등이 없다는 의미는 아니다. 단지 균열 사회에서 보는 것과 같은 원초적인 구분에 뿌리를 둔 대규모의 심도 깊은 갈등은 없다는 말이다. 한국에 그런 비슷한 것이 있다면 지역 갈등을 들 수 있는데, 앞에서 보았듯이 한국의 지역 갈등은 정치적으로 중요한 작용을 하기는 하지만 사회 균열을 야기할 만큼 그렇게 심각하지는 않다.

오히려 지역갈등보다 더 심각한 갈등들이 대한민국 사회에 있으며, 앞으로 그 중요성은 더 커질 것으로 보인다. 그것은 이념 갈등과 계급 갈등인데, 중요도의 순서로 보면 계급 갈등이 먼저다.

한국에서는 얼마 전까지 산업화가 급속하게 이루어지는 바람에 노동계급이 미처 성장하지 못한 상태에서 자본과 '선점 국가'(계급 세력이 성장하기에 앞서서 미리 통제력을 확보한 국가)가 노동계급을 쉽게 억압할 수 있었으므로, 계급 갈등이 미약하였다. 그러나 시간이 지나면서 노동계급의 힘이 점차 커졌으며, 정치 민주화 이후 노조의 힘도 무시할 수 없을 정도가 되었다. 이런 상황에서 신자유주의가 팽배하고 그에 따라 빈부격차가 심화된 결과 계급 갈등의 기운이 점차 고조되고 있는데, 이것이 앞으로 한국 사회 갈등의 가장 큰 요소가 될 것으로 보인다. 국가가 조국 근대화를 앞세워 노동 계급을 억누르고 산업 평화를 강요하는 것은 이미 오래 전에 불가능해졌다. 요사이는 오히려 노동조합의 힘이 너무 강해져서 기업 활동의 효율성을 방해하고 자본 투자를 막는다는 우려가 크게 나오고 있는 형편이다. 물론 아직도 한국 노동자들의 조직률은 20%도 안 되어 매우 낮은 편이지만, 대기업 노조나 전교조의 힘은 무시하지 못할 정도가 되었다. 이제 바야흐로 자본과 노동 그리고 정부의 세 축이 어느 쪽도 절대 권력을 갖지 못하면서 각축하는 단계로 들어섰다. 물론 사회 대부분의 면에서 주도권은 아무래도 기업이 쥐고 있지만, 노동자의 권익이나 농민과 도시 서민의 이익을 대변하려는 정치 세력의 힘도 무시 못 할 정도로 성장하고 있다. 이렇게 볼 때 앞으로 한국 사회에서 계급 갈등은 지역 갈등을 능가하는 정치 균열의 원천이 될 것이고, 선진국에서 보는 계급 정치, 즉 계급 세력의 정치세력화-정당화의 가능성도 배제할 수 없는 형편이 되었다.

이념 갈등은 계급 갈등보다 더 앞서 우리 사회를 강타한 바 있다. 해방 직후의 좌·우파 대결과 민족 분단, 그리고 무엇보다 6·25 전쟁의 참화는 이념의 균열이 얼마나 끔찍한 결과를 '단일 사회'에 가져올 수 있는지를 적나라하게 보여 주었다. 단일 사회도 상황에 따라 심각한 균열을 겪을 수 있다는 점을 분명히 보여준 비극적인 사건이었다. 전쟁을 거친 뒤 대한민국에는 보수 반공 이데올로기가 득세하여 이념 대결이 거의 사라졌지만, 1980년 민주화 투쟁을 통해 이념 갈등은 다시 살아났다. 가장 치열했던 때가 1980년대 후반과 1990년대 초반이었는데, 당시에는 정치적 민주화 투쟁과 더불어 노동자·농민 투쟁이 치열해지고, 권위주의, 자유민주주의와 민중민주주의 3자사이의 각축전이 벌어졌다. 그러나 그 과정에서 급진 이데올로기는 힘을 잃고 지금과 같은 보수적 자유민주주의 구도로 정착되었다. 지금도 한국 사회에는 이념 균열이 존재하고 정치세력들 사이의 이념 충돌도 있지만, 남북한 분단과 한미 동맹이라는 근본 구도가 이념적 다양성을 억압하고 있다. 다시 말해 다른 나라에 비해 이념 갈등의 정도나 이념 격차의 폭이 그렇게 크다고는 볼 수 없다.

정치권에서 일어나는 이른바 이념 갈등이라고 하는 것은 진정한 이념 갈등이라기보다는 오히려 정파들 사이의 이익 투쟁의 성격을 더 크게 띤다. 이념의 차이가 있다고 하더라도 이는 사회경제 체제에 관한 것보다는 오히려 북한과 미국을 대하는 태도에 따라 더 크게 나타난다고 할 수 있다. 시장 경제와 사회 복지를 둘러싼 견해 차이도 존재하기는 하지만 그 차이가 별로 크지 않다는 말이다. 주요 정당들은 모두 시장 경제를 준수하고 있으며, 차이가 있다면 정도의 차이일 뿐이다. 민주노동당이 제법 다른 소리를 하고 있지만, 전체 구도에 큰 영향을 미치지는 못한다.

노무현 정부가 출범한 뒤 정부 안에 한미 관계를 둘러싸고 '자주파'와 '동맹파'의 갈등이 있었다고 하나, 그 자주파가, '한미 동맹'보다 자주적 결정을 더 중시하는 진정한 의미에서의 자주파라고 할 수 없기 때문에 그 간격은 그렇게 크지 않다. 차이가 있다면 미국에게 그냥 따라갈 것이냐 아니면 한마디 하는 시늉을 할 것이냐의 차이뿐이다. 미국의 이해가 걸린 외교 현안에서 미국의 뜻을 거스른 적이 없는 대한민국의 외교사는 지금도 계속되고 있다. 가까운 보기로 용산 미국 기지 이전을 둘러싸고 우리 외교부와 국방부가 보인 굴종적 행태는 우리의 대외 의존성이 얼마나 뿌리 깊은지를 잘 보여준다.

심지어 그들은 국가 최고 권력자인 대통령이 '반미주의자'라서 협상 과정에서 그를 배제하고자 하였다고 한다.[4]

노무현 정부를 '좌파'라고 매도하는 보수 인사들이 많지만, 말도 안 되는 소리다. 좌파가 무엇인지를 모르거나 정치적 공격을 위해 왜곡했을 뿐이다. 세계의 보편적 기준으로 따지자면 민주노동당이 중도 좌파 정도이고, 열린우리당이나 현 정부에는 우파와 중도 우파가 섞여 있는 정도다. 현 정부를 좌파라고 공격하는 것을 보면 우리 사회의 이념이 아직도 얼마나 오른쪽으로 편향, 곧 '획일화'되어 있는지를 새삼 느끼게 된다. 그러나 달리 생각하면 이런 변화만이라도 냉전 시대였던 과거에는 생각할 수 없었기 때문에 이념적 지형이 옛날보다는 훨씬 넓어졌다고 할 수 있다. 일부이기는 하나 한국의 국회의원들이 국군의 이라크 파병을 반대하고 미국 정부를 공개 비판한 것은 옛날에는 상상할 수 없는 일이었다. 그만큼은 한국의 이념구도도 옛날에 견주어 볼 때 넓어지고 다양해졌다고 할 수 있다.

그런데 지금까지 본 것은 한국 사회 갈등의 '원천'에 관한 것이다. 이런 갈등이 어떤 '정도'로 또는 어떤 '방식'으로 나타나는가는 또 다른 문제다. 그러면 한국 사회의 갈등은 어느 정도로 지독하게, 아니면 부드럽게 나타날까?

우리가 첫 번째로 생각할 수 있는 점은 단일 사회 안에서의 분파적 갈등은 단일성·밀집성 때문에 폭발적으로 나타날 수 있다는 사실이다. 대표적인 보기로 6.25 전쟁의 동족상잔을 들 수 있다. 원래 사촌끼리 원수가 되면 남보다 더 처절하게 싸우는 법이다. 공산주의 분파

---

4) ≪중앙일보≫ 2004. 9. 22.

들 사이의 싸움이 자본주의자들과의 싸움보다 더 무시무시했다. 비슷한 족속들끼리는 차이가 금방 드러나지 않기 때문에 이기고 정복하기 위해서는 더 철저히 부수어야 하기 때문일 것이다. 아니면 지금까지 가까이 지내던 관계가 깨진 데 대한 원망과 복수심이 작용하기 때문일 것이다. 이 문제에 대해서는 사회심리학적인 연구가 더 있어야 한다. 어쨌든 단일 사회에서는 사회적 균열이 작지만, 일단 균열이 벌어지면 복합사회 못지않은 강도 높은 갈등이 될 가능성이 크다.

하지만 거꾸로 단일성 때문에, 다시 말해 동질적 일체감 때문에 사회 갈등이 완화되는 측면도 있다. 아니 이 측면이 더 지배적이라고 할 수 있다. 그렇기 때문에 한국이라는 단일 사회에서는 갈등이 있더라도 종족 분규나 종교 충돌과 같이 피로 얼룩진 충돌이 되지는 않을 것이다. 이런 점에서만 보면 우리는 복 받은 민족이라고 할 수 있다. 이념 충돌의 피비린내 나는 비극을 겪었지만, 이는 외부에서 강요한 사상적·영토적 분열이었고, 우리 내부의 구조에서 나온 불가피한 분열은 아니었던 것이다. 한국 사회에 분열과 갈등이 많아졌지만, 이는 민주화와 다원화의 결과라고 볼 수 있고, 이것이 사회와 국가의 조정 능력을 넘지 않도록 통제하는 것이 우리의, 다시 말해 정부, 시민 사회, 그리고 각 개인의 책무라고 할 수 있을 것이다.

Ⅵ. 다 잘 사는 문화국가를 위하여: 나가면서

단일성과 밀집성은 한국의 숙명인가? 반드시 그렇지는 않다. 만약

이 책이 많은 사람들의 시선을 끈다면 아마 나는 한국의 자연적 특징이 한국 사회와 사람의 성격을 결정지었다고 주장한 결정론자로 낙인찍힐 것이다. 주장이나 사상이란 것이 이런 식으로 단순화되어 유포되거나 비난받는 일이 많기 때문이다. 단일성과 밀집성이라는 우리의 조건이 지금껏 한국·한국인의 특징을 형성해 온 것은 분명한 사실이다. 그러나 그렇다고 해서 우리의 문화나 의식 또는 사회구조가 그 조건을 벗어날 수 없는 것은 아니다. 그 조건 자체도 어느 정도는 바뀌거니와 같은 조건 아래서라도 의식적인 노력으로 많은 부분이 달라질 수 있기 때문이다. 다시 말해 단일 사회의 조건들이 결정적이라고 믿을 근거는 없다. 한국 사회의 구조와 한국인의 행동 및 가치관은 이미 빠른 변화를 겪고 있다.

그러면 한국 사회는 어떤 방향으로 바뀌는 것이 바람직할까? 우선 단일 사회에서 어느 정도 복합(다원) 사회로 바뀌는 것은 불가피하다. 인구·지리적으로 단일 사회의 조건은 바뀌기 어려우나 국내외 여러 조건들의 변화가 더 이상 옛날과 같은 정도의 단일 사회를 그대로 놓아두지는 않는다. 세계화 교류가 왕성한 상황에서 한국에는 이미 다양한 외국 문물이 들어와 있다. 외국인과의 교류도 크게 증가했다. 한국은 외국인에 대한 개방적 자세로 민족적 단일성에서 오는 폐쇄성과 배타성을 뛰어넘어야 한다. 그러면서도 자주적인 자세를 견지해야 한다. 외국에 대한 자주적인 자세와 개방적인 태도는 얼마든지 공존할 수 있다. 그런 방향으로 사회의 문화적 체질을 강화해 나가야 한다.

남북한을 같이 생각하면 한민족 사회는 더 이상 단일 사회라고 할 수 없을 정도가 되었다. 민족적으로는 여전히 단일하나 이념이나 가치관의 차이가 민족적 단일성을 무색하게 할 정도가 되었다. 오히려 통일 뒤의 국민 '통합'의 어려움이 우려되는 상황이다. 하지만 남북한 교류가 증대하고 통일의 길은 좋든 싫든 다가오고 있다. 언제 어떤 형태로 폭발적인 상황이 터져서 남북한 주민들이 갑자기 머리를 맞대게 될지도 모른다. 이런 상황에 잘 대비하기 위해서는 다원성에 대한 우리의 면역을 키워야 한다.

한편 조밀한 밀집사회의 성격은 우리에게 많은 부작용을 초래했다. 밀집된 삶은 여유 없는 생활과 한쪽으로 쏠리는 극단적인 사회 구조를 우리에게 강요한다. 그래서 우리는 균형 있는 사회, 여유롭게 퍼진 사회를 이루기 위해 노력해야 한다. 통일은 이 점에서도 중요하다. 단기적으로는 통일이 인구 분산의 효과를 가져올지 서울로 사람들이 몰리는 역효과를 가져올지 뚜렷하지 않지만, 장기적으로는 밀집사회의 성격을 누그러뜨릴 수 있을 것이다. 지역 균형 발전과 분산 정책 역시 밀집성을 완화하기 위해 매우 중요하다.

이런 방식으로 한국 사회의 단일성, 밀집성은 상당 부분 해소될 수 있다. 이를 위한 국민들의 각성과 국가 정책이 매우 중요하다. 이렇게 하여 대한민국은 정신적 성숙을 지향하는 문화 국가로, 그리고 통일을 지향하는 균형 발전 사회로 나아가야 한다.

그 과정에서 우리가 지닌 조건인 단일·밀집사회의 장점을 활용해야 한다. 조급성, 집중성, 극단성의 폐해를 줄이고 역동성의 장점을 활용하며, 다양성, 중용, 성숙, 균형을 지향해야 한다. 국내외의 여러 조건들이 그럴 수밖에 없는 현실을 만들어나가고 있다. 이에 어떻게 적응해 나가야 할 것인가가 미래 한국의 과제다.

단일 사회의 성격을 바꾼다고 해서 우리가 서양의 기준이나 인종·문화적 다원사회의 다양성을 목표로 삼을 필요는 없다. 또 그렇게 될 수도 없다. 그것은 오히려 단일 사회의 특성이 유지되더라도 지금보다는 더 복합적이고 다양하고 성숙한 사회를 지향해야 함을 뜻한다.

단일 사회 한국, 그 빛과 그림자는 빛이 많은 쪽으로 나아가야 한다. 어두움보다는 밝음이, 그림자보다는 빛이 낫지 않겠는가. 한국이 단일 사회라고 해서 슬퍼할 것도 없고 기뻐할 것도 없다. 단일 사회가 우리를 단조롭고 극단적으로 만들기도 하지만 갈등과 심지어 살육으로 가득한 복합 균열 사회보다는 우리가 복 받았다는 사실을 잊지 말아야 한다. 단일·밀집 사회가 우리에게 주어진 조건이라면 그 조건을 최대한 활용하여 우리 모두가 행복하게 다 잘사는 성숙한 문화국가, 노나메기 나라를 이루도록 노력할 수밖에 없다.

보론 1. 단일 사회 정치론 서설[1]

Ⅰ. 머리말

지금까지 한국 정치에 대한 연구는 주로 서양, 그 가운데서도 주로 미국 정치학의 분석 방법과 이론에 입각하여 연구되어 왔다. 보편성을 전제한 그런 분석들은 한국 정치를 이해하고 설명하는 데 매우 필요하다. 그러나 서양 이론으로 설명되기 어려운 특수한 부분들이 존재하는 것도 사실인지라 그런 부분을 이해하기 위해서는 한국의 특수 상황을 살펴보아야 한다.

지금까지 그러한 특수 상황에 대한 연구가 없었던 것은 아니다. 그런 연구는 주로 정치문화론 분야에서 나타났다. 설문 조사를 통해 한국인들의 정치 문화의 특징을 추적하는 연구들이 많이 나왔고 지금도 성행하고 있다. 이런 연구는 방법론상으로는 이른바 '한국적'이라고 할 수 없으나, 다른 나라와 구별되는 한국 정치문화의 존재를 확인하려고 노력한 점은 높이 살만하다. 그 중에서도 특히 권위주의나 가부장주의 등 유교적 전통을 부각시킨 연구들이 많았는데, 시간이 지나면서 민주적 가치관, 탈물질적 가치관 등을 확인하기도 한다(어수영 1997; Shin 1994).

---

[1] 이 글은 단일 사회론에 기초하여 한국 정치의 특성을 분석한 것이다. 단일 사회론에서 한국의 특징으로 들었던 획일성, 집중성, 극단성, 조급성, 역동성을 조금 변형하여 획일성, 집중성, 역동성, 안정성을 한국 정치의 특성으로 규정하였다. 사회 전체의 특징과 정치의 특징이 같지는 않다 보니 조금 차이가 생겼다고 할 수 있다. 또 단일 사회론의 특징들보다 조금 더 긍정적인 용어를 사용한 셈이기도 하다. 그러나 그 둘의 궁극적인 성격에는 별 차이가 없다고 보아도 무방하다. 이 글은『한국정치연구』제16집 1호(2007)에 실렸던 것이다.

정치 문화 분야가 아닌 쪽에서 나타난 한국의 독특한 정치적 현실에 대한 관심은 주로 분단 상황에 대한 관심이라고 할 수 있으나, 그것이 한국 정치에 미친 영향을 전면에 내세워 본격적으로 탐구한 연구는 많지 않다고 할 수 있다(김영명 2006).

이 논문에서 글쓴이는 위 연구들에서 포착하지 못한 한국의 독특한 현실에 착안하여 그것이 한국의 정치 상황에 어떤 영향을 미치고 있는지를 탐구해 보고자 한다. 그러한 특수한 상황을 '단일 사회'라는 조건으로 파악하고, 이것이 구체적으로 한국 정치에 어떤 특징을 부여하는지를 밝히고자 한다. 한국이 처한 단일 사회적 조건은 많은 사람들이 일상 대화 차원에서 거론하지만 그것이 구체적으로 한국 사회와 정치에 어떤 영향을 주는지에 대한 연구는 존재하지 않는다. 글쓴이의 생각으로는 유교 전통이나 분단 상황 못지않게 이 조건이 한국 정치를 형성하는데 많은 영향을 준다. 이 요인이 중요한 또 하나의 까닭은 앞의 요인들과는 달리 이것은 어느 한 시대에 국한되지 않고 과거에서 지금까지 그리고 앞으로도 지속될 한국적 특수성이기 때문이다. 물론 개별적인 영향의 성격과 그 발현 분야는 각 요인에 따라 다를 것이기 때문에 이 요인들 가운데 어떤 요인이 한국 정치의 형성에 더 중요한지를 따지는 것은 의미가 없는 일일 수도 있다.

이러한 글쓴이의 관심과 비슷한 연구가 지금까지 없었던 것은 아니다. 오랫동안 주한 미 대사관의 문정관을 지낸 바 있는 그레고리 헨더슨은 1960년대에 이미 한국에 대한 '소용돌이 정치'론을 전개하여 우리의 관점과 비슷한 관심을 보였다(헨더슨 2000). 이 책은 지금까지 오랫동안 한국 정치 연구의 한 고전으로 자리 잡고 있는데, 이 연구를 이어받거나 아니면 이를 활발히 비판하는 움직임이 없었다는 것은 오히려 기이하다. 아마 그가 본격적인 학자가 아니었기 때문에 그렇지 않았나 싶다. 사회학자 임현진은 헨더슨의 분석에서 힌트를 얻어 한국 사회를 '중심지향적 사회'로 보고 '단극성', '작은 사회' 등의 표현을 사용하여 단일 사회와 비슷한 착안을 하였지만 이에 대해서 본격적으로 논의하지는 않았다(임현진 1999).

단일성과 비슷한 개념으로 지금까지 학계나 평론계에서 '동질성'이라는 말을 많이 썼지만, 이것이 가지는 사회정치적 영향에 대해서 학술적이든 비학술적이든 체계 있게 언급한 적은 없다. 동질 사회와 이질 사회의 정치사회적 차이에 대한 연구가 우리에게는 중요하고 흥미롭지만 이에 대한 연구는 아직 찾아볼 수 없다. 이런 주제는 대부분의 다른 나라 사람들에게도 관심 밖이다. 왜냐하면 한국처럼 사회 구성원 사이의 동질성이 두드러지는 나라가 매우 적기 때문이다.

그런 나라 중 하나가 일본이다. 아니 실제로 일본은 동질성 개념을 적용하여 연구한 유일한 나라라고 할 수 있다. 일본인들과 일본에 관심 있는 서양인들은 일본을 서양 사회와는 다른 동질 사회로 파악하고 일본인의 특성을 구명하려는 '일본인론'에 주력하였다. 그 결과 나온 것이 위계질서를 강조하는 종적 사회 개념(나카네 1996)과 대외적인 폐쇄성에 대한 강조였다(볼페렌 1991). 일본인과 그 역사의 동질성이 일본 안의 수직 질서나 밖으로의 폐쇄성을 만들었다는 주장들이다.[2] 위 두 연구는 각각 그 당시 일종의 베스트셀러가

---

2) 동질 사회가 대외적으로 폐쇄적이라는 점은 쉽게 이해되지만, 그것이 종적 사회라는 점은 좀 더 이론적인 설명이 필요하다. 같은 부류의 사람들끼리이니 그 동질 사회 안에서 위계질서를 만드는 것은 이해할 수 있다. 복합 사회, 다원 사회에서는 위계질서가, 개별 집단 안에서 어떨지 몰라도 사회 전체에 만연하기는 어려울 것이다. 어쨌든 이 부분에 대해서는 종적 사회론자인 나카네조차도 분명히 설명하지 않았다.

되어 일본학 연구에 불을 지폈다. 이에 대응되는 사회과학에서의 한국학 연구가 활발하지 않은 것은 매우 아쉬운 일이다.

그런데 위에서 말한 일본의 특징들은 상당 부분 한국에 그대로 적용되기도 한다. 그만큼 한국의 정치·사회 문화와 일본의 그것은 다른 점도 많지만 비슷한 점도 많다. 그런데 우리의 관심은 위 연구들과는 달리 종적 사회도 폐쇄성도 아니다. 아래에서 보겠지만 우리가 해명하려는 단일 사회의 정치사회적 특성은 다른 것들이다.

이 논문에서 우리가 말하는 단일성은 동질성과 비슷하나 좀 더 강한 표현이라고 할 수 있다. '단일 민족', '동질 사회' 등은 서로 교차하여 쓸 수 있는 말이지만, 여기서는 단일 사회로 통일한다. 특히 흔히 사용되는 단일 민족 개념과의 일관성을 생각할 때 이 용어가 더 적합한 것 같다.

II. 한국 사회의 단일성과 그 정치적 의미

그러면 한국이 단일 사회라고 하는 것은 무엇을 의미하는가? 한국의 모든 사람들이 다 똑같지 않다는 사실은 새삼 말할 필요도 없다. 그러면 여기서는 왜 한국이 단일 사회라고 규정하는가? 한국이 단일 사회라고 하는 말은 한국이 다른 나라 또는 다른 사회에 비해 동질성 또는 단일성이 두드러진다는 말로 이해하면 된다. 그중에서도 한국을 단일 사회로 만드는 가장 큰 요소는 무엇보다 우리가 단일 민족이라는 사실이다. 게다가 한국은 문화적, 지리적으로도 다양하지 않고 단일한 모습을 지니고 있다. 그 모습을 간단히 보자.

우선 다른 민족이 1%도 없고 하나의 민족으로 국가가 구성된 나라는 한민족으로 구성된 대한민국과 조선인민민주공화국 외에 거의 없다. 동질성의 신화를 내세우는 일본도 한국인 중국인 등 외국인과 아이누, 오키나와 종족이 섞여 소수 민족이 2~3%는 존재한다.

한국 민족이 단일 민족이라는 명제에 대한 반발이 요즘 와서 많아진 것 같은데, 그것은 민족 개념에 대한 이해가 부족하기 때문인 것으로 보인다. 단일 민족성을 부인하는 사람들은 그 근거로 한국인에 여러 인종이 섞였다거나 우리 조상들이 예전에 단일 민족이 아니었기 때문에 우리가 단일 민족이 된 역사가 짧다거나 한국에 지금 외국인이 많이 거주하고 있다거나 하는 사실 또는 주장들을 펼치지만, 이 모든 주장들은 이 시론의 본질과는 어긋난 것들이다. 왜냐하면 과거에 우리가 단일 민족이 아니었다고 하더라도 그것이 지금 한민족이 단일 민족인 사실에는 아무런 영향을 미치지 않으며, 외국인이 아무리 많이 거주하더라도(실제로 인구 비율상 별로 많지도 않지만) 그들이 하나의 또는 여러 사회 '집단'으로서 한국인의 행동 양식과 의식 구조에 영향을 줄만한 정치사회적 의미를 지니지 않기 때문이다.[3]

물론 한민족도 다른 민족과 마찬가지로 북방계, 남방계 등 몇 개의 인종이 섞여서 형성되었을 것이다. 그러나 오래 전에 인종이 섞였다고 하여 지금의 한민족이 단일 민족이 아니라고 할 수는 없다. 한국 민족이 단일 민족이 아니라고 하는 주장은 생물학적 인종과 사회문화적 민족을 혼동하였거나, 아니면 단일민족 이데올로기의 배타

---

3) 좀 더 구체적으로, '단일 사회'론이라는 말에서 바로 '단일 민족 이데올로기'를 떠올리고 그런 관점에서 이를 비판하려는 경향이 있다. 나는 단일 민족 이데올로기를 찬성하지 않는다. 박정희가 단일 민족 이데올로기를 독재에 이용했다는 점도 모를 리 없다. 하지만 그렇다고 해서 한민족이 단일 민족이라는 사실 자체가 없어지는가? 또 한국이 하나의 민족 집단으로 구성된 사실 자체가 없어지는가? 한민족이 단일 민족이라고 하면 그 사람은 바로 국수주의 이데올로기가 되는가? 아니리라 본다.

적이고 폐쇄적인 측면을 비판하려는 의도에서 나온 과도한 주장이다. 우리가 단일 민족 이데올로기를 고수할 필요는 없지만, 생물학적 혼성을 이유로(그 혼성이 얼마나 큰지도 확실하지 않지만) 한민족이 단일민족이 아니라고 주장하는 것은 올바르지 않다. 설사 역사적으로 여러 종족이 섞였다고 하더라도 한민족에게 똑같이 섞인 것이므로 민족적 단일성이라는 점에서는 달라질 것이 없다. 민족은 오랜 기간에 걸쳐 공통의 역사를 지니고 같은 문화를 공유한 사회·문화적 공동체다. 한민족이 단일 민족으로 구성된 것은 늦어도 신라의 삼국 통일 이후부터라는 것이 역사학계의 정설로 되어 있다.

그런데 한민족이 단일 민족이라는 사실 자체가 곧바로 한국 사회가 단일 사회라는 것을 뜻하지는 않는다. 그러면 단일 사회는 무엇을 말하는가? 단일 사회는 한마디로 사회 구성원 가운데 민족, 인종, 언어, 종교 가운데 어느 하나라도 서로 다른 '사회정치적 집단'이 존재하지 않고 하나의 사회정치적 집단으로 구성된 사회를 가리킨다.[4] 더 간단하게 말하면 여러 민족으로 구성되거나 카스트 같은 넘을 수 없는 계급 구획이 존재하지 않는 사회라는 뜻이다.

그런데 한국 사회는 민족적 단일성뿐 아니라 문화적 단일성도 두드러진다. 한국 사람들은 적어도 천 년 이상 하나의 민족으로 하나의 역사를 공유하여 왔으며, 민족사의 영토도 그다지 크게 달라지지 않았기 때문에, 한국은 문화와 언어, 관습, 전통에서 단일한 문화권을 형성했다.

---

4) 종교의 경우는 특이하다. 한국에는 비슷한 세력의 종교가 복수로 존재하지만 이들은 사회정치 집단으로서의 의미를 지니지 않는다. 따라서 종교에 따른 사회정치적 갈등이 존재하는 다른 다종교 국가, 이를테면 레바논 같은 경우와는 다르다.

게다가 한국은 땅덩이가 좁을 뿐 아니라 자연 조건이 다양하지 않고 단일하다. 어디를 가나 뒷동산과 앞 냇물로 이루어져 있는 같은 모습이다. 아름다운 풍경이기는 하나 산수의 다양성이 없다. 백두산 부근을 제외하고는 높은 산이라고 해야 높이가 2,000미터가 채 되지 않으며, 거대한 강이나 평원이나 사막도 없다. 땅의 모습이 단일할 뿐 아니라 기후 또한 단일하다. 한반도가 남북으로 길게 뻗어 있어 가장 남쪽과 북쪽의 기온 차가 상당히 나기는 하나 제주도를 제외하면 그렇게 다른 기후 조건이라고 할 수 없다. 네 계절의 구분이 뚜렷하여 연교차가 큰 편이지만 이런 기온 조건이 한반도 전역에서 동일하다. 따라서 다른 기후나 풍토에 따른 사람들의 심성 차이는 없다고 할 수 있다. 이런 점에서도 한국과 한국 사람들은 단일하다.

이렇게 보았듯이, 한국과 북한의 단일성은 세계에서 유례를 찾기 어려울 정도로 매우 희귀하다. 그러한 독특성이 한국 정치에 어떤 영향이든 주지 않으리라 생각하기는 어렵다. 그러면 이러한 한국의 단일 사회적 조건이 한국 정치에 어떤 영향을 주는가? 이 논문의 핵심 가설이자 주장은 그러한 단일성이 한국 정치에 획일성, 집중성, 응집성, 안정성을 부여한다는 것이다. 이러한 한국 정치의 속성들을 자세히 논의하기에 앞서, 이 두 쌍 요인들 사이의 관계를 간단히 요약해 보자. 우선 한국인들은 단일 민족으로서 오랫동안 동질성과 단일성을 유지해 왔기 때문에 가치관, 사고방식, 행동 양식이 다양하지 않고 획일적이다. 사회구조도 획일적이다. 이런 모습은 국가 전체의 구조뿐 아니라 나라 안의 여러 하부 구조에서도 비슷한 양상으로 나타난다.

그런데 이런 획일성은 다른 한편으로 정치사회적 응집성으로 나타나기도 한다. 국가 위기 시에 보인 한민족의 단결심과 응집성은 임진왜란 때의 민중 거사나 최근의 월드컵 열풍 등에서와 같이 역사적으로 두드러지는 특성이라고 할 수 있다.

또 한국에서는 사회-문화 구조가 단일하고 따라서 다원적인 경쟁이나 갈등 또는 견제의 요소가 적기 때문에 경쟁과 갈등은 힘센 한쪽으로 집중되는 경향이 있다. 다시 말해 단일성의 결과로 사회의 권력과 지위가 한쪽으로 치우치는 집중성이 두드러진다. 한국 국민은 단일 민족이기 때문에 민족적, 인종적 갈등이 없다. 그 대신 단일 민족 내부의 지역 갈등이 존재하지만 이는 균열 사회의 민족적-인종적-지역 갈등보다 훨씬 정도가 덜하다. 그래서 중앙 집중이 더 잘 된다. 이런 점은 조선 시대부터 지금까지 내려오는 한국 사회의 일관된 특징이다.

한편 한국 사회와 정치는 다른 나라에 비해 비교적 안정된 모습을 보여 왔다. 치안이 비교적 잘 되고 있을 뿐 아니라, 정치도 격동을 주기는 하였으나 이질적 요소들로 구성된 균열 사회, 예컨대 아프리카나 동남아의 여러 사회에 비해 상당히 안정된 편이다. 이러한 안정성 역시 한국인의 본질적인 동질성 또는 단일성에 힘입은 바 크다고 할 수 있다.

이러한 특징들에는 물론 다른 요소들도 작용하였다고 볼 수 있다. 예들 들어 분단 상황은 정치적, 이념적 획일성을 야기하였으며, 급속한 산업화는 사회경제적 집중성을 심화시켰다고 할 수 있다. 이러한 변수들과 단일성들 사이에 존재하는 상관관계를 뚜렷하게 밝히는 것도 흥미로운 작업이 될 수 있으나, 이는 이 논문의 범위 밖이다.

어쨌든 한국 사회의 단일성이라는 조건이 야기한 획일성, 집중성,

안정성, 응집성의 정치적 속성들은 한국 정치에서 권위주의와 민주주의 변화 과정을 거치면서 계속 나타나는 현상이라고 할 수 있다. 이제부터는 이러한 속성들이 한국 정치에서 구체적으로 어떻게 나타나며 또 앞으로의 한국 정치 발전에 어떤 의미를 지니는지를 고찰하고자 한다.

III. 단일 사회 정치의 특징

1. 획일성과 당파싸움

이 항목의 제목을 획일성으로만 하지 않고 '획일성과 당파 싸움'으로 한 것은 그만한 까닭이 있다. 한국 정치 지형의 획일성이 정치 싸움을 좁은 당파싸움에 국한시킨다는 뜻이다. 먼저 한국 정치의 획일성이 어떤 것을 말하는지 간단히 살펴보자. 우선 원초적 갈등의 토양이 없다는 점을 들 수 있다. 민족, 인종, 종교, 언어의 차이에서 오는 원초적 갈등이 한국에는 없다. 한국은 분열 사회, 다원 사회 또는 복합사회가 아니라 단일 사회다. 이런 점에서 한국 정치세력들의 경쟁은 다원화되어 있지 않고 첨예하게 쪼개져 있지도 않다.

게다가 한국 정치를 형성하는 이념과 가치관도 다양하지 않다. 노무현 정부 출범 이후 이념 갈등이 고조되었다고 하나 사실 이는 이념 갈등이라고 하기 어려운 '성분 갈등'에 가깝다. 그리고 더 직접적으로 권력과 지배를 향한 당파 싸움이 핵심이다(김영명 2006, 제13장). 한국의 이념 갈등은 해방 직후와 1980년대 중후반에 두드러졌다. 그 기간에서조차 좌파가 집권할 확률은 영에 가까웠다. 이념뿐만 아니라 더 넓은 의미에서의 '정치적 가치관'에서조차 한국 정치

세력들 사이의 거리는 그렇게 크지 않다. 한국에서 사회주의를 공개적으로 표방하는 세력은 찾아볼 수 없고, 종교 이념을 내세우는 정치세력도 없다. 신자유주의 세계화의 이념과 가치관이 지배하고 이에 대한 반대 세력은 미약하다. 세계에서 가장 그런 편에 속한다.

지금 진보파가 득세하여 이념 갈등이 심하다고 하지만 그 이념의 차이는 크지 않다. 한나라당뿐 아니라 노무현 정권도 신자유주의 노선을 취하고 있다. 그 정권의 사회경제 정책은 좌파이기는커녕 전형적인 우파 정책이다. 주요 정파들 사이의 이념 차이가 있다면 경제 사회적인 면에서가 아니라 과거사, 북한 문제 등 역사나 정치적인 면에서 존재한다. 더구나 그 차이도 온건 진보와 보수의 차이이기 때문에 그 거리는 그렇게 크다고 볼 수 없다. 그러나 한국 국민들은 워낙 이념적 획일성에 물들어 있기 때문에 조그만 차이도 과장해서 느끼는 경향이 있다.

제도권 정당 중 가장 진보적 또는 좌파적이라고 할 수 있는 민주노동당의 강령도 자본주의 체제의 원리를 준수하고 있으며, 단지 그 안에서 노동자들의 권리를 좀 더 강조하고 부자들에 대한 세금 부담을 좀 더 늘리겠다는 정도다. 물론 그 안에 좀 더 급진적인 분파도 있기는 하지만 이 정도면 대체로 프랑스의 사회당이나 독일의 사회민주당 정도의 노선에 해당하는 것인데, 우리나라에서는 극좌의 자리를 차지한다. 프랑스나 독일에서 집권한 주류 다수 정당과 비슷한 이념의 정당이 우리나라에서는 국민 10% 정도의 지지를 얻는 주변 정당일 뿐이다. 이들이 한국에서 극좌의 자리를 차지하는 것은 역시 우리 이념의 폭이 좁다는 점을 보여줄 뿐이다.

한국의 이념적 획일성은 반공 이념에서만 나타나는 것이 아니다.

자본주의를 맹신하고 그에 대한 대안이 빈약하다는 점에서도 우리는 매우 획일적이다. 다시 말해 우리나라의 모든 주류 가치가 결국 자본주의 물신 숭배로 귀착된다는 점에서 한국의 이념은 획일적이다. 세계의 패권국인 미국에서 유래한 신자유주의 세계화를 맹목적이라 할 정도로 추종한다. 생명이나 인권, 환경 또는 연대를 중시하는 이른바 반세계화의 가치나 운동이 산업화된 나라들 중에서 가장 미약한 편이다.

이러한 이념적 획일성은 직접적으로는 분단과 냉전이라는 민족적 상황과 미국의 실질적인 위성이라는 지정학적, 국제정치적 상황의 결과이다. 그러나 여기에는 동시에 더 깊은 문화적 뿌리가 역사적으로 작용해 왔다고 할 수 있다. 시대에 따라 구체적인 이유는 다를 수 있지만, 근본적으로 한쪽으로 쏠리기 쉬운 한국 사회의 단일성이 한국의 이념적 획일성에 한몫하는 것으로 보인다.[5] 분단 상황과 관련 없는 이념적 획일성의 대표적인 보기를 조선조의 성리학 지배에서 볼 수 있으며, 지금 보이는 이념적 다양성의 결핍도 그 연장선상에 있다고 할 수 있다. 옛날 성리학의 경우처럼 주류와 다른 것을 허용하지 않는, 민족적 단일성과 작은 나라의 집중화된 구조가 크게 작용한다는 말이다.

그러한 이념적 획일성 때문에 정치 경쟁이 이념이나 노선 경쟁이 되지 못하고 당파 이익 싸움으로 귀결된다. 정책 경쟁이 아닌 당파

---

[5] 이 '쏠림'과 아래에 나올 '휩쓸림'은 한국 사회와 정치에 두드러진 특징이다. 쏠림은 한쪽으로 기우는 '경향이나 그 상태'를 말하고 휩쓸림은 한쪽으로 몰리는 '행동 양태'를 말한다. 어쩌면 이 논문에서 제시하는 속성들 중 획일성, 집중성, 응집성의 세 가지를 이 두 표현으로 압축할 수도 있을 것 같다. 이에 대해서는 천천히 생각해 보려고 한다.

이익 싸움은 지역과 인맥에 바탕을 둘 수밖에 없다. 한국 지역주의의 한 본질이 여기에 있다. 독재 시절에는 일인 지배 아래 당파 싸움 자체가 불가능했는데, 민주화가 되고 강력한 지배자가 사라지자 지역주의 당파싸움이 기승을 부리기 시작한 것이다.

지금 열린우리당과 한나라당의 싸움을 보면 그것이 국가의 진로라든가 사회경제 정책 노선이라든가 통일 정책에 관한 싸움이 아닌 것임을 명백히 알 수 있다. 그것은 이념으로 포장한 좁은 정파 이익 다툼을 벗어나지 못하고 있다. 그러한 당파 싸움의 편 가름이 계급보다는 오히려 지역에 바탕을 두었다는 사실 역시 한국사회의 이념적 획일성을 잘 반영하고 있다.

2. 집중성

한국은 인구밀도가 높은 나라다. 그러나 단순히 그것만이 한국 사회의 집중성을 높이는 것은 아니다. 단일 사회에서는 권력의 중추가 다양하지 못하고 하나일 가능성이 높다. 민족이나 종교에 따른 여러 개의 권력 중추가 형성되지 못하기 때문이다. 게다가 한번 집중된 권력을 스스로 확대재생산하는 경향이 있다. 그래서 한국 사회는 역사적으로 집중성이 점차 심해져 왔다. 그러면 이러한 집중성은 한국 정치에서 어떤 의미를 지니는가?

첫째, 정치권력의 집중과 일인 지배체제를 쉽게 했다. 권력이 집중되기 쉽다는 것은 그만큼 권위주의 독재에 유리한 조건을 조성한다. 물론 권위주의 독재는 제2차 세계대전 뒤에 독립한 신생국들에게 보편적인 것이었지만, 한국의 경우는 거기에 일인지배 체제라는 특성이 더해졌다(김영명 2006). 원초적 갈등이 많은 나라에서는 도

전 권력의 중추들이 있기 때문에 한 권력자가 장기 집권하기 어렵지만, 한국의 상황은 그와는 달리 단일 사회의 구조가 일인 지배와 장기 집권을 쉽게 했다.

한국에서 일인 장기 집권 체제가 가능했던 것은, 첫째로 그만큼 권위주의 국가에 대한 시민 사회의 저항이 미약했기 때문이었고, 둘째로 집권 세력 안에서도 개인 독재자를 견제할 만한 제도적인 기반이 없었기 때문이었다. 이 두 현상이 나타난 까닭 역시 일제와 대한민국을 이어온 개인 권력 중심의 권위주의 구조와 그 결과 나타난 정치 제도의 미발달 때문이었다. 이러한 정치권력의 개인화는 1987년 군부 독재체제가 무너지고 정치적 민주화로 들어선 뒤에도 이어져서 이른바 '3김씨'가 정치와 정당을 마음대로 주무르게 되었던 것이다. 따라서 한국 정치권력의 집중성은 비단 국가나 집권 세력에 의한 권력 독점만이 아니라 더 나아가 개인 지배자가 권력을 독점하는 개인 지배 체제라는 특징을 보였다.

이러한 일인 지배의 권력 집중성은 지배 권력뿐 아니라 여러 정치 집단들 안에서도 보인다. 바로 얼마 전까지, 다시 말해 김대중 대통령 퇴임 때까지 한국 정치의 가장 큰 특징은 권력의 일인 지배에 있었다. 정권 내부에서도 그랬고, 외부 곧 야당이나 민간사회에서도 그랬다. 그만큼 국가 권력과 개인 지배자가 대항 세력이 미처 성장하기 전에 권력과 강압 수단을 확보했기 때문이었다. 여기에도 원초적 구분(민족, 종교, 언어 등)에 바탕을 둔 대항세력이 없었던 한국의 단일성이 상당한 역할을 했다. 한국의 정치와 정당은 이승만의 자유당, 박정희의 공화당, 전두환의 민정당이었지 그 반대는 아니었다. 마찬가지로 김대중의 국민회의였고 김영삼의 신한국당이었지 거꾸로는 아니었다. 그러니 새 권력자가 들어서면 이전 권력자의 정당을 없애고 새 당을 만드는 것이다.

이렇게 역사적 상황과 단일 사회적 조건들이 맞물려서 이루어진 한국 정치의 권력 집중은 최근까지 지속되었는데, 요즘에는 민주화가 진행되다 보니 특정 인물이나 집단이 권력을 독점하는 현상은 많이 누그러졌다. 그런 의미에서는 한국의 집중화 현상이 다소 약화되었다고 볼 수 있다. 특히 노무현 정권 들어 일인 지배체제는 해소된 것으로 보이는데, 여기에는 한국의 사회적 조건을 넘어서는 민주 제도의 발달이라는 요소가 작용했다고 볼 수 있다. 단일 사회적 조건이 한국 정치의 모습에 결정적인 조건은 아니라는 좋은 증거다.

둘째, 한국 사회의 집중성은 권력과 부의 수도권 집중에서 두드러진다. 이러한 중앙 집권에는 한국의 단일 사회적 조건이 큰 구실을 한다. 동질적인 사람들에게는 자연히 권력의 중심이 여러 개일 수가 없다. 비슷한 사람들끼리이니 그 중심도 하나로 집중되는 것이 자연스럽다. 힘의 다양한 원천을 이루는 인종이나 종교나 언어와 같은 원초적인 구분도 없고, 이념도 반공주의로 획일적이니 다원적인 힘의 이념적 기반도 없다. 그러니 힘이 한쪽으로 집중될 수밖에 없는 것이다. 그리고 그 한쪽은 자연히 수도 서울일 수밖에 없다. 이런 상황에서 국가 주도 산업화를 거치면서 경제와 정치가 유착하고, 수도 서울은 정치, 경제, 문화 모두의 단일 핵심이 된 것이다.

게다가 한국은 나라가 작아서 한쪽으로 집중되는 경향이 더 강하다고 할 수 있다. 나라가 작다보니 여러 개의 핵이 생기기보다는 한 핵으로 집중되기가 쉬운 것이다. 물론 분권화의 노력이 없는 것은 아니지만(국가균형발전위원회 2006), 중앙집중의 구조적인 한계를 극복하기가 쉬워 보이지는 않는다.

이러한 중앙 집권의 구조는 강력한 국가 체제가 떠받쳤다. 조선 왕조도 관료 중심의 중앙 집권 체제였지만, 근대적 중앙 집권 국가는 일제 강점기 때 확립되었다고 볼 수 있다. 이런 상황 속에서 국가는 이른바 '과대 성장'하고 시민사회는 발달하지 못하였다. 일제의 유산 가운데 중요한 것으로 강한 국가와 약한 사회의 전통을 들 수 있는데, 이 전통이 박정희 군사 정권에 고스란히 이어졌을 뿐 아니라 더 강화되었다. 이 상황에는 물론 북한과의 군사적 대치라는 분단 상황도 큰 역할을 하였다. 일부 군부-관료 집단에 집중되던 대한민국의 정치 권력은 급기야 박정희 일인 장기집권 체제로까지 타락하게 되었다.

한국에 지역주의가 강하다고 하지만 이는 선거와 투표 행태에서 나타나는 정도다. 지역주의가 한국 정치의 방향 자체를 결정하거나 지역 사이의 심각한 갈등을 유발할 정도는 아니다. 다른 정치적 차이, 곧 이념 차이, 계급의식 차이들이 미약하기 때문에 지역주의가 선거에서 가장 중요한 요소로 등장했다고 할 수도 있다. 이는 위 획일성에 대한 서술에서 언급한 바와 같다. 또 지역주의가 강하다고 하더라도 그것이 서울-수도권의 절대적인 힘에 별다른 영향을 주지는 못한다. 우리는 지역주의를 주로 영호남의 대립으로 생각하지만 정치경제적으로 정말 중요한 지역주의는 서울과 지방의 차이다. 이런 점에서 보면 한국의 지역주의는 한국 사회의 다원성이 아니라 그 반대인 집중성의 한 표상이라고 할 수 있다.[6]

---

6) 한국 사회의 집중성을 견제하는 하나의 요인이 있는데, 그것은 사람들 사이에 만연한 평등의식이다. 이 평등의식은 일제 강점과 토지개혁, 전쟁으로 양반 계급과 지주

3. 응집성

한국은 단일 민족으로 이루어진 단일 사회이기 때문에 사회 구성원들 사이의 응집력이 크다. 또 강대국에 둘러싸인 약소민족으로서 외국의 침탈을 많이 받았기 때문에 민족의식이 남달리 강하다. 한국 사람들은 단결할 줄 모른다는 오래된 자조가 있지만, 그것이 사실이라고 하더라도 이는 한국 사람들끼리 있을 때의 얘기지 외국과 관련되거나 국가 위기 상황에서는 상황이 달라진다. 되풀이 얘기하지만 한국 사회 구성원들 사이에는 원초적 분열이 없고 모두 '우리 의식'을 공유하기 때문에 응집성이 크고, 특정 상황에서 국민적 단합이 쉽다.

이러한 국민적 단합은 대표적으로 정부 주도 산업화에서 나타났다. '조국 근대화', '총화 단결' 등의 구호를 앞세운 권위주의 정부의 산업화 주도를 국민들은 한마음으로 비교적 잘 따랐다. 인권 탄압과 민주주의 훼손에 대해서는 저항도 있었지만, 국가 발전의 방향에 대해서는 뚜렷한 저항이나 대안 제시가 없었다. 박정희의 국가 건설 주도는 단일 민족, 획일 사회의 뒷받침을 받아 짧은 시간 안에 성공할 수 있었다.

한국인의 응집성은 특정한 국가 상황에서 다시 나타나고는 하는데, 2002년의 월드컵 대회에서 보여준 국민적 단합과 열기가 대표적인 경우였다. 이는 직접적으로 정치적인 사건은 아니었지만, 나라 바깥을 향한 국민적 단합의 가능성과 함께 권위주의 선동이 쉬울 수 있는 한국인의 기질을 보여주었다.

계급이 해체된 역사 때문에 형성되었지만, 다른 한편 단일 사회적인 한국의 특성에 기인한 것이기도 하다. 다 같은(단일한) 사람들이니 사회 · 경제 · 정치적으로도 다 같아야(평등해야) 한다는 의식이 한국인에게 잠재해 있는 것이다. 이 또한 한국 정치에 상당한 영향을 주고 있는 것으로 보인다.

비슷한 상황이 외환위기 이후에 나타난 금 모으기 운동 같은 데서도 나타났다. 금 모으기는 경제 수치로 보면 의미 없는 행동이었지만, 심리적인 면에서 볼 때 역시 국민 단합과 그 부정적 측면인 집단주의-권위주의의 가능성을 동시에 보여주었다. 이런 일을 외국에서는 보기 어렵다는 점에서, 이 또한 한국의 단일 사회적 조건을 잘 보여준 일이라 생각할 수 있다. 이런 여러 점들을 보면, 한국인의 응집성은 또 다른 속성들인 획일성, 집중성과 상통하는 것으로 보인다.

이러한 응집된 행동은 일치된 단합이라는 긍정적인 측면이 있는 반면에 종종 '휩쓸림의 정치'라는 부정적인 결과로 나타난다. 가장 비근한 보기가 2006년의 5·31지방선거였다. 여기서 야당인 한나라당이 사상 유례없는 압승을 거두었다. 지방자치단체장 16석 가운데 12석을 차지하고 기초자치단체장의 대부분을 휩쓸었으며 득표율에서 여당인 열린우리당의 2배를 얻었다. 정부와 여당의 실정에 대한 국민의 심판이라고는 하지만 이렇게 일방적인 선거 결과는 비상식적일 정도로 지나치다. 한쪽으로 쏠리기 쉬운 한국인들의 행동 양태를 고스란히 보여준 결과라고 생각된다. 이런 정서적인 휩쓸림의 정치는 민주주의의 발전을 위해 바람직하지 않다.

그런데 흔히 우리는 한국인을 '모래알 민족'이라고 비하해 왔다. 또 한국 정치의 한 특징으로 파벌 싸움을 들기도 한다(헨더슨2000). 이런 점은 한국인의 응집성과 어떤 관계에 있을까? 한국인이 단결하지 못하고 서로 시기하고 파벌 싸움에 휩쓸린다는 지적은 사실일 수도 있고 아닐 수도 있다. 상황에 따라 다르기 때문이다. 한국인이 분열을 일삼는다는 비판은 일제 통치자들이 퍼뜨렸다 그런데 피지배 민족은 독립 운동이나 일상생활에서 분열과 반목이 일어나기 쉽게 되어 있다. 힘과 돈이 모자라기 때문에 강력한 구심점이 없고 지배자의 회유와 협박에 시달리기 때문이다. 또 가난한 후진 사회 역시 먹고 살 것이 모자라고 법과 제도, 사회윤리가 덜 발달했기 때문에 구성원들 사이에 시기와 반목, 분열이 일어나기 쉽다. 그러니 이런 역사적인 이유들 때문에 생긴 과거의 한국 경험을 지금에까지 일반화하기는 어렵다.

다른 한편 조선 시대의 정치나 현대 한국 정치 모두 본질적으로 파벌 정치 또는 당파 싸움 정치인 것은 사실이다. 그런데 그 까닭은 근본적으로 정파들의 구분이 민족이나 종교와 같은 원초적 이해 또는 이념이나 정책 같은 사회 발전의 대안에 입각해 있지 않기 때문이다. 그런 점에서 차이 없는 정파들이 좁은 자신의 이익을 위해 권력 투쟁하기 때문에 파벌 싸움이 될 수밖에 없다. 이것은 한국인이 '분열과 파벌을 일삼는다.'는 것과는 다른 뜻에서의 정파 싸움이다. 이런 현상은 앞으로도 크게 달라지지 않을 것이다. 이런 점은 한국인의 응집성과 모순되지 않는다. 응집성이 이익의 분열마저도 부인하는 것은 아니기 때문이다.

4. 안정성

단일 사회적 조건은 한국 정치를 본질적으로 안정되게 만든다. 아니 그보다는 불안정 요인이 다른 변동사회에 비해 적다고 하는 것이 더 정확하겠다. 한국 정치가 본질적으로 안정된 정치라고 말하면 많은 사람들이 의아해 할 것이다. 한국 정치는 독재와 민주화 투쟁, 4월 봉기, 광주 항쟁 같은 커다란 변혁을 겪었을 뿐만 아니라, 지금도 여전히 소란스러운 당파 싸움을 쥐고 있기 때문이다. 이런 점에서 한국 정치는 혼란스럽고 또 그 변화는 역동적이었다.

그러나 그런 점을 다 인정하더라도 한국 정치는 다른 변동 사회와 비교할 때 비교적 안정되어 있다. 그것은 무슨 뜻인가? 그것은 우선 한국 정치가 아무리 역동적 변화의 과정을 거쳤다고 하더라도 정해진 틀을 벗어나지 않는다는 뜻이다. 그것은 반공-자본주의-자유민주주의 체제라는 틀이다. 그렇게 된 가장 큰 이유는 역시 분단과 대미 종속의 현실이다. 하지만 여기에는 앞에서 본 바와 같이 단일 사회적 조건이 낳은 획일성이라는 국민적 속성도 작용한다.

한국 정치가 안정된 두 번째 증거는 그 변화가 기간으로 볼 때 상당히 완만하게 이루어졌다는 사실이다. 이승만이 12년 집권하였고, 박정희가 18년 집권하였다. 이런 식으로, 민주당 정부의 짧은 일화를 제외하고는, 권위주의 체제가 건국 이후 노태우 취임까지 40년 동안 지속되었다. 내란이 잦고 집권자의 강제 교체가 빈발한 다른 정치 후진국들에 비해 한국 정치는 매우 높은 안정성을 누렸다. 물론 단일 사회가 아닌 곳에서도 독재자의 장기 집권은 나타난다. 중국이나 쿠바 등 혁명적사회주의 체제나 대만, 이집트 등 국가자본주의 체제에서 볼 수 있다. 하지만 이들 체제도 단일 사회는 아니지만 그렇다고 다양한 구성원들이 각축하는 체제도 아니다. 하나의 민족이나 인종이 지배적인 곳이다. 그렇지 않은 곳에서는 독재자의 장기 집권이 불가능에 가깝다.

한국에서는 일인 장기 지배체제가 확립되어 정권 교체도 자주 일어날 수 없었다. 그래서 특정 정권들이 반대와 저항 운동을 억누르고 오래 지속될 수 있었다. 큰 차원의 정치 갈등은 주로 권위주의 현실과 민주주의 이상 사이의 갈등이었고, 이는 원초적 기반의 갈등, 예컨대 종족의 사활이 걸린 투쟁에 비해 그 정도가 약할 수밖에 없었다.

한국 정치는 폭력의 정도를 보아도 다른 나라에 비해 비교적 덜한 편이었다. 광주 항쟁에서 수백 명과 4월 봉기에서의 수십 명의 희생을 생각하더라도 독재 40년 동안의 희생으로 따지면 비슷한 발전 단계의 다른 나라보다 적은 편이다. 정치 테러도 해방 직후의 몇 건과 북한 공비 침투를 제외하고는 없는 편이다. 선진 민주사회에서는 정치 테러가 적은 것이 정상이지만, 미국, 스페인, 영국 이탈리아 같은 나라들은 우리보다 많다. 인종-민족이나 종교적인 분열 때문이다.

그러면 한국에 왜 정치 테러가 적을까? 여기에도 역시 단일 사회적 조건이 크게 작용한다. 정치 갈등의 종류가 적고 그 정도가 낮기 때문이다. 단일 민족이라 종족 사이에 투쟁할 일이 없고 인종 갈등이 일어날 일도 없으며 종교 전쟁도 있을 수 없는 사회이기 때문이다. 북아일랜드 분리 운동, 스페인의 바스크 분리 운동, 이라크의 수니파와 시아파의 충돌, 쿠르드 족 독립 운동, 미국의 인종 갈등, 심지어 동질사회라고 자처하는 일본의 재일 한국인 문제 등등, 이들 모두는 사회정치적 불안의 원천이다. 물론 스위스나 벨기에처럼 다른 민족들이 한 국가 테두리 안에서 큰 갈등 없이 공존하는 경우도 없지는 않다.

한국의 민주화 투쟁과 그 성취는 매우 역동적이었지만, 그 과정 또한 과거와의 급격한 단절이 아니라 점차적인 일종의 '진화'를 통해 이루어졌다. 먼저 군부 권위주의의 일원이었던 노태우가 국민의 압력에 못 이겨 민주화를 시작했다. 하지만 그는 여전히 군부 세력 출신이었다. 그 다음에는 야당 투사이던 김영삼이 구세력과 연합하여 정권을 쥐고 권력의 '민간화'를 완성했다. 또 그 다음에 한 단계 더 나아가 김대중이 한국 역사상 처음으로 평화적인 '정권 교체'를 이루었다. 민주주의의 단계적 진화다. 그리고 한 단계 더 나아가 노무현이 대통령에 당선됨으로써 일인 지배 체제에 종지부를 찍었다. 이렇게 보면 한국 정치는 여전히 많은 문제에 싸여 있지만 적어도 민주화 과정에서 '진화 모델'의 모범을 보여준다고 아니할 수 없다. 그동안 권위주의로의 회귀 가능성에 대한 우려도 없지는 않았겠지만, 사실상 그 가능성은 크지 않았다고 할 수 있다. 비슷한 시기에 민주화를 이룬 다른 나라들과 비교할 때에도 한국의 민주화는 매우 안정된 단계적 진화를 이루었다고 할 수 있다.

그런데 이런 안정성이 반드시 좋은 것은 아니다. 정치가 안정되었다는 것은 그만큼 변화의 폭과 속도가 작다는 의미도 되기 때문이다. 민주주의 정치 제도가 확립되어 있는 곳에서는 정치 안정이 반드시 좋은 것이라고 할 수 있지만, 그렇지 못한 곳에서는 안정성이 반드시 좋은 것이라고 할 수 없다 이는 문자 그대로 안정이 아니라 변화의 느림을 뜻하기에 더 그렇다. 한국 정치는 민주화를 향해, 그리고 개인 통치에서 제도적 정치를 향해 한 발 한 발 나아가고 있지만, 그 궁극적 지향점에는 명백한 한계가 있어 보인다. 이념의 폭이 좁고 사회 발전의 대안이 제한되어 있으며, 바람직한 정치체제의 궁극 지향점에 대한 이해의 폭 역시 매우 좁다.

미국 중심의 자유주의, 자본주의 체제를 벗어날 수 없으며 유럽이나 남미에서 보는 것과 같은 비교적 다양한 선택의 기회가 없다.[7] 그 중요한 까닭은 우리가 미국에 군사적·정신적으로 의존하고 있기

------

7) 유럽의 대안에 대해서는 리프킨(2004) 참조.

때문이지만, 단일 사회적 조건이 그런 상황을 강화하고 있음도 사실이다. 한국 정치는 현대뿐 아니라 역사적으로 혁명적 변환을 겪은 적이 없고 앞으로도 겪지 않을 것이다. 정치 변화는 우리가 예상할 수 있는 한계를 벗어나지 않을 것이고, 그런 점에서 한국 민주주의는 안정과 모자람의 결합체가 될 것이다.

Ⅳ. 단일 사회와 정치 발전

그러면 이러한 단일 사회적 조건과 거기서 파생하는 획일성, 집중성, 응집성, 안정성의 특징들이 앞으로 한국 정치 발전에 어떻게 작용할 것인가? 이를 규명하기 위해서는 먼저 정치 발전이 무엇을 뜻하는지를 생각해 볼 필요가 있다. 정치 발전은 국민 통합, 안정, 민주화, 제도화, 투명화, 효율성 제고 등 많은 요소들로 구성된다. 그런데 이 요소들은 수준별 차이가 있다. 국민 통합과 안정은 정치 발전의 가장 기본적인 요소들이며, 이는 비단 정치 차원뿐 아니라 사회 차원에서도 기본적인 국가 형성과 발전의 요건이라고 할 수 있다. 정치적인 측면에 국한하여 본다면 위 요소들 가운데 민주화와 제도화가 궁극적인 목표로서 가장 높은 수준에 있다고 할 수 있다. 이에 비해 투명화, 효율화, 그리고 안정화 등은 민주화와 제도화의 필요 조건이거나 이 두 요소에 포함되는 가치들이라고 할 수 있다. 다시 말해 민주 제도의 심화가 정치 발전의 궁극 목표이고, 이 목표가 이루어지는 것이 곧 정치가 안정되고 투명해지며 효율성이 높아지는 것이라고 할 수 있다.

그래서 여기서는 정치 발전을 궁극적으로 민주주의의 심화와 제도화로 규정할 수 있다. 지도력(리더십)이나 정치문화의 발전도 중요하지만 이들은 민주주의 발전을 위한 요건으로 간주될 수 있다. 여기서 민주화는 정부의 대표성 및 시민 참여의 확대와 자유·인권 신장을 의미하고, 제도화는 정당, 국회 행정부, 참여 경로, 법 절차 등 제도가 강화되는 것을 의미한다. 합쳐서 말하면 정치 발전은 결국 민주정치제도의 발전을 말한다. 이 요소들이 항상 같이 가는 것은 아니지만 결국 이들을 결합시키는 것이 정치 발전의 이상이다.

그러면 한국의 단일 사회적 조건은 이러한 정치 발전에 어떤 영향을 미칠까? 정치 발전의 기본 요소들인 국민 통합과 안정, 또 그 궁극적인 목표인 민주주의의 심화 발전에 한국의 단일 사회적 속성들이 어떤 영향을 미칠지 생각해 보아야 하는데, 자세한 논의는 다음 기회로 미루고 여기서는 간단하게 요약해 보기로 한다.

첫째, 획일성은 국민 통합, 안정, 정치제도의 발달에 유리하게 작용한다. 평등의식도 민주주의에 유리하게 작용한다. 하지만 동시에 획일성은 다양한 선택을 가로막아 민주화에 불리하게 작용한다.

둘째, 집중성은 획일성과 마찬가지로 국민 통합, 안정과 제도화에 유리하게 작용한다. 하지만 집중성은 권력 분산과 민주화에는 불리하게 작용한다.

셋째, 응집성 또한 획일성, 집중성과 마찬가지다.

넷째, 안정성은 안정 그 자체가 정치 발전의 한 요소이다. 한국 정치는 앞으로 큰 난리를 겪지 않을 것이니 그 점은 한국 정치의 긍정적인 측면이다. 하지만 그 말은 한국 정치체제가 아주 이상적인 체제로 발전하지는 않을 것이라는 말도 된다.

이상의 논의를 요약하면 다음과 같이 말할 수 있다. 한국은 단일 사회이기 때문에 국민 통합, 안정, 제도화에 유리하다. 그 반면 같은 조건이 정치이념과 가치 선택 폭을 좁게 만들어 민주주의의 심화에 불리하게 작용한다. 이념적으로 좁고 중앙으로 쏠리면서 비교적 안정된 정치가 한국에서 계속될 것이다. 인권 강화나 정치 참여의 확대와 같은 민주주의 심화의 요건들은 단일 사회적 조건과는 직접 관련이 없다. 소수 민족 문제 같은 것이 없기 때문에 이 점은 한국 정치의 안정에 유리하다고 할 수 있다.

V. 단일 사회의 변화

그러면 지금까지 살펴본 한국 정치의 특징들은 변할 수 없는 것인가? 한국의 단일 사회적 조건은 바뀌지 않을 것이며, 거기서 파생하는 정치적 특징들도 변할 수없는 것들인가? 여기서 문화론이 가지는 근원적인 의미와 한계에 대해 생각하게 된다. 한마디로 문화는 인간 행동을 속박하는 구조적 조건이지만 그것이 사람 행동의 모든 면을 결정하지는 않는다. 또 그 문화 자체도 변한다는 사실도 말할 필요가 있다.

그러면 한국의 단일 사회적 특징, 그 조건과 속성들은 얼마나 변할 것인가? 글쓴이의 견해로는 단일 사회라는 한국의 '조건'은 본질상 바뀌기 어렵지만, 거기서 파생한 한국 정치의 '속성'들은 그보다는 바뀔 가능성이 더 크다. 이는 획일성 등의 속성들이 단일 사회적 조건에 의해서만 결정되지는 않는다는 점을 의미하기도 한다.

우선 한국의 특수한 조건인 단일성이 얼마나 유지되거나 바뀔 것인가를 생각해보자. 많은 논란이 있을지 모르나 필자는 한국의 단일 사회적 조건이 약화된 형태로라도 계속 유지될 것으로 본다. 단지 변화하는 현실의 방향과 정도에 대해서는 앞으로 더 연구해야 하리라 본다. 우리 사회의 단일 민족적 특징은 유지되겠지만, 외국인들이 더 많이 들어와서 우리 사회의 한 부분을 차지하면 한국인의 생각과 행동에 어느 정도 변화가 올지 모른다. 하지만 이런 변화가 한국인의 정치적 특징 자체를 바꿀 정도는 되지 않을 것이다. 오히려 그런 조건의 변화에 따라 발생하는 새로운 정치적 문제들, 예를 들어 외국인 노동자 문제 같은 것들이 더 중요한 의미를 띨 것이다.

그런데 지금 세계의 조류가 국가 사이의 경계를 허무는 세계화 현상인데, 이런 점은 '단일 사회' 한국에 어떤 의미를 지니는가? 세계화가 단일 사회론의 근거를 흔드는 것은 아닌가? 이런 의문은 당연히 나올 수 있는 의문이다. 세계화의 결과로 외부의 문물과 사람들이 대거 들어오면 한국의 단일 사회적 조건이 허물어질 것인가? 그런 점이 전혀 없을지는 모르나, 이는 과장된 생각으로 보인다. 세계화의 결과 한국인들의 사고와 행동이 더 '세계화' 될 것임에 틀림없고, 그 결과 한국의 단일 사회적 속성이 어느 정도 약화될 것도 사실이다. 그러나 그것이 단일 사회의 본질 자체를 허물고 한국을 다민족 사회로 변화시킬 것이라고 볼 수는 없다. 그보다 더 중요한 논점은 한국 사람들이 세계화 조류를 받아들이는 자세 역시 단일 사회적 조건에 영향 받는다는 점에 있을지 모른다. 단일 사회 구성원들의 응집성, 집중성, 획일성이 신자유주의 세계화를 다른 어느 나라보다 더 획일적이고 충실하게 받아들이게 만드는 현상을 보기로 들 수 있다.

그런데 우리가 지금까지 제시한 단일 사회적 조건은 주로 민족,

인종, 언어라는 사람 집단의 원초적 구분에 따른 것이다. 이와는 다른 현상으로, 자본주의 발전이 심화됨에 따라 계급 구성원들 사이의 격차가 커지고 그러한 격차가 비단 경제뿐 아니라 사회, 문화, 정치적으로 점점 더 중요해지는데, 이것이 한국의 단일 사회적 현실에 어떤 영향을 줄 것인지도 주목거리이다. 계급들 사이의 차이가 심화되어 한국이 더 이상 단일 민족 사회라고 말할 수 없을 정도가 될 것인가? 또 그 결과 한국, 한국인이 이 논문에서 제시한 획일성, 집중성, 역동성, 안정성의 특징을 잃을 것인가? 대답하기 어려운 문제이기는 하나, 필자의 생각으로는 그렇다고 하더라도 한국의 단일 사회적 속성들은 여전히 건재할 것으로 보인다. 왜냐하면 이차적구분인 계급 구획과 그 결과 나타나는 계급들 사이의 문화 차이가 원초적 조건인 민족적 단일성에 직접적인 영향을 줄 것으로는 보이지 않기 때문이다. 산업화의 진전에 따라 나타나는 사회의 분화나 계급 분화에 따른 다원성의 증대 같은 것은 아무리 사회적 의미가 크다고 할지라도 이 논문에서 제시한 단일 사회-복합사회 또는 동질사회-이질사회의 구분과는 다른 현상이라고 할 수 있다.

그런데 이와는 달리, 여기서 필자가 강조하고자 하는 한 사실은 한국에서의 계급 격차 심화 역시 단일 사회적 속성을 반영하고 있다는 점이다. 다시 말해, 한국에는 민족·인종적 구분과 격차가 없기 때문에 한국의 계급 격차는 그러한 원초적 기반에 입각할 수 없고 주로 학벌 사회의 심화로 나타난다는 사실이다. 한국의 학벌주의가 세상에서 으뜸가는 한 까닭을 여기서 찾을 수 있다. 이런 방식으로 원초적 기반의 단일 사회론과 이차적 차원에서의 사회적 이질화를 관계 지을 수 있다. 이 문제에 대해서는 더 심도 있는 연구가 필요하다.

VI. 결론

이 논문에서 밝히고자 한 것은 단일 사회라는 한국의 특수한 사정이 한국 정치의 일상과 그 변화에 어떤 작용을 하는지에 관한 것이었다. 그러한 사정이 한국 정치의 여러 모습에 커다란 영향을 주는 것은 분명한 사실이다. 이제 남은 문제는 그 영향의 정도가 얼마 만큼이며, 그 영향이 구체적으로 어떻게 나타나는지에 대한 실증 연구일 것이다.

이 논문에서 지금까지 밝힌 한국의 단일 사회적 조건은 말 그대로 조건이지 한국의 정치 구조와 한국인의 정치 행동을 결정하는 결정 요인은 아니다. 한국의 정치가 그 밖의 다른 요소들에도 영향을 많이 받는다는 사실은 굳이 강조할 필요가 없다. 게다가 단일 사회적 조건 자체가 변화할 가능성도 고려해 보아야 한다.

또 단일 사회적 조건과 여기서 밝힌 네 가지 속성들 사이의 관계도 변하지 않는지 생각해 볼 문제다. 다시 말해 한국의 단일성이 반드시 획일성, 집중성, 응집성, 안정성을 유발하는지 그렇지 않은지, 또 만약 그렇다면 사회의 변화에 따라 그 유발하는 정도가 바뀌지 않는지 하는 문제도 고려 대상이다.

이 시론은 세계에 보편적인 여러 사회 현상들이 한국이라는 상황에서 어떻게 독특하게 나타나는지를 탐구해 보려는 시도라고 할 수도 있다. 보편 현상인 세계화, 민주화, 또는 산업화의 과정이 한국에서 단일 사회적 속성과 어떻게 결합하여 어떻게 나타나는지를 탐구하는 데 유용한 시사점을 제공할 수 있다. 이렇게 보면, "보편 현상이 이렇게 많은데 단일 사회론 같은 것이 과연 의미가 있는가?” 하는 식의 예상되는 질문은 이 소론의 의도에서 빗나간 질문이라고 할 수 있다.

이 논문은 설명이 불충분한 하나의 ‘시론’에 불과하다. 이 시론에서 제시한 가설들이 더 큰 의미를 지니려면 많은 경험 연구들이 뒷받침되어야 한다. 설문 조사와 심도 있는 관찰을 통해 한국인의 사고방식과 행동 유형 등 한국 사회의 다양한 측면에 대한 경험 연구가 뒷받침 되어야 비로소 이 소론에 학술적 가치가 있는지 없는지 판가름 나리라 본다. 그러기 위해서는 경험 연구를 실제로 해야 하며, 다른 사회들과의 체계적인 비교연구도 해야 한다. 그런 경험적 연구가 쌓일 때 이 단일 사회 정치론의 진정한 값어치가 평가될 수 있으리라 본다.

보론 2. 다문화사회론의 함정

I. 서설

　요즘 다문화 사회 담론이 일종의 유행을 이루고 있다. 마치 한국이 이미 다문화 사회가 된 것처럼 정부, 언론, 지식인 할 것 없이 요란하게 떠든다. 여기에 깔린 생각은 다문화 사회는 피할 수 없고 또 바람직하다는 것인 것 같다. 언론을 중심으로 우리가 얼마나 그동안 다문화적이지 못하고 다문화에 대비하고 있지 못한가를 걱정한다. 다문화사회의 부정적 측면에 대해서는 관심이 적은 듯하다.

　그러나 우리 사회는 아직 다문화사회가 아니다. 다문화사회란 다양한 문화 집단이 공존하는 사회를 말한다. 간단히 말해 소수 민족 집단이 존재하는 사회를 말한다. 그렇지 않고 그저 여러 문화 현상이 존재하거나 여러 외국인들이 존재하는 것을 다문화사회라고 한다면, 우리 사회는 언제나 다문화사회였고 한국인은 언제나 다문화인이었다. 넥타이를 매고 공자 식 제사를 지내는 것을 보면, 또 악수를 하면서 두 손을 내밀고 절을 동시에 하는 것을 보면 금방 알 수 있다. 그러나 이런 것을 다문화인이라 하거나 이런 사회를 다문화사회라고 하지는 않는다. 대체로 집단으로서의 소수민족이나 외국인이 10% 이상 거주하는 사회를 다문화 사회라고 한다. 이렇게 보면 요즘 우리 사회의 다문화 담론은 매우 앞서가고 있다고 할 수 있다. 우리 사회는 외국인 2% 남짓이고 그 중 절반이 재중동포이다. 다른 민족 출신의 한국 국적인은 무시할 정도이다.

더 중요한 문제는 마치 다문화 사회가 바람직한 것처럼 호도하는 데 있다. 한국에 앞으로 외국인이 더 많이 거주하고 다문화 요소들이 더 많아지는 것은 어쩔 수 없다. 그러나 그것을 바람직한 것으로 여겨 지식인과 언론이 부추기고 정부가 정책으로 추진하는 것은 매우 위험하다. 유럽 국가들에서 나타난 인종 갈등과 이로 인한 다문화 정책의 실패 선언들을 잘 새길 필요가 있다. 노동력이나 신붓감이 부족하여 외국인들을 영입하는 것은 필요하지만 어느 재벌 집단에서 주장하듯이 외국인 노동자를 대거 영입한다면 한국도 어쩔 수 없이 커다란 갈등에 직면하게 될 것이다.

한국 사회는 북한에 이어 세계에서 둘째가는 단일 사회다. 우리 민족이 단일민족이니 아니니 하는 논쟁이 있지만, 이는 빗나간 논쟁이다. 우리 민족의 명칭은 '한민족'이지 단일민족이 아니다. 세상에 그런 민족은 없다. 그러나 대한민국은 한민족이라는 하나의 민족으로 구성된 '단일 민족 국가'임에 틀림없다. 소수 민족 집단이 존재하지 않는다는 말이다. 민족뿐 아니라 문화, 역사, 지리환경으로 단일한 사회이기 때문에 한국인들은 획일적이고 안정되고 통일된 삶, 곧 단일한 삶을 살아왔다.

단일 사회의 단점도 많지만 장점도 엄청나다. 무엇보다 민족이나 종족 분규, 인종 갈등이 없다는 점이 얼마나 복 받았는지 우리 자신은 잘 모르고 있다(한국에서 일어나는 갈등은 대부분 민족 분단 상황과 연결된다. 계급갈등보다 이것이 더 중요하다. 계급갈등 자체가 분단 상황 때문에 제대로 표현되지 못하고 있다. 사회 비판이 곧 '빨갱이'로 매도되기 쉽기 때문이다.). 그런데도 한국인의 폐쇄성이나 배타성 같은 것을 극복해야 한다는 생각이 앞서서 이 좋은 여건을 박차려고 하는 생각들이 매우 우려스럽다.

사실 외국인에 대한 한국인의 대응도 이 단일 사회라는 사실이 많은 것을 설명한다. 외국인을 낯설어하고 배타적으로 대하는 것은 물론 그 때문이지만, 그 반대로 특정 외국에 대해 몰입하거나 사대적으로 문을 활짝 여는 것 또한 단일 사회의 한 특성이다.

이렇게 보면 우리의 단일 사회 특성이 다문화사회 담론에서도 그대로 나타난다고 할 수 있다. 단일 사회에 대한 심정적 반작용이 다문화 상황을 과장하고 이에 대한 환상을 일으키는 것이다. 한국 사회가 단일 사회라는 점은 축복도 아니고 저주도 아니다. 그러나 굳이 고르라면 나는 축복 쪽에 서겠다. 우리가 국가를 건설하고 사회경제를 발전시키는 데 단일 사회의 안정과 통합성이 얼마나 도움이 되었는지를 잘 알아야 한다. 그것이 사회 갈등을 줄여 민주주의 건설에도 큰 도움을 주었다. 우리가 몇십 년 만에 정치와 경제 모두에서 선진국의 문턱에 올라선 세계에서 으뜸가는 모범이 된 것은 바로 이런 요소에 크게 힘입었다.

다양성은 좋지만 다양할수록 더 좋은 것은 아니다. 단일 사회에서는 다양한 가치관이나 이념이 제한될 수 있고, 우리 사회에 그런 약점이 있는 것도 사실이다(그러나 이 역시 단일 사회보다는 분단 상황 탓이 더 크다.). 그러나 그렇다고 해서 그것을 인종 분규나 사회적 분열과 맞바꿀 수는 없다. 사회가 점점 더 열리고 다문화적으로 바뀌는 것은 어쩔 수 없는 우리 미래다. 그 장점과 단점에 잘 대비하는 것이 모두의 과제이다. 단지 다문화사회를 바람직한 가치로 놓고 이를 추진하는 전략을 펼치는 것은 매우 위험하다는 것이 내 주장의 핵심이다.

II. 주요 쟁점

이런 내 글을 보고 어떤 사람이 이해가 잘 안 되는 부분이 있다고 다시 설명해달라고 해서 아래와 같이 1, 2, 3으로 나누어 다시 정리해 보았다. 윗부분과 중복되는 점이 있더라도 양해해주기 바란다. 우선 문답으로 시작해 보자.

(1) 한국이 다문화사회인가? 아직 아니다. 이 정도를 다문화사회라고 하면 세상의 모든 나라, 모든 지역이 다문화사회이고, 그렇다면 그 말의 의미 자체가 없어진다. 한국에 거주하는 외국인은 인구의 2% 남짓이고, 그 중 반은 재중동포다. 따라서 진정한 외국인은 1% 남짓밖에 안 된다. 이걸 가지고 무슨 다문화사회 운운인가?

(2) 한국은 다문화사회가 될 것인가? 그렇게 되는 것이 불가피한가? 외국인이 20년 뒤에는 20%가 된다는 말도 있는데, 돼 봐야 안다. 나는 과장됐다고 본다. 만약 정말 그렇게 된다면 한국이 다문화사회가 될 것이다. 하지만 외국인 노동자, 필리핀 처녀들이 지금 추세처럼 그렇게 계속 줄기차게 늘어날까? 한도가 있을 것이다. 이 점에서 우리보다 앞서간 일본을 보면 알 수 있다. 일본은 우리보다 외국인들이 훨씬 더 많지만 일본을 진정한 다문화사회라고 볼 수는 없다. 그리고 일본은 지금 외국인에 대해 한국보다 훨씬 더 까다롭게 입국을 제한한다. 한국도 무한정 외국인 유입 정책을 펴지는 못할 것이다. 이에 따른 부작용이 점차 표면화될 것이기 때문이다.

언론에서는 외국인 신부들과 그 자녀들을 모두 합쳐서 '다문화인'으로 규정하는데, 사실 이런 표현도 다문화사회를 과장하는 한 방편이라 볼 수 있다. 그 용어는 참 우습다. 그 사람들은 외국인이지 다문화인이 아니다. 캄보디아 사람이면 캄보디아 사람이고 인도 사람이면 인도 사람이지, 그리고 한국에서는 외국인이지 무슨 다문화인인가? 그들과 한국인이 결혼하여 낳은 자녀들은 다문화인이라 볼 수 있다. 하지만 그 자녀들은 세월이 지나면서 다 한국화될 것이다. 연못 속의 잉크처럼 섞여 사라진다는 말이다. 외국인이 많이 들어온다고 하더라도 그들이 말하자면 필리핀 민족 집단이나 스리랑카 민족 집단으로 한국 안의 '소수민족'으로 자리 잡을 가능성은 거의 없다. 일단 숫자가 그렇게 되지 않을 것이기 때문이다.

무엇보다 다문화는 한국에 자연스러운 현상이 아니다. 다문화사회와 그 옹호론은 이민국가인 미국이나 식민지를 경영했던 강대국에서 옛 식민지 주민의 유입으로 자연스럽게 생긴 현상이다. 한국의 경우 농촌 총각 장가보내기나 외국인 노동자 유입이 비슷한 현상이나 규모로는 위와 비교되지 않는다. 사정이 이와 같이 다르기 때문에 기존 다문화 사회에서는 이미 존재하는 여러 민족들의 다양한 문화와 권리들을 어떻게 인정해 줄 것이냐가 다문화 정책의 핵심이라고 한다면, 한국에서는 앞으로 다문화 사회로 진입할 것이냐, 또 해야 할 것이냐, 아니면 아니냐 하는 문제가 오히려 더 중요한 문제로 부각된다. 이런 점에서 보면 기존 다문화 사회에서 나온 다문화론을 한국에 그대로 대입하는 것은 한계가 있다.

한국은 다문화사회로 진입하지 않아도 된다. 그리고 안 할 수 있다. 한국이 다문화사회가 되고 안 되고는 자연스러운 추세가 아니라 인위적인 국가 정책에 달려 있다. 다문화사회로 인위적으로 가려면 위와 같은 갈등을 겪어야 한다. 과연 그럴 필요가 있을까? 심각한 갈등을 감수하면서 다문화사회로 가야 하나? 여기서 다문화론에 대한 근본적인 의문이 생기는 것이다.

(3) 다문화사회가 왜 바람직한가? 어쩌면 이것이 위 질문들보다 더 중요한 질문이랄 수 있다. 왜 다문화사회가 단일 사회보다 더 바람직한지 나는 도무지 이해할 수 없다. 다양한 문화를 접할 수 있어서 그런가? 그렇다면 지금은 우리가 다양한 문화를 못 접하나? 오히려 한국의 전통문화나 고유문화가 고사할 것을 우려해야 할 만큼 외래문화가 지배적이다. 시장이 안 열려서 그런가? 정말 한국의 상품 시장, 자본 시장이 안 열렸나? 20년 전이면 몰라도 이런 말을 지금은 못할 것이다. 그리고 시장 여는 것하고 다문화사회가 되어야 하는 것 하고는 별 관계가 없다. 그러면 우리는 외국인을 더 많이 만나고 싶어서 다문화사회가 되기를 원하나? 그런 사람이 있을 수도 있겠지만, 이는 다문화사회로 가야 하는 합리적인 이유가 못 된다. 다문화사회가 왜 바람직한지 나는 이해하지 못하고 동의 못하지 못한다.

(4) 이와 관련하여 한국이 단일 사회란 점을 부끄러워하는 일각의 분위기가 있는 것 같다. 아니 있는 정도가 아니라 이런 정서가 지성계나 언론 사이에 광범위하게 퍼져 있는 것 같다. 옛날과는 반대로 요즘은 한국 민족이 단일민족이라고 하면 손사래를 치면서 부정하고, 또 그것이 마치 부끄러운 일인 양, 또 그래야 마치 지식인이 된 양 착각하는 사람들이 많아진 것 같다. 사실 자체에 대한 논쟁은 이미 다루었으니 생략하고, 단일 사회, 단일민족임을 부끄러워야 할 까닭은 아무 데도 없다. 오히려 이를 다른 데서 찾기 어려운 우리의 독특한 특성으로 이해하고 그 장점을 발휘하는 데 노력을 기울여야 한다. 이 책의 중심 내용이었지만, 단일 사회 한국이 잘못된 점도 많지만, 그 사실 자체를 부정하거나 부끄러워해야 할 까닭은 전혀 없

다. 획일성, 폐쇄성의 단점이 있는 것은 사실이지만, 그러나 다시 생각하면, 우리 사회가 정말 폐쇄적인가 하는 질문을 되묻지 않을 수 없기도 하다. 우리가 그동안 폐쇄적이었다고 하는 것은 세계의 여러 다양한 나라나 문물에 대해 열리지 못했다는 것이지, 지배적인 종주국에게는 다른 어느 나라보다 더 활짝 열렸던 것이 사실이다. 역사상 중국을 그렇게 흠모하고 중국에 그렇게 나라를 활짝 연 나라가 몇이나 되며, 식민지를 제외하고 미국 군사와 문화에 그렇게 활짝 연 나라가 또 몇이나 되겠는가? 폐쇄성이나 개방성을 얘기할 때면 이런 복합적인 면도 고려해가면서 얘기해야 할 것이다.

(5) 이와 관련하여, 그러면 우리는 다문화사회가 아니라서 정말 외국 문화를 접할 기회가 적나? 정말 그런가? 동의할 수 없다. 지금 상태에서도 얼마든지 외국 문화를 접할 수 있다. 물론 뉴욕이나 런던에 가면 백인종, 황인종, 흑인종들이 섞여 있고 세계 각국의 요리, 문화 등등을 서울에서보다 훨씬 더 쉽고 자유롭게 접할 수 있다. 근데 왜 꼭 그래야 되지? 그러면 좋긴 하지… 하지만 우린 안 그렇다고 해서 왜 꼭 그걸 부러워해야 되지? 그 대신 뉴욕이나 런던에서는 밤에 못 돌아다닌다. 위험해서. 다문화사회라서 여러 다양한 문물을 우리보다 더 쉽게 접할 수 있지만, 또 다문화사회이기 때문에 밤에 잘 못 돌아다닌다. 안전과 외국 문물의 다양성 정도 둘 중 택하라면 어느 것을 택하겠는가? 나는 안전을 택하겠다.

(6) 그럼 다문화사회가 뭐가 좋지? 아마 (5)번에서 내가 말한 사항들인 것 같다. 그러나 그것은 단일 사회가 다문화사회로 바뀌어야 할 충분한 이유가 되지 못한다.

(7) 그러니 내 주장은 다문화사회로의 변화가 그렇게 바람직하지

않으니 그것을 선전하고 추진하지는 말자는 것이다. 물론 지금보다 어느 정도 더 다문화 사회 비슷하게 되는 것은 추세라고 할 수도 있다. 그러나 그런 추세가 있다고 해서 우리 사회가 앞으로 꼭 다문화 사회가 될 것이라거나 그것이 바람직하다는 말은 아니다.

(8) 다문화사회로의 변화를 추진해야 하는 측면이 있다면 부족한 노동력 보충이다. 그러나 이 문제도 신중해야 한다. 실상 다문화사회의 인종 갈등의 원인이 되는 이민자는 저임 이주 노동자들이다. 이들과 내국인 노동자들과의 갈등이 안 일어날 수 없다. 지금의 비뚤어진 인력 시장을 개선하여 내국인이 육체노동과 기피 업종에 더 종사할 구조를 만들어야 한다. 그래야 내국인의 실업 문제와 외국인 노동자 유입으로 인한 갈등을 동시에 줄일 수 있다. 여기에는 잘못된 학벌주의 등 고질적인 국내 구조의 문제가 있다. 어쨌든 이주노동자들을 대규모로 받아들이는 것은 결코 바람직하지 않다고 할 수 있다.

이렇게 보면 다문화사회에 관한 논쟁은 지금처럼 "다문화 현상은 세계적 추세이니 어쩔 수 없고 외국인에게 관용해야 한다."는 막연하고 추상적인 주장에서 벗어나 ① 정확하게 어느 정도의 노동력이 앞으로 한국 노동계에 필요할 것이며, ② 그 노동력을 국내외에서 어떻게 충당하고 외국인 노동자를 몇 명이나 수입할 것이며, ③ 어떤 성격의 외국인 노동자 유입 정책을 펼 것이며, ④ 외국인 노동자 유입으로 생기는 문제들을 어떻게 방지하거나 해결할 것인가 하는 점에 초점이 맞추어져야 한다. 지금은 이런 연구들이 제대로 되지 않고 외래 이론에 근거한 막연한 다문화 '담론'들만 성행하고 있다. 이 모든 문제들에서 다른 의견들이 있을 수 있고 논쟁이 치열할 수 있다. 따라서 이 문제들은 객관적인 수치와 자료에 입각하여 수행되

어야 하고, 재벌 등 특정 이해 집단의 이익에 따라 자의적으로 해석
하거나, 지금의 추세나 수치를 미래에 무차별 대입하는 어리석음을
범해서는 안 될 것이다.

III. 다문화 사회의 위험성

많은 사람들이 가진 환상과는 달리 다문화사회는 굉장히 문제가
많다. 무엇보다 그로 인한 사회갈등이 크고 증오 범죄와 테러 등 사
회 불안이 크다. 단일 사회가 단연코 다문화사회보다 갈등이 더 적
고 더 안전하다. 한국 사회에 존재하는 갈등은 다문화사회 요소에서
나오는 갈등이 아니다. 적어도 아직은.

다문화사회(또는 다민족 사회, 다인종사회, 다부족 사회, 다종족
사회 등등 비슷한 것들)의 문제점은 사실 명백하다. 한마디로 인종
갈등, 민족 갈등이다. 여기에 경제 이익 투쟁이 겹쳐진다. 독일, 프랑
스, 영국, 미국, 레바논, 리비아, 필리핀, 아르헨티나, 세계의 여러 나
라들을 보면 명백하다. 이 명백한 사실을 왜 다문화론자들은 무시할
까? 정답은 아직 당해보지 않았으니 그 심각성을 느끼지 못한다는
데 있을 것이다.

인터넷의 한 댓글이 이 상황을 적절히 비유한 바 있다.

> 다문화란 자연에 외래종 뉴트리아나 베스 황소개구리를 푸는 거
> 와 같다. … 처음엔 필요에 의해 국내로 데려왔는데 생태계가 교
> 란되며 토종 동식물들이 사라지기 시작하고 문제가 점차 심각해
> 지지 사태의 심각성을 알고 뒤늦게 문제를 해결 해보려도 그 수
> 가 너무 많아 문제 해결도 불가능하고 결국 외래종이 토종을 잠

식 오히려 주인노릇하게 되는 것[이다.](일딴이님 2011. 7.28.[포털
다음 기사의 댓글])

한국 사회에서는 외래종이 토종을 잠식 오히려 주인 노릇을 하게
될 일은 없겠지만 인간 생태계가 교란될 것은 틀림없다. 생태계가
교란되지 않도록 외국인 우대 정책을 덜 펼치고 다문화에 대한 환상
을 부추기지 말자는 것인데, 이를 외국인 혐오니 인종주의니 하면서
비난하는 것은 말이 안 된다.

다문화사회의 문제점을 간단히 정리하면 다음과 같다.
1) 다른 종족, 종교, 문화가 충돌할 수밖에 없다.
2) 일자리를 외국인 노동자에게 빼앗긴 국내 노동자들의 생존권이
   위협 받는다.
3) 그래서 외국인과 내국인의 경제적 충돌이 불가피하다.
4) 외국인 범죄가 새로운 범죄 유형으로 자리 잡는다.
5) 외국인 처우를 두고 정치적, 사회적 갈등이 일어난다. 인종 갈
   등, 외국인 혐오증과 배척 운동이 일어나서 정치사회적인 갈등
   이 증폭될 수 있다.

다문화사회의 갈등과 비극을 최근의 노르웨이 학살 사건이 웅변
적으로 보여주었다. 이를 보고 관용 정신만 거론할 것이 아니라, 그
비극을 막을 수 있는 사회구조를 먼저 생각해야 한다. 다문화사회로
의 인위적인 변화를 중단하고, 외국인 노동자 유입은 불가피한 경우
에 국한해야 한다는 말이다. 물론 그 불가피한 범위에 대해서는 각

자 다른 생각을 가질 수 있으므로, 공론장에서 이에 대한 합의를 이끌어내어야 한다.

IV. 다문화 담론의 허약함

한국의 다문화 담론은 매우 허약하다. 한국 실정과 다른 서양 선진국의 외래 이론을 그대로 도입하여 그것을 이상적인 것으로 착각한다. 외국 것을 따라 하는 지적 사대주의가 여기서도 고스란히 드러난다. 물론 그것만은 아니고 경제적, 종교적 까닭들도 있다.

무엇보다 위에서 본 다문화 사회의 위험들에 대해 제대로 인식하지 않는다. 증오 범죄나 인종적 테러가 발생하면 하는 이야기가, 열린 마음을 가져야 하고 하나뿐인 지구촌에서 더불어 살 정신교육을 해야 한다는 것이다. 물론 좋고 아름다운 얘기다. 그렇게 해야지. 하지만 증오 범죄자가 설치고 다니는데, 아름답게 살자고 설교하는 것 외에 할 수 있는 일이 정말 없을까? 그 증오가 일어나지 않거나 덜 일어날 환경을 조성할 생각은 왜 하지 않는가? 그들의 생각으로는 그런 환경 조성은 불가능하다. 왜냐하면 국경은 없어져야 하고 외국인들이 다른 나라에 마음대로 들어가서 원주민들과 동등한 대우를 받아야 하므로. 이런 지극히 비현실적인 생각을 가지고 다문화를 옹호하는 한, 증오 범죄와 인종 갈등은 없어질 수 없고 오히려 증폭될 뿐이다.

다문화 주창자들의 주장에는 무조건 외국인들에게 잘 대해 주고 열린 마음을 가져야 한다는 당위론뿐이다. 외국인들에 대한 온정주의적, 감상적 대응이 대부분이다. 마치 전쟁을 방지하기 위해 평화

사랑 정신을 고창해야 한다고 말하는 것과 같다. 지극히 옳은 말이
지만 옳은 만큼 의미 없는 말이기도 한다. 평화 정신은 물론 고창해
야 하지만 그것이 고창될지 안 될지 어느 세월에 기다릴 수 있는가?
이는 종교 지도자들이 할 수 있는 말이지 평화 관리자들이 할 말은
아니다. 그들이 할 일은 전쟁이 일어나지 않을 국제적 조치를 취하
고, 외국이 침략하지 못하도록 방어력을 갖추고, 국가 간 평화 기구
들을 만드는 일이다. 다문화 사회의 문제점을 방지하고 해결하기 위
해서는 구체적인 정책과 제도를 마련해야 하는데, 원주민들이 관용
정신을 가져야 한다는 말밖에 하지 못한다는 점에서 다문화 주창자
들의 주장은 허약하기 짝이 없다.

　이 문제를 관용-불관용의 문제로만 보는 것은 명백한 한계가 있
다. 이는 외국인에 대한 우리의 마음가짐을 말하는 것인데, 마음가
짐이 물론 중요하기는 하다. 그러나 그것은 그보다 더 큰 사회 문제
와 정치 쟁점의 일부로 봐야 한다. 한 코미디언이 퍼뜨린 "사장님
나빠요~~!" 차원으로는 안 된다. 설사 마음가짐에 국한해 보더라도
다문화 담론의 핵심 구호인 "외국인에게 열린 마음을 갖자!"보다는
"각종 외국인들을 평등하게 대하자!"가 더 중요한 자세라고 할 수
있다. 우리는 백인들에게는 몸도 마음도 이미 과도하게 열려 있기
때문이다. 진정으로 바람직한 열림은 백인들에게는 몸과 마음을 좀
덜 열고 동남아인들에게는 좀 더 여는 것이다. 이것은 다문화사회로
의 구조적 변화와 아무 상관없다. 다시 말해 지금의 단일 사회에서
도 얼마든지 실행할 수 있고 다문화사회로 변한다고 꼭 되는 것도
아니다. 다문화사회가 되면 우리가 외국인들 사이를 차별하는 것이
더 심해질지도 모른다. 백인들은 더 숭상하고 동남아 사람들은 더

멸시하게 될지도 모른다. 지금의 그런 경향이 바뀔 이유가 없으니 말이다. 그렇게 되면 다문화적 심성과는 거꾸로 가게 된다.

나는 외국인에게 열린 마음을 가지고 잘해 주자는 데 물론 찬성한다. 누구보다 그것을 주장한다. 사해동포적인 박애정신에도 찬성하고 이를 존중한다. 하지만 그것은 다문화사회를 정책적으로 추진해야 하는가와는 완전히 다른 문제다. 전쟁을 피하고 평화를 이루기 위해 국가를 부정해야 하는 것은 아니다. 외국인과 화합하기 위해 민족 경계를 허물어야 하는 것도 아니다. 무엇보다도 그렇게 될 수 없기 때문이고, 안 될 것을 무리하게 추진하는 과정에서 더 큰 불평등과 갈등이 일어날 것이기 때문이다. 마찬가지로 외국인에게 잘해 주어야 한다는 것과 다문화사회로 가야 한다는 것은 전혀 다른 문제다. 또 들어와 있는 외국인에게 잘 해주자는 것과 외국인을 많이 들여오자는 것은 완전히 다른 문제다. 다문화 옹호자들은 앞부분에만 신경 쓰지 뒷부분에 대해서는 관심이 없다. 외국인 유입이 마치 조수의 물결과 같이 자연스러운 현상이라고 생각하거나 자기의 경제적 이익에 따라 적극 도입을 주장하고 있을 뿐이다.

다문화담론에는 왜 한국에 외국인이 많아져야 하는지에 대한 설득력 있는 논리가 없다. 그저 "추세이니 당연하다."란 말뿐이고, "외국인에게 잘해 주어야 한다."는 말뿐이다. 아니면 기껏 노동력이 줄어드니 (값싼) 노동력을 외국에서 많이 들여와야 한다는 주장뿐이다. 그러나 이 주장도 재벌 기업들의 저임 노동력 선호에서 나오는 과장되고 일방적인 주장일 뿐이다.

이런 다문화담론은 20년 전쯤의 세계화 담론을 연상시킨다. 그때 참 대단했다. 미국 발 세계화론에 경제계, 정계, 지식계 할 것 없이 모두 휩쓸려 난리들을 쳤다. 국경이 없어진다느니, 자본 이동에 장벽이 없어야 한다느니… 영어를 공용어로 해야 한다느니… 그렇게 자본 시장 다 열어서 결국 외환위기로 구제 금융 받고 중산층-서민들이 엄청난 고통을 겪었다. 이들 중 많은 사람들이 이제 정신을 좀 차렸겠지만, 다른 많은 사람들은 여전히 정신을 못 차리고 미국 정부도 포기한 신자유주의 정책에 아직도 매달리고 있다. 주자학이 중국에서 힘을 잃은 몇백 년이 지난 뒤에도 우리가 진정한 중화, 작지만 진짜 중화인 '소중화'라고 목에 힘주다가 오랑캐 '왜놈'들에게 나라 뺏긴 조선시대 주자학쟁이들과 별반 다를 게 없다. 다문화론도 마찬가지다. 독일과 프랑스 등 유럽 국가들에서는 벌써 다문화 정책의 문제점을 시인하고 그것을 폐기할 움직임을 보이고 있는데, 우리는 다문화 후발국으로서 아마 마지막까지 다문화 진흥 정책을 껴안고 있을지 모르겠다.

세계화론이 한국의 지성계를 풍미할 때, 난 지금과 마찬가지로 그때도 "흥~~!"했다. 세계화론 진영에 너도나도 끼어서 프로젝트에 참여하고 글줄 하나라도 쓸 때 나는 하나도 못하고 안 했다. 해 달라는 사람이 없어서 그랬기도 했지만…. 그렇지만 그렇게 안 한 것이 지금 생각해도 잘한 일인 것 같다. 그래서 주류에 못 끼고, 돈과 권력의 단맛을 못 보고 겨우(반대로) 한글문화연대나 만들었다. 다문화 담론도 어찌 보면 지성계나 권력, 자본에서 나타나는 유행의 일부다.

그런데 세계화론에 대해서는 처음부터 반대론이 많았지만, 다문화론에 대해서는 적어도 한국의 공론장에서 반대론을 찾아볼 수 없다. 그 까닭은 도대체 무엇일까? 한 가지는 외국인과 다른 문화에 대해 관용을 가지자는 착하고 거부할 수 없는 도덕률 때문이다. 관용하지 않으면 나쁜 사람이 될 수밖에 없기 때문이다. 관용하자는데 누가 반대할 수 있겠는가? 따라서 관용이나 불관용의 관점에서만 이를 접근하면 안 된다. 이는 그 이상으로 경제 이익, 정치 갈등, 사회 범죄의 문제와 관련된다. 관용 정신을 가지는 것과 사회경제적 갈등을 예방하는 것은 별개 차원의 문제다. 더 나아가 '다문화'라는 용어 자체가 일종의 가치 판단을 포함하고 있다. 다문화는 여러 가지 문화라는 뜻이니 하나의 문화보다는 어감상 좋게 들릴 수밖에 없다. 따라서 용어를 외국인 유입, 외국인 노동자 등으로 바꾸어야 한다. 그것이 다문화보다는 훨씬 더 객관적이고 정확한 용어이다.

세계화론과 달리 다문화론에 대한 지성계의 반대가 없는 또 하나의 까닭은 외국에서 도입할 다문화 반대론이 빈약하기 때문이 아닐까 한다. 반세계화론은 마르크스 급진주의, 생태사상 등 서양에서 풍부하게 제시되어 한국 사람들도 이를 쉽게 도입할 수 있었다. 하지만 서양은 대부분 다문화사회이기 때문에 다문화론은 풍부하나 그것에 대한 비판은 그렇지 못하다. 그래서 한국 사람들이 그것을 잘 배우지 못한다. 한국 지성인들은 모조리 서양 이론들을 베끼는데, 베낄 이론이 없으니 한국에서 다문화 반대론이 나오지 못하는 것이다.

다문화담론은 반민족주의나 세계화 담론과 상통하지만 강조점은 조금 다르다. 반민족주의나 세계화 담론은 주로 대외적인 측면이 중심이지만, 다문화담론은 주로 국내에 관한 문제이기 때문이다. 어찌 보면 그만큼, 즉 국내의 외국인 문제가 주요 쟁점이 될 만큼 한국이 성장했다는 뜻이 되기도 한다. 다문화담론은 신문 같은 데서는 외국인 노동자, 이주 결혼자에 대한 동정으로 나타나지만, 외국인 노동자의 유입은 실상 대자본이 가장 바라는 것이기도 하다. 양면성이 있다는 말이다. 좌파적인 (외국인) 인권 중시가 우파적인 거대 자본의 값싼 노동력 수요와 결과적으로 맞물리는 것이다. 이렇게 좌우파를 망라하니 다문화 담론이 한국에서 그렇게 큰 힘을 쓰고 있는지도 모른다.

V. 왜 공론장은 다문화 옹호 일색일까?

한국의 공론장은 이런 식으로 다문화에 대한 옹호 또는 예찬 일색이다. 얼핏 보면 이해가 안 된다. 보수, 진보, 중앙, 지방, 여야, 남녀노소 할 것 없이 모두가 다문화 예찬이다. 이들에 따르면 외국인은 피해자이고 한국인은 인종차별자들이고 잠재적 범죄자들이다. 불법체류자 문제, 외국인 범죄 문제들은 아예 보도조차 잘 안 된다. 식당에서 "검둥이 나가!" 했다는 기사만 뜬다. 잘못된 일이기는 하지만 그게 그렇게 심한 잘못은 아니다. 또 요새 어떤 식당 주인이 검둥이 나가를 외칠 건지 좀 못 믿을 일이기도 하다. 물론 편견과 차별이야 언제나 있겠지만…. 그 반면 불법체류자는 엄연히 불법을 저지르고 있다. 불법행위는 묵과하면서 왜 예의 없음만 질타하는가? 하다못해 국가 안보 문제도 좌파 우파의 견해가 다른데, 어쩌면 외국인 문제는 이렇게 말 꽤나 하고 힘 꽤나 쓴다는 한국의 모든 사람들이 한결같이 옹호 일변도일까?

바로 위에서 이미 그 까닭들의 일부를 제시하였지만, 이를 다시 정리하면 다음과 같지 않을까 한다.

(1) 경제적 이익. 기업이 값싼 노동자들을 많이 들여와서 인건비를 줄이려는 의도

(2) 기독교 전파. 외국인 인권운동가들은 대개 기독교 선교의 목적도 같이 가진다.

(3) 겉멋. 그렇게 해야 지적으로 멋있어 보인다. 지식인들, 여야 정당, 외국인 인권 운동가들에게 해당된다. 그런데 이게 농담이나 심한 말 같다고 생각할 사람이 있을지 모르겠다. 하지만 난 이게 어쩌면 가장 중요한 이유일지 모른다고 생각한다. 겉멋이라는 말을 쓰기는 좀 미안하지만 실상 지식인들의 겉멋은 외모 곧 진짜 겉멋에만 신경 쓰는 '골빈' 사람들의 그것 못지않다.

(4) 사대사상. 서양 선진국들이 다문화국가이니까 막연히 그것이 멋있어 보이고 그래야 할 것 같다. 외국 이론이나 사상에 대한 흠모와 추종이 세계화론, 다문화론, 반민족주의론 등등에서 여실히 나타난다.

(5) 마지막으로 '인종주의자'라는 무서운 꼬리표의 힘이다. 노르웨이 학살 사건 뒤에 나온 한 보고에 따르면, 노르웨이 국민들의 50% 이상이 외국인 노동자 유입에 반대하는 의견을 가지고 있지만 이를 감히 공개적으로 말하지 못한다고 한다. 인종주의자라는 꼬리표를 달까봐서이다. 위에서 본 관용이나 다문화라는 말들의 긍정적인 어감과 반대되는 경우이다.

사실 (3), (4), (5)번은 다 연결되는 것이다. 이에 덧붙여 이 책의 중심 주제이기도 한 한국인의 '휩쓸림' 현상도 지적해야겠다. 주자학, 기독교, 노사모 현상, 이명박에 대한 경제 살리기 묻지 마 투표, 세계화 등등 한 가지 이슈가 나타나면 그쪽으로 와르르 몰리는 단일사회 한국의 휩쓸림 현상이 이 다문화 유행에서도 나타난다고 볼 수 있는 것이다. 더 자주 사용하는 용어로는 시류 편승이라고 할 수 있

다. 외국인 유입 문제에 대해 별 생각이 없다가도 다문화 옹호론이
기세를 부리니 별 생각 없이 이에 편승하는 것이다.

이렇게 보면 경제적 이익, 종교적 이익, 사대사상, 지적인 허영,
지배 가치의 억압, 한국적인 휩쓸림 등등이 복합적으로 작용하여 다
문화담론의 지배력을 형성한 것이라 보인다. 말하자면 이런 다양한
요소들이 합쳐져서 다문화담론이 일종의 지적-문화적 패권을 이룬
것이라고 볼 수 있다. 이러한 패권 덕에 다문화담론은 많은 재정적
지원도 받게 되어서 별 생각 없던 연구자들도 연구비의 매력에 끌려
여전히 별 생각 없이 이 패권에 가담하기도 한다.

그런데 특기할 점은 인터넷에서 이에 대한 댓글을 다는 누리꾼들
의 99%가 외국인 포용-우대 정책에 반대한다는 점이다. 다문화나
외국인노동자에 관한 인터넷 기사가 나오면 많은 댓글들이 왕성하
게 올라오는데, 그것들 중 99%가 다문화정책을 공격하는 것들이다.
이들 역시 같은 한국인으로서 위에서 열거한 다문화담론 옹호의 여
러 요소들을 공유하고 있지만, 적어도 그들은 익명인으로서 지적인
파문(또는 실명 공격)의 위험에 처하지 않는다. 따라서 비교적 자유
롭게 자신의 속내를 털어놓는 것으로 본다. 물론 이 댓글들을 특정
인들이 도배하듯이 한다고도 볼 수 있을지 모른다. 그러나 그것만으
로는 설명이 안 되는 것이, 다른 기사의 댓글들과 비교해도 한쪽 의
견이 너무나 압도적이고, 또 이런 현상이 모든 다문화 기사들의 댓
글에서 시종일관 나타나는 점을 볼 때, 특정 세력들이 댓글 도배한
결과라고 보기는 어려울 것 같다.

누리꾼들은 99%가 반대하고 공론장의 주류 인사들은 99%가 찬
성하는 이 기묘한 상황, 이를 어떻게 설명하면 좋을까? 설명하기 어

렵겠으나, 분명한 사실은 주류 공론장이 이 사회의 저변에 흐르는 기본 정서를 대변하지 못하고 오히려 역행하고 있다는 사실이다. 언론에서 이를 가끔 다루는데, 그 기조가 "한국에도 극우 외국인 혐오주의가 싹튼다.", 더 나아가 "판친다.", "우려스럽다." 이런 논조다.

그들 중에는 정말 외국인 혐오자도 있을 것이다. 그러나 그런 사람보다는 단순히 외국인의 급격한 유입에 따른 부작용과 이를 부추기는 정부 정책을 못 마땅하게 생각하는 보통 시민들이 대부분일 것이라고 생각한다. 또 설사 외국인 혐오주의자들이 나타났다고 해도 그렇게 된 이유를 반성하고 이를 없애기 위해 노력해야지, "그것은 나쁘다. 외국인과 더불어 살아야 한다."는 하나마나 한 비현실적인 얘기를 늘어놓는 것은 언론이 갈 바른 길이 아니다. 어쨌든 이런 대조적인 경향이 평행선을 달린다는 사실 자체가 한국에도 이미 다문화 갈등이 시작되었다는 증거로 보여 우려하지 않을 수 없다.

얼마 전 노르웨이에서 극우 테러, 대량학살이 일어나 많은 사람들을 경악하게 했다. 이런 현상은 정말 우려할 일이다. 그런데 이런 일들이 새로 다문화사회로 진입한 나라에서 언제나 일어날 수 있다는 사실을 명심해야 한다. 한국은 총기 규제가 엄격하고 아직 그런 정도의 갈등 요소는 없으므로 아직은 그 정도는 아니리라 보기는 하지만 말이다.

이런 극우 테러에 대해 두 가지 반응이 있을 수 있다. 하나는 지구촌에서 더불어 살 수 있는 철학과 정신을 퍼뜨려야 한다는 것이고, 다른 하나는 허울 좋은 다문화 정책을 폐기하여 민족 갈등, 인종 갈등의 소지를 줄여야 한다는 주장이다. 앞의 것은 이상적이며 장기적인 처방이고, 뒤의 것은 더 현실적이고 단기적인 처방이다. 한국의 공론장에서는 예상한 대로 앞의 것만 일방적으로 얘기하고 있다. 실제로 더 가능한 것은 뒤의 것인데도 말이다. 그걸로 다문화 갈등을 막을 수 있을까? 그냥 우리가 잘해 주면 된다? 그렇게 될까? 또 무작정 그래야 할까? 참 현실성 없는 순진한 발상이라 아니 할 수 없다.

VI. 어떻게 해야 하나?

그러면 어떻게 해야 할까? 여기서 구체적인 정책을 제시할 수는 없으므로 기본 원칙만을 제시한다.

(1) 대다수 언론과 지식인처럼 한국 실정과 다른 다문화사회론을 무조건 추종하지 말고, 한국 사회 전체에 무엇이 과연 도움이 되는지 살펴야 한다. 외국인에게 무엇이 좋은지를 먼저 살피면 안 된다.

(2) 외국인에게 기울이는 관심과 특혜를 한국인 서민, 빈곤층에게 보다 앞세우면 안 된다. 역차별이 많은 것이 지금의 현실이다.

(3) 재벌 논리대로 외국인 노동자를 대거 수입해서는 안 된다. 적정 수준을 유지해야 한다. 외국인 노동자를 수입할 때에는 경제, 사회, 문화, 정치적인 면을 다 고려해야 한다.

(4) 불법 체류 외국인에게 무조건 관용을 베풀어서는 안 된다. 단속을 강화해야 한다. 아니 강화는 고사하고 단속을 하기라도 해야 한다. 지금은 거의 단속이 안 되고 있다.[1]

---

1) 이에 대해 미국이나 일본 등 선진국에도 한국인 불법체류자들이 많은데 그들은 왜 옹호하느냐는 반론을 펴는 것을 본 적이 있다. 그렇게 옹호하는 사람이 있는지 모르겠으나, 나는 이런 원칙은 어느 나라에나 똑같이 적용되어야 한다고 본다. 나는 외국에 거주하는 한국인 불법체류자를 옹호할 생각이 전혀 없다. 동정은 할지언정….

(5) 내국인들의 취업 불균형(3디 업종 기피 등)을 한시바삐 해결하여 구직난과 구인난이 공존하는 기괴한 현실을 고쳐야 한다. 그러면 외국인 노동자 유입의 필요성이 크게 줄어든다.

(6) 지금의 외국인 정책과 담론은 모두 "사장님 나빠요." 수준이다. 단편적인 외국인의 애환과 차별에 초점이 맞추어져 있다. 더 크게 보고 포괄적인 정책을 세워야 한다. 그것은 정책자들의 몫이다.

(7) 더 장기적으로 지나친 학벌주의가 완화되어 내국인들이 기피 업종에 더 많이 취업해야 한다. 대학에 좀 덜 가고, 대학들도 좀 없어지고, 대학 나온 사람들도 반 이상은 육체노동을 해야 한다. 육체노동에도 돈 좀 많이 주고, 농촌도 좀 살만 하게 만들어서 처녀들이 시집 가게 만들어야 한다. 그러면 위에서 말한 문제들이 상당히 해소된다. 결국 양극화 해소, 균형 발전, 상생 전략, 이런 것들이다. 그러면 외국인들이 대거 들어와서 생기는 문제들도 많이 해소된다. 앞으로 조금은 그렇게 되리라 본다.

(8) 우리가 외국하고 많이 교류하고 '밖으로' 열면 되는 것이지 일부러 한국 사회 '안을' 다인종, 다문화 사회로 만드는 것은 매우 위험하다는 것이 되풀이하는 내 주장의 핵심이다.

VII. 결론

한국에 인종 갈등이 없는 것은 하늘의 복이다. 이런 글을 썼더니 (한국일보. 2011. 3.7. '김영명 칼럼') 어떤 이는 자기 블로그에서 한

마찬가지로 한국에 거주하는 외국인 불법체류자를 옹호할 생각도 전혀 없다. 동정은 할지언정….

국이 전쟁도 겪고 했는데 무슨 천복이냐고 바보 같은 말을 했더라. 전혀 초점이 안 맞는 말이다. 전쟁도 겪은 나라가 그래 인종 갈등이라도 없었으니 얼마나 천복이냐? 그리고 그 사람은 또 우리가 다문화사회에 맞는 열린 마음을 갖는 것이 관건이라고 하나마나 한 말을 또 썼더라.

문제의 초점은 왜 없는 갈등을 스스로 만들려고 하느냐 하는 것이다. 안 그래도 되는데 왜 외국인 유입 정책을 써서, 왜 외국 발 다문화담론에 빠져서 그것이 마치 좋은 것처럼 없는 갈등을 만들고, 그러면서 우리가 열린 마음으로 대처해야 한다고 앞뒤 바뀐 얘기를 하느냐 그 말이다.

사태가 지금처럼 계속되다보면 한국에도 국수주의, 인종혐오주의가 발호할 가능성이 매우 크다. 이미 인터넷에는 그런 조짐들이 많이 보인다. 외국인 관련 기사가 나오면 댓글들의 대부분이 네 나라로 가라, 외국인 범죄 다스려라, 이런 글들이다. 그런데 왜 한국의 언론과 정부, 지식인들은 일반 국민들의 정서와는 반대 짓만 하고 있을까?

나는 이전부터 미국에 '노라고 말하는' 한국의 보수 우익이 왜 없는가 하고 섭섭해 하고 있는데(한국의 보수는 대부분 민족주의자가 아니라 사대주의자들이다), 그렇지만 서민들에서 나오는 국수주의나 외국인 혐오주의는 보고 싶지 않다. 그만큼 새로운 사회 갈등이 생겼다는 얘기가 될 테니까.

결론은 이것이다. 한국의 다문화 주창자들이여! 제발 없는 갈등 좀 만들지 말라! 있는 갈등이 정말 부족한가? 그걸로 충분하다. 새로운 갈등 요인을 부추기지 말라. 다문화사회는 불가피한 것이 아니다.

모두 주장하고 추진하는 세력들이 그렇게 만드는 것이다. 근시안적인 경제논리(재벌, 언론)나 지적 사대주의(지식인, 언론)에 빠져 한국사회를 더 어렵게 만들지 말라.

참고문헌

국가균형발전위원회, 『살기 좋은 지역 만들기』, 서울: 제이플러스 애드, 2006.

칼하인츠 A. 가이슬러 지음, 박계수 옮김, 『시간』, 서울: 석필, 1999.

고하리 스스무 지음, 고영욱 옮김, 『한국과 한국인』, 서울: 이지북, 2001.

국제한국학회 편, 『한국 문화와 한국인』, 서울: 사계절, 1998.

강준만, 『한국인 코드』, 서울 인물과사상사, 2006.

김경동, 『한국 사회 발전론』, 서울: 집문당, 2002.

김구, 『백범 일지』(판본이 많이 있음).

김기범, 『미국 뒤집어 보기』, 서울: 동인, 1999.

김기원, 『재벌 개혁은 끝났는가』, 서울: 한울, 2002.

김기홍, 『한국인은 왜 항상 협상에서 지는가』, 서울: 굿인포메이션, 2002.

김동춘, 『분단과 한국 사회』, 서울: 역사비평사, 1997.

김문학, 『반문화 지향의 중국인』, 서울: 이채, 1999.

김영명, 『나는 고발한다: 김영명 교수의 영어 사대주의 뛰어넘기』, 서울: 한겨레출판사, 2000.

______, 『우리 눈으로 본 세계화와 민족주의』, 서울: 오름, 2002.

______, 『한국의 정치 변동』, 서울: 을유문화사, 2006.

______, "행복사회론", 『신진보 리포트』 통권 제8호(2007).

______, "한국의 정치와 문화: 연구 현황과 새로운 방향 모색", 『비교 민주주의 연구』 5:2(2010).

김용신, "다문화 사회의 시민 형성 논리: 문화 민주주의 접근", 『비교 민주주의 연구』 4:2(2008).

김윤태, 『재벌과 권력』, 서울: 새로운 사람들, 2000.

김준호, "한국 사회의 다종교 상황과 한국인의 현세적, 중층적 신앙", 강원대학교 사회학과 엮음, 『현대 한국 사회의 이해』, 춘천: 강원대학교 출판부, 2002.

김진희, 『한국, 흩어져야 산다』, 서울: 백산서당, 2000.

김태길, 『유교적 전통과 현대 한국』, 서울: 철학과 현실사, 2001.

스탠 나돌니 저, 유종휘 옮김, 『느림의 발견』, 서울: 푸른 물결, 1998.
나카네 지에 지음, 양현혜 옮김, 『일본 사회의 인간관계』, 서울: 소화, 1996.
제러미 리프킨 지음, 이원기 역, 『유러피언 드림』, 서울: 민음사, 2004.
데즈먼드 모리스 지음, 김석희 옮김, 『털 없는 원숭이』, 서울: 정신세계사, 1991.
박영순, 『한국어 교육을 위한 한국 문화론』, 서울: 한국문화사, 2002.
백기완, 『우리 모두가 함께 하는 백기완의 통일 이야기』, 서울: 청년사, 2003.
마이클 무어 지음, 김현후 옮김, 『멍청한 백인들』, 서울: 나무와 숲, 2002.
모리스 버만 지음, 심현식 옮김, 『미국 문화의 몰락』, 서울: 황금가지, 2002.
카를 판 볼페렌 저, 양현기 역, 『일본의 권력 구조』, 서울: 시사영어사, 1991.
어수영, 『가치 변화와 삶과 정치: 한국, 일본, 미국, 멕시코 4개국 비교 연구』,
        서울: 이화여자대학교 출판부, 1997.
엄상윤, "21세기 한국 정치사회의 갈등 구조와 양상: 한국적 '이중 딜레마' 정
        책 노선 갈등의 양극화·치열화", 『세종 정책 연구』 6:2(2010).
양종회, "현대 한국의 가치 체계의 기원과 변동", 김일철 외, 『한국 사회의 구
        조적 이해』, 서울: 아르케, 1999.
온원개 지음, 고영근 옮김, 『중국인의 의식 구조 개조』, 서울: 교보문고, 1993.
이완범, "세계화 시대 한국의 열린 민족주의와 동북아시아 평화", 『국제평화』
        3:2(2006).
이정규, 『한국 사회의 학력 · 학벌주의: 근원과 발달』, 서울: 집문당, 2003.
알렉스 인클레스, "환태평양 지역 대중적 가치의 지속과 변화", 『동아시아 비
        평』(한림대학교 아시아문화연구소), 제2호(1999).
일상문화연구회 엮음, 『한국인의 일상 문화: 자기 성찰의 사회학』, 서울: 한울,
        1996.

________________, 『한국인의 일상 문화: 자기 성찰의 사회학 2』, 서울: 한울,
        1998.

임태섭 편저, 『정, 체면, 연줄, 그리고 한국인의 인간관계』, 서울: 한나래, 1995.
임현진, "국가와 지배 구조: 중심 지향적 사회의 세." 김일철 외, 『한국 사회의
        구조론적 이해』, 서울: 아르케, 1999.
조긍호, 『한국인 이해의 개념 틀』, 서울: 나남, 2003.
조지훈, 『한국 문화사 서설』, 서울: 탐구당, 1981.
정광호, 『중국? 중국!』, 서울: 시아출판사, 2003.
최봉영, 『한국 문화의 성격』, 서울: 사계절, 1997.
최상진, 『한국인 심리학』 서울: 중앙대학교 출판부, 2000.
최재석, 『한국인의 사회적 성격』 제3판. 서울: 현음사, 1994.

최준식, 『한국인에게 문화는 있는가』, 서울: 사계절, 1997.

______, 『한국의 종교, 문화로 읽는다 1, 2』, 서울: 사계절, 1998.

한국외국어대학교 외국학종합연구센터 편, 『세계인의 의식 구조 Ⅰ, Ⅱ』, 서울: 한국외국어대학교 출판부, 1997.

한규석, 『사회 심리학의 이해』, 개정판. 서울: 학지사, 2002.

함석헌, 『뜻으로 본 한국 역사』, 서울: 한길사, 1998.

그레고리 헨더슨 지음, 박행웅 이종산 역, 『소용돌이의 한국 정치』, 서울: 한울아카데미, 2000.

기어트 호프스테데 지음, 차재호 · 나은영 옮김, 『세계의 문화와 조직』, 서울: 학지사, 1995.

홍사중, 『한국인, 가치관은 있는가』, 서울: 사계절, 1998.

Henderson, Gregory, *Korea: The Politics of the Vortex,* Cambridge, Mass.: Harvard University Press, 1968.

Shin, Doh Chull, *Mass Politics and Culture in Democratizing Korea,* Seoul National University Press, 1994.

김영명 ——————————————————————————————

서울대학교 외교학과 졸업, 뉴욕주립대학교 졸업, 정치학 박사
한림대학교 사회과학대학 학장, 국제학대학원 원장 역임
한글문화연대 대표 역임
현) 한림대학교 정치행정학과 교수
　　한글문화연대 공동대표

『한국의 정치 변동』(2006)
『우리 정치학, 어떻게 하나』(2006)
『좌우파가 논쟁하는 대한민국사 62』(2008)
『담론에서 실천으로』(2010)

단일 사회 한국
그 빛과 그림자

초 판 인 쇄 | 2011년 11월 1일
초 판 발 행 | 2011년 11월 1일

지 은 이 | 김영명
펴 낸 이 | 채종준
펴 낸 곳 | 한국학술정보㈜
주　　소 | 경기도 파주시 문발동 파주출판문화정보산업단지 513-5
전　　화 | 031) 908-3181(대표)
팩　　스 | 031) 908-3189
홈 페 이 지 | http://ebook.kstudy.com
E-mail | 출판사업부　publish@kstudy.com
등　　록 | 제일산-115호(2000. 6. 19)

ISBN　　978-89-268-2695-9　03340 (Paper Book)
　　　　978-89-268-2696-6　08340 (e-Book)

이담 Books 는 한국학술정보㈜의 지식실용서 브랜드입니다.